Coleção
CRIMES EM ESPÉCIE

DIREITO PENAL
CRIMES CONTRA A DIGNIDADE SEXUAL

Bruno Gilaberte.

Delegado de Polícia no Estado do Rio de Janeiro,
Professor Universitário, em graduação e pós-graduação,
Formado em Direito pela Universidade Federal Fluminense,
Curso de Investigação Criminal , UNISUL,
Curso de Investigação pela Scotland Yard, na ACADEPOL/SP,
MBA em Gestão da Segurança Pública pela Fundação Getúlio Vargas.

Bruno Gilaberte

Coleção
CRIMES EM ESPÉCIE

DIREITO PENAL
CRIMES CONTRA A DIGNIDADE SEXUAL

2ª EDIÇÃO

Freitas Bastos Editora

Maria Augusta Delgado Livraria, Distribuidora e Editora

Editor: *Isaac D. Abulafia*

Capa: *Neilton Lima*

Diagramação: *Jair Domingos de Sousa*

DADOS INTERNACIONAIS PARA CATALOGAÇÃO
NA PUBLICAÇÃO (CIP)

G392c

Gilaberte, Bruno
Crimes contra a dignidade sexual / Bruno Gilaberte. –
Rio de Janeiro : Freitas Bastos Editora, 2020.
292 p. ; 23cm. – (Coleção Crimes em espécie)

Inclui bibliografia.
ISBN 978-65-5675-003-3

1. Direito penal - Brasil. 2. Crime sexual - Brasil.
I. Título. II. Série.

CDD- 345.81026

Freitas Bastos Editora

Tel./Fax: (21) 2276-4500
freitasbastos@freitasbastos.com
vendas@freitasbastos.com
www. freitasbastos.com

Ao meu avô, Décio Gilaberte, que tanto fez por minha formação intelectual e moral, com admiração e carinho eternos.

Aos meus pais, Leila e Almir, pelo carinho e dedicação, bem como por serem fundamentais na formação do meu caráter. Que tomem essa dedicatória como prova do amor que nem sempre é fácil ser expressado em palavras.

APRESENTAÇÃO

Entre a publicação da primeira edição do livro Crimes Contra a Dignidade Sexual e a segunda edição, passaram-se seis anos, tempo necessário para alguns amadurecimentos teóricos e para análise das inclinações legislativas no campo da criminalização das atividades sexuais. Não se pode dizer, aliás, que o legislador ficou inerte nesse período. Ao contrário, foram diversas as inovações surgidas e as modificações que incidiram sobre normas já consolidadas.

Com a criação dos artigos 215-A, 216-B e 218-C do CP, surgiram tipos penais contemplando condutas de outrora duvidosa ou inexistente subsunção. Com eles, algumas lacunas foram adequadamente preenchidas, mas, como já se tornou praxe, pecou o legislador no aspecto textual, assim como, no caso do artigo 218-C, houve desconsideração da topologia que confere racionalidade sistemática ao Código Penal. Outras regras, como o antes inexistente § 5º do artigo 217-A e o alterado artigo 225, ambos do CP, tiveram a pretensão de encerrar antigas disputas doutrinárias e jurisprudenciais, orientando-se no sentido de atribuir ao criminoso sexual sempre um tratamento rigoroso. Contudo, ou acirraram a discussão (no caso do § 5º), ou foram severamente criticados (situação da nova redação do artigo 225). Houve, ainda, alterações nas causas de aumento de pena previstas nos artigos 226 e 234-A.

Em que pese esse furor legislativo, tipos penais em manifesto desacordo para com a moderna teoria do bem jurídico penal, como a mediação para servir à lascívia de outrem, o rufianismo e o escrito ou objeto obsceno (artigos 227, 230 e 231 do CP, respectivamente) se mantêm, causando perplexidade. Nenhuma dessas perplexidades, no entanto, é maior do que a inserção – entre os crimes sexuais – do delito de promoção de migração ilegal (artigo 232, CP) e a alteração da pena concernente ao artigo 244-A do Estatuto da Criança e do Adolescente, dispositivo tacitamente revogado pelo artigo 218-B do CP. Sim, atribuiu-se pena a uma tipificação inexistente.

Buscando enfrentar esse emaranhado de regras, a segunda edição desta obra aprofundou-se na dogmática penal, com ênfase na teoria do bem jurídico, esmiuçando os aportes doutrinários ao tema. Ademais, a interdisciplinaridade aparece no cruzamento com a criminologia – em especial com a vitimologia –, a psicologia e as ciências biomédicas, sem descurar a inafastável filosofia. Os novos artigos são estudados com um nível de detalhamentos raramente percebido em outras obras, muitas vezes se debruçando sobre visões inéditas, que, sem a pretensão de caracterizarem verdades absolutas, em muito contribuirão para com o necessário debate jurídico. As incursões feitas ao Estatuto da Criança e do Adolescente, em um estudo comparativo, corroboram essa opção pelo detalhamento.

Em suma, é um livro que não tem medo de polêmicas, as quais são inevitáveis quando os tabus inerentes à sexualidade são colocados no centro da análise. Desejamos a todos uma boa leitura.

SUMÁRIO

DO LENOCÍNIO E DO TRÁFICO DE PESSOA PARA FIM DE PROSTITUIÇÃO OU OUTRA FORA DE EXPLORAÇÃO SEXUAL

DO ULTRAJE PÚBLICO AO PUDOR

DISPOSIÇÕES GERAIS

CRIMES CONTRA A DIGNIDADE SEXUAL

GENERALIDADES

Os crimes contra a dignidade sexual, alocados no Título VI da Parte Especial, observaram profundas alterações legislativas desde a edição primitiva do Código Penal de 1940.

As leis de nº 13.718 e 13.772, ambas de 2018, são aquelas que de forma mais recente trouxeram para o âmbito do Código Penal novos tipos penais incriminadores, a saber: importunação sexual (artigo 215-A), registro não autorizado de intimidade sexual (artigo 216-B) e divulgação de cena de estupro ou de cena de estupro de vulnerável, de cena de sexo ou de pornografia (artigo 218-C). A Lei nº 13.718 ainda alterou a natureza da ação penal nos crimes contra a liberdade sexual e nos crimes sexuais contra vulneráveis (artigo 225); inseriu causas de aumento da pena concernentes aos crimes de estupro no artigo 226 do CP; modificou causas de aumento da pena correspondentes aos crimes contra a dignidade sexual como um todo (artigo 234-A); e revogou a contravenção penal de importunação ofensiva ao pudor (artigo 61 do Decreto-Lei nº 3.688/1941).

A supressão de tipos penais outrora classificados como crimes contra a dignidade sexual também ocorreu, embora sem *abolitio criminis*: os artigos 231 (tráfico internacional de pessoa para fim de exploração sexual) e 231-A (tráfico interno de pessoa para fim de exploração sexual), por força da Lei nº 13.344/2016, deixaram de existir e tiveram seu conteúdo normativo transportado para o artigo 149-A (tráfico de pessoas), ora considerado crime contra a pessoa e criado pelo mesmo diploma legal.

Não há como olvidar, ainda, a aberração resultante da Lei nº 13.445/2017, que inseriu o crime de promoção de migração ilegal (artigo 232-A) entre os crimes sexuais. Isso porque trata-se de um delito destituído conotação sexual, característica perceptível sem qualquer necessidade de um raciocínio mais elaborado. Tal constatação revela o descompromisso do legislador para com a manutenção de um sistema legal minimamente organizado. Não por outro motivo, as leis penais brasileiras se transformaram em um emaranhado de regras desencontradas, cuja ilogicidade vence o mais arguto dos hermeneutas. Exige-se, inclusive, seja o legislador desafiado e constrangido epistemologicamente com a exibição das perplexidades, para que retome um mínimo de racionalidade.

Anteriormente, a Lei nº 12.015/2009 já promovera uma pequena revolução nos crimes sexuais (fusão entre estupro e atentado violento ao pudor, surgimento dos crimes contra vulneráveis etc.). O diploma teve berço na CPMI da Exploração Sexual de Crianças e Adolescentes, que redundou no Projeto de Lei do Senado nº 253/04, posteriormente aprovado e sancionado. A justificativa assumida por ocasião da apresentação do PLS nº 253/04 foi assim redigida: "(...) Sobre a legislação penal reinante pairam concepções características de época de exercício autoritário de poder – a primeira metade dos anos 40 – e de padrão insuficiente de repressão aos crimes sexuais, seja por estigmas sexuais, seja pelos valores preconceituosos atribuídos ao objeto e às finalidades da proteção pretendida. Trata-se de reivindicação antiga dos grupos e entidades que lidam com a temática, sob o argumento de que a norma penal, além de desatualizada quanto a termos e enfoques, não atende a situações reais de violação da liberdade sexual do indivíduo e do desenvolvimento de sua sexualidade, em especial quando tais crimes são dirigidos contra crianças e adolescentes, resultando, nesse caso, no descumprimento do mandamento constitucional contido no art. 227, § 4º, de que 'a lei punirá severamente o abuso, a violência e a exploração sexual da criança e do adolescente'." Menos profundas, embora importantes, foram as modificações introduzidas pela Lei nº 11.106/05 (responsável pela revogação de tipos penais anacrônicos e pela bem-vinda abolição do termo mulher honesta, entre outras providências). Já a Lei nº 10.224/01 promoveu a inclusão do crime de assédio sexual (artigo 216-A) no texto do Código.

As inovações e aperfeiçoamentos legislativos, quando bem feitos, são necessários e se devem principalmente ao reconhecimento de que a evolução dos costumes sexuais é contínua e rápida, ainda mais quando conjugada com as onipresentes inovações tecnológicas. Ninguém imaginaria, há poucos anos, que hoje o estupro virtual e o *sexting* estariam na pauta de discussões. Apesar disso, ainda existem certos tabus, principalmente relacionados ao lenocínio, que resistem bravamente, muitas vezes amparados por um moralismo obtuso e renegador das bases principiológicas do direito penal.

Saliente-se que não há crimes sexuais unicamente na Parte Especial do Código Penal. Igualmente os encontramos no Estatuto da Criança e do Adolescente, repleto de normas que coexistem com os dispositivos que serão objeto do estudo que aqui se propõe.

Acerca da história dos crimes sexuais, o Código de Hamurabi os abordou de forma muito breve. No capítulo dedicado aos "delitos contra a ordem da família", logo após tratar dos adúlteros, o diploma legal menciona: "Se alguém viola a mulher que ainda não conheceu homem e vive na casa paterna e tem contato com ela e é surpreendido, este homem deverá ser morto, a mulher irá livre" (artigo 130). Cuida-se de delito semelhante à sedução, até 2005 considerada crime também em nosso ordenamento jurídico (artigo 217), mas hoje inexistente. Deve ser notada a preocupação, ainda em tempos remotos, em se preservar a "virtude" feminina, posicionando-se o dogma da virgindade como objeto de discutível interesse social, o que somente veio a cair por terra, ao menos no Direito Penal brasileiro, recentemente. No Direito Romano, surge o *stuprum*, todavia não com os contornos atuais, mas sim abarcando qualquer forma de constrição da virgem e da viúva, alcançando o status de crime vil quando do emprego de violência.[1]

Decretada em 736, a *Lex Julia de Adulteriis Coercendis*, além do *stuprum*, punia igualmente o *adulterium*, o *lenocinium* e o *incestum*. Também na era medieval houve previsão do *stuprum*. Ocorrendo o emprego de violência, a conduta era considerada sempre criminosa, mas, em caso de contato sexual voluntário, ainda assim poderia subsistir o crime, desde que havendo a *defloratio*, ou seja, continuava-se dando ênfase à virgindade feminina.[2] A Lex Carolina germânica redigida entre 1530 e 1532, punia os delitos de sodomia, incesto, rapto, estupro, adultério, lenocínio e outros, considerados crimes contra a moralidade. Apenas no séc. XVIII surgiram movimentos visando a limitar a intervenção estatal punitiva na esfera da sexualidade, com afirmações de que somente poderia ser cominada pena aos atentados contra a moralidade que pusessem em risco o Estado ou que ofendessem alguém.[3]

No Direito brasileiro, o rapto já era conhecido e punido por algumas tribos indígenas, embora ainda não houvesse a consciência de constituição de uma ciência penal. À época do Código Penal do Império (1830), encontrávamos o crime de estupro nos artigos 219 a 224, sendo certo que este não pressupunha necessariamente violência ou grave ameaça, mas encampava uma variada gama de crimes sexuais, inclusive os praticados mediante constrangimento (então previstos nos artigos 222 e 223). Os demais dispositivos tratavam do defloramento de mulher virgem e das suas variantes, bem como da sedução. O rapto violento era incriminado no artigo 226, ao passo em que o consensual ficava no artigo 227. O artigo 280 trazia conduta que hoje seria considerada ultraje público ao pudor, então classificada como "crime policial".

O Código republicano de 1890 mencionava em seu Título VIII os Crimes contra a Segurança da Honra e Honestidade das Famílias e do Ultraje Público ao Pudor. No artigo 266, topologicamente alocado no Capítulo I, denominado "da violência carnal", estava o atentado ao pudor de pessoas de ambos os

---

1 PIERANGELI, José Henrique. *Manual de Direito Penal Brasileiro*. v. 2, 2. ed. p. 460.

2 Idem, *ibidem*, p. 460.

3 SIQUEIRA, Galdino. *Tratado de Direito Penal*. Parte Especial. Tomo III. P. 239-240.

sexos, que pressupunha violência ou ameaça, ao passo em que o parágrafo único do mesmo artigo estabelecia uma espécie de corrupção de menores, a qual dispensava estes meios executórios. Sob a mesma rubrica estava a sedução de mulher virgem (artigo 267). O estupro encontrava-se no artigo 268, com a previsão da modalidade privilegiada no caso de ser a vítima "mulher pública" ou prostituta. Ou seja, a proteção mais intensa da lei somente era oferecida à "mulher honesta". A especificação dos atos que compunham o estupro, todavia, somente se dava no artigo 269, em que se encontrava ainda um embrião da futura violência presumida. O capítulo seguinte cuidava do rapto, englobando os artigos 270 a 275. Novamente se encontrava menção à presunção de violência, desta feita no artigo 272, quando o crime era praticado contra menor de 16 anos. O artigo 276 estipulava a obrigação de "dotar" a ofendida em casos de estupro de "mulher honesta" ou de defloramento. Seguia-se o capítulo referente aos crimes de lenocínio, invariavelmente coligados à exploração da prostituição de outrem. O Capítulo IV era reservado ao adultério ou infidelidade conjugal, então considerado crime sexual, não crime contra o casamento, opção oposta à adotada pelo Código Penal de 1940 (o Código imperial de 1830 também tinha o adultério como um crime contra o matrimônio – usando então a rubrica Crimes contra a Segurança do Estado Civil e Doméstico – ao lado de outros delitos como a poligamia). O Título VIII se encerrava com o ultraje público ao pudor, conduta prevista em um único artigo (282) e assemelhada aos atuais crimes de ato obsceno e escrito ou objeto obsceno.

Não é difícil observarmos, portanto, que a criminalização de atos sexuais, embora estável quanto à sua necessidade nos delitos violentos, é determinada pelos costumes sociais vigentes à época da elaboração legislativa. Basta percebermos que, no Brasil, vigoraram no atual Código Penal dispositivos e elementares dotados de forte carga preconceituosa, como o trecho que limitava a proteção jurídica emanada pelo hoje revogado crime de posse sexual mediante fraude às "mulheres honestas" (antiga redação do artigo 215 do CP), inclusive aumentando a pena em caso de desvirginamento. O tratamento igualitário dado às questões de gênero, após a emancipação feminina, apenas recentemente gerou a abolição dessas perplexidades. São trechos que refletiam a moralidade sexual de uma era superada, não se coadunando para com a realidade subsequente após ultrapassados mais de meio século de sua formulação (os trechos foram revogados em 2005).

Nessa toada, a evolução das bases teóricas do direito penal também permitiu que seus intérpretes fossem dotados de instrumentos aptos a refrear o manejo de posições morais duvidosas e historicamente compartimentadas para a formulação dos tipos penais. Falamos de um direito penal produzido e interpretado a partir da teoria do bem jurídico, a servir como um dique de contenção à atividade legislativa desenfreada, onde apenas bens jurídico-penais corretamente selecionados podem ser penalmente tutelados, em uma estrutura típica dotada de taxatividade e analisada sob os prismas da subsidiariedade e da ofensividade.

Não por outro motivo, os crimes sexuais foram topologicamente arranjados no Código Penal sob a rubrica "dos crimes contra os costumes", nomenclatura conferida ao Título VI da Parte Especial, posteriormente atualizada para "dos crimes contra a dignidade sexual". A denominação "crimes contra os costumes" se voltava a delitos que, em geral, atentavam contra o que era socialmente considerado exercício saudável da sexualidade e que, em última análise, feriam um sentimento difuso de moralidade. Hungria, ao elogiar a dissociação entre Direito Penal e religiosidade, afirmava: "No Estado agnóstico, porém, o apoio jurídico-penal à moral sexual limita-se a reprimir os fatos que, sobre fugirem à normalidade do intercurso dos sexos, importam lesão de positivos interesses do indivíduo, da família e da comunhão civil, como sejam o pudor, a liberdade sexual, a honra sexual, a regularidade da vida sexual familiar-social, a moral pública sob o ponto de vista sexual."[4] Ao defender o pudor como o principal desses enfoques, por ser "o corretivo à sofreguidão e arbítrio de Eros", o autor dissertava sobre o vocábulo "costumes", correlacionando-o com "os hábitos da vida sexual aprovados pela moral prática, ou, o que vale o mesmo, a conduta sexual adaptada à conveniência e disciplina sociais".[5]

Dissertando sobre o mesmo tema, Galdino Siqueira dividia os delitos em apreço em duas categorias distintas: crimes contra a liberdade sexual (conceituada como a "livre disposição da própria pessoa no tocante ao comércio sexual") e contra o "sentimento moral do indivíduo contra a ofensa resultante de ações de outrem impudicas e escandalosas".[6] Concluía o autor: "A base comum desse grupo é uma ação impudica, isto é, toda ação que gravemente ofende o decoro no tocante às relações entre os sexos, que grosseiramente excede os limites que o costume dominante traça a tais relações".[7]

A nomenclatura atual ("dos crimes contra a dignidade sexual") foi promovida pela Lei 12.015/09. A alteração mereceu aplausos de Souza Nucci: "Há muito vínhamos sustentando a inadequação da anterior nomenclatura ('dos crimes contra os costumes'), lastreada em antiquados modelos de observação comportamental da sociedade em geral. Afinal, os costumes representavam a visão vetusta dos hábitos medianos e até puritanos da moral vigente, sob o ângulo da generalidade das pessoas. Inexistia qualquer critério

---

4 HUNGRIA, Nélson. *Comentários ao Código Penal*. 5. ed., v. VIII, p. 77
5 Idem, *ibidem*, p. 93
6 *Op. Cit.*, p. 238.
7 Idem, *ibidem*, p. 238-239.

para o estabelecimento de parâmetros comuns e denominadores abrangentes para nortear o foco dos costumes na sociedade brasileira. Aliás, em pior situação se encontrava o travamento da questão sob o enfoque evolutivo, pois os tais costumes não apresentavam mecanismos propícios para acompanhar o desenvolvimento dos padrões comportamentais da juventude e nem mesmo para encontrar apoio e harmonia no também evoluído conceito, em matéria sexual, dos adultos da atualidade".[8]

Acerta Souza Nucci em sua ponderação. A proteção penal a meros sentimentos (no caso, público de pudor) está em descompasso para com a teoria do bem jurídico-penal. Igualmente, a imoralidade, por si só, não constitui razão suficiente para incriminações.

De fato, a teoria do bem jurídico-penal, embora hoje possua uma dimensão reduzida em relação à sua propalada potencialidade, inegavelmente se presta a reger a atividade legislativa de conceber normas penais, limitando-a. A tutela da moral – pura e simplesmente – conduz a um resultado oposto, permitindo seja qualquer iniciativa justificável aprioristicamente. Como bem advertem Schmitt de Bem e Martinelli, citando Roxin, o direito penal não é um agente de transformação social e "castigar uma conduta pela simples contrariedade à ética ou por eventual imoralidade é ilegítimo e inconstitucional".[9] Roxin, frise-se, após informar que incriminações apenas se justificam se os pressupostos de uma coexistência pacífica forem lesionados, exemplifica: "Não se pode fundamentar a punibilidade do homossexualismo alegando tratar-se de uma ação imoral, pois um comportamento que se desenrola na esfera privada, com o consentimento dos envolvidos, não tem quaisquer consequências sociais e não pode ser objeto de proibições penais".[10] Luís Greco, ao seu turno, esclarece de forma precisa: "Talvez a principal consequência do princípio da proteção de bens jurídicos é a impossibilidade de legitimar uma proibição aludindo à simples imoralidade do comportamento proibido. Tampouco será possível valer-se de um artifício linguístico, com base no qual se diga que tais ações violam um bem, a saber, a moralidade ou os costumes. Moralidade e costumes não são mais do que o lado inverso da conformidade com certos padrões de comportamento, ou seja, referem-se à ação, e não a algo a que se possa relacionar ao desvalor do resultado; eles se tratam, portanto, de meros bens jurídicos aparentes".[11]

---

8 NUCCI, Guilherme de Souza. *Crimes Contra a Dignidade Sexual*. Comentários à Lei 12.015, de 7 de agosto de 2009. p. 11.

9 MARTINELLI, João Paulo; DE BEM, Leonardo Schmitt. *Direito Penal*: lições fundamentais. 5. ed. Belo Horizonte, São Paulo: D'Plácido, 2020. p. 141.

10 ROXIN, Claus. *Estudos de Direito Penal*. Rio de Janeiro: Renovar, 2006. p. 37-38.

11 GRECO, Luís. Breves Reflexões sobre os Princípios da Proteção de Bens Jurídicos e da Subsidiariedade no Direito Penal. In: *Direito Penal*: aspectos jurídicos controvertidos. São Paulo: Quartier Latin, 2006. p. 162-163.

No tocante aos sentimentos, Ana Elisa Liberatore Silva Bechara defende igualmente sua inadequação para que se situem como objetos da tutela penal. Consoante a autora, com exatidão, "há que se buscar a justificativa da proteção penal para além da mera causação de sentimentos negativos de ofensa, medo e outros tantos, introduzindo-se o conceito de interesses dos indivíduos em relação a terceiros, apto a permitir a identificação de um bem jurídico digno de tutela". Tomemos como exemplo o "sentimento de respeito aos mortos": parece-nos que não se trata de um bem jurídico penalmente tutelável, senão quando coligado a ideia de liberdade religiosa, que legitimamente pode ser erigida à qualidade de objeto jurídico protegido nos crimes previstos nos artigos 209 a 212 do CP.[12]

É indiscutível, portanto, que a opção legislativa por cambiar a denominação conferida ao Título VI da Parte Especial foi acertada. A alteração não é simplesmente "cosmética". Ao contrário – e como será visto – interfere na compreensão dos tipos penais, ao tempo em que confere à dignidade sexual a dimensão de bem jurídico tutelado em todos os tipos penais ali inseridos, como será analisado no estudo específico de cada um dos crimes.

Cumpre esclarecer que conceitos como "moralidade" e "pudor" também são excessivamente voláteis, o que fere a exigência de taxatividade da norma.

Não se deve olvidar que, se as condutas incriminadas na seara reservada aos delitos sexuais, na maioria dos casos, afetam de forma drástica direitos individuais, conferir ao sentimento de moralidade, tal qual na origem do Código Penal, importância superior aos ataques no plano individual é patente anacronismo.[13]

---

12 Sobre os sentimentos, existe, é verdade, contestação doutrinária, assim como a adoção da teoria do bem jurídico como critério limitador da atividade legislativa não é pacífica. Manifesta-se Klaus Volk: "el fin del Derecho penal es la protección de sentimientos. La confianza, tranquilizar a una conciencia jurídica agitada... no son otra cosa que sentimientos. Esta teoría sobre los fines de la pena no es compatible sin más con las teorías del bien jurídico. Hay pocas cosas que inquieten más a la gente que vulnerar un tabú..." (in ROXIN, Claus. El Concepto de Bien Jurídico Como Instrumento de Crítica Legislativa Sometido a Examen. In: *Revista Electrónica de Ciencia Penal y Criminología*. Disponível em http://criminet.ugr.es/recpc. Publicado em: 2013. Acesso em 29.04.2020). Essas aprofundadas discussões, entretanto, devem ser buscadas em obras específicas sobre o tema. No presente livro, assume-se a teoria do bem jurídico como critério limitador válido e rechaça-se a proteção a meros sentimentos.

13 Sobre o assunto há referência na justificativa ao PLS nº 253/2004, proposta que deu origem à Lei nº 12.015/09: "A primeira alteração proposta é sobre a nomenclatura do capítulo do Código Penal em tela que, de modo significativo, intitula-se Crime contra os Costumes. Para a ciência penal, os nomes e os títulos são fundamentais, pois delineiam o bem jurídico a ser tutelado. Assim, a concepção atual brasileira não se dispõe a proteger a liberdade ou dignidade sexual, tampouco o desenvolvimento benfazejo da sexualidade, mas hábitos, moralismos e eventuais avaliações da sociedade sobre estes. Dessa forma, a constrição legislativa deve começar por alterar o foco da proteção, o que

Verificamos no Título VI, ainda, notórios exemplos de paternalismo indireto, na definição de Hirsch, à qual alude Schünemann. Sobre o paternalismo jurídico-penal, há duas classificações: o paternalismo direto, correspondente ao sancionamento da pessoa que lesiona ou coloca em risco um bem jurídico próprio (seria exemplo desse paternalismo o artigo 28 da Lei nº 11.343/2006, caso adotada a visão de Schünemann sobre o bem jurídico saúde pública); e o indireto, contemplando as sanções direcionadas a terceiros que lesionam ou colocam em risco de lesão bens jurídicos que foram objeto de disposição por seu titular, sendo a este materialmente negada a faculdade.[14] Tipos penais como o rufianismo (artigo 230 do CP), em tese, se submetem à segunda classificação. No momento em que o aspecto da moralidade, centrado nos "modos de vida imorais", é recusado pela teoria do bem jurídico, sobra para o conteúdo material do delito apenas a afetação de um dado individualista (dignidade sexual), atingido, em muitos casos, de forma autorizada. A pergunta que deve ser feita é se a disposição do direito à dignidade sexual afasta o caráter criminoso da conduta praticada por outrem. A resposta a ser dada depende da distinção entre *hard paternalism* (paternalismo duro) e *soft paternalism* (paternalismo suave).

Ocorre o paternalismo duro quando a lei desconsidera a qualidade do consentimento ou da escolha da pessoa atingida. Segundo Feinberg, o paternalismo duro legitima a intervenção legal sob o argumento de que é necessário proteger as pessoas de suas próprias escolhas, anulando o consentimento livre e esclarecido – quando há o envolvimento de duas partes – ou as deliberações individuais – no caso de uma única parte. Apenas nesse caso teríamos de fato um paternalismo, no sentido pejorativo da palavra.[15]

Já o paternalismo suave implica análise do processo de consentimento ou de escolha. Autoriza-se a intervenção estatal apenas quando a voluntariedade não é plena (ou seja, quando é substancialmente afetada), ou quando uma intervenção temporária se mostre necessária para averiguar se a voluntariedade é afetada ou não. Se evidente a plenitude da voluntariedade no processo de consentimento ou escolha, não existe a possibilidade de intervenção estatal. Em outras palavras, no paternalismo suave, a preocupação da lei "não deve ser com a sabedoria, prudência ou periculosidade da escolha"

---

o presente projeto de lei fez ao nomear o Título VI da Parte Especial do Código Penal como dos Crimes Contra a Liberdade e o Desenvolvimento Sexual." Como se sabe, na redação final, o Título foi denominado dos Crimes Contra a Dignidade Sexual.

14 SCHÜNEMANN, Bernd. A Crítica ao Peternalismo Jurídico-Penal: um trabalho de Sísifo? In: *Estudos de Direito Penal, Direito Processual Penal e Filosofia do Direito*. São Paulo: Marcial Pons, 2013. p. 91.

15 FEINBERG, Joel. *The Moral Limits of Criminal Law*: harm to self. Nova Iorque: Oxford University Press, 1986. v. 3. p. 12.

de alguém, mas sim se aquela é de fato a opção da pessoa.[16] Assim, a lei pode incidir somente em casos de "ignorância, coerção, perturbação, drogas ou outros fatores que viciam a voluntariedade".[17]

Admitimos que o paternalismo suave permite a intervenção penal em muitas das situações previstas como crimes sexuais. Os crimes contra vulneráveis, em última análise, são nada menos que a positivação desse entendimento. Contudo, o paternalismo duro deve ser refutado como justificativa para a criminalização de condutas, mormente quando o bem jurídico-penal sobre o qual se debruça a norma é tratado como disponível (para quem admite a dualidade bens jurídicos individuais disponíveis e indisponíveis). A dignidade sexual é assim considerada.

Não é escopo desta obra esgotar um tema rico como o paternalismo penal, muito menos ingressar em detalhes sobre a teoria do bem jurídico e sua evolução, razão pela qual, para um aprofundamento técnico, recomendamos a leitura dos autores já citados.

Na antiga redação do Código Penal, no hoje inexistente Título dos "Crimes contra os Costumes", a disposição dos capítulos se dava da seguinte forma: Crimes contra a Liberdade Sexual (Capítulo I); Da Sedução e da Corrupção de Menores (Capítulo II); Do Rapto (Capítulo III); Disposições Gerais (Capítulo IV); Do Lenocínio e do Tráfico de Mulheres (Capítulo V); e Do Ultraje Público ao Pudor (Capítulo VI). Com a Lei nº 11.106/05, o Capítulo III foi revogado e o Capítulo V passou a se referir ao lenocínio e ao tráfico de pessoas. Já com a vigência da Lei nº 12.015/09, além da já propalada modificação do *nomen juris* do Título (Crimes contra a Dignidade Sexual), o Capítulo II passou a se chamar "Dos Crimes Sexuais contra Vulnerável"; o Capítulo V foi novamente renomeado, passando a se denominar "Do Lenocínio e do Tráfico de Pessoa para Fim de Prostituição ou Outra Forma de Exploração Sexual"; e foi inserido um Capítulo VII, mais uma vez versando sobre disposições gerais. A Lei nº 13.772/2018 criou o Capítulo I-A, denominado "Da Exposição da Intimidade Sexual". Embora os tráficos interno e internacional de pessoas para prostituição ou outra forma de exploração sexual não existam mais, a denominação do Capítulo V foi equivocadamente mantida. Essa é a atual configuração da parte sexual do Código Penal.

---

16 Idem, *ibidem*, p. 12.
17 Idem, *ibidem*, p. 12.

DOS CRIMES CONTRA A LIBERDADE SEXUAL

I – ESTUPRO (ARTIGO 213, CP)

1 Introdução

Denomina-se estupro a realização coativa de um ato sexual sobre o corpo de outrem, que é compelido à prática mediante violência física ou moral. É certo, todavia, que o delito em testilha nem sempre teve os contornos atuais, definidos pela Lei nº 12.015/09. Comparando a redação de agora com aquela escolhida originalmente pelo Código Penal de 1940, percebemos que, em alguns trechos, o estupro teve seu espectro ampliado e, em outros, reduzido.

No que toca à subjetividade passiva, especificamente ao gênero da vítima, e aos atos sexuais que se prestam à caracterização do delito, houve ampliação: ao invés de mulher como vítima, hoje o estupro pode ser praticado contra qualquer pessoa; e a conjunção carnal, outrora único ato libidinoso apto ao aperfeiçoamento do estupro, ganhou a companhia de todos os demais atos de natureza sexual, que figuravam como elementares do antigo crime de atentado violento ao pudor (artigo 214, revogado). Isso se deveu à absorção – pelo artigo 213 – da descrição típica do artigo 214, resultando em um amálgama entre os crimes anteriormente distintos.[18] Bom que se diga que a conduta vedada no atentado violento ao pudor não sofreu *abolitio criminis*, persistindo em continuidade típico-normativa, embora com outra roupagem.

Já em relação aos meios executórios, ocorreu restrição, pois alijada do estupro qualquer possibilidade de reconhecimento da violência presumida, antes normatizada no artigo 224 do CP e agora transformada no crime autônomo de estupro de vulnerável (artigo 217-A). Outra redução no alcance do estupro se deu em relação ao polo passivo da conduta (ampliado na questão do gênero), novamente por força do artigo 217-A: não se caracteriza mais crime do artigo 213, ainda que praticado mediante violência ou grave ameaça, quando a vítima é menor de quatorze anos,[19] portadora de enfermidade

---

18 Apostando em um tipo penal único, também temos os códigos espanhol, português, peruano, paraguaio e outros.

19 Nesse tema, sustentamos a ideia de que não basta a questão etária para o reconhecimento do estupro de vulnerável, o que será desenvolvido com maior profundidade em

ou deficiência mental (e não possui o necessário discernimento para o ato) ou quando estiver impossibilitada de opor resistência ao estuprador. Nessas hipóteses, existirá estupro de vulnerável.

Essas alterações, além de outras que serão tempestivamente arguidas, exigem especial cuidado do intérprete da norma quando se suscita o conflito intertemporal. Em que pese a sanção ter se mantido (a pena continua sendo de reclusão, de seis a dez anos) – o que, objetivamente, em relação ao antigo crime de atentado violento ao pudor, determina a ultra-atividade deste em relação aos fatos praticados durante sua vigência (a retroatividade só impera quando a lei nova é mais benéfica, e não de igual gravidade) –, nuances como causas de aumento da pena, concurso de crimes e outras devem ser consideradas, a par dos posicionamentos jurisprudenciais já existentes quanto à possiblidade de retroação do artigo 217-A, ainda que aparentemente, neste ponto, a lei nova seja mais severa.[20]

Entendemos que, em geral, a Lei nº 12.015/09 aprimorou a redação do crime de estupro, acabando com a injustificável dicotomia até então reinante, ainda que pontualmente encontremos perplexidades, como veremos.

---

capítulo próprio.

20 Como exemplo, STJ: "HABEAS CORPUS. DOSIMETRIA. ATENTADO VIOLENTO AO PUDOR. FORMA SIMPLES. COMETIMENTO CONTRA MENOR DE 14 ANOS. VIOLÊNCIA REAL. CAUSA DE ESPECIAL DE AUMENTO DO ART. 9º DA LEI 8.072/90. APLICABILIDADE. MAJORAÇÃO ACERTADA. COAÇÃO ILEGAL NÃO DEMONSTRADA. 1. Este Superior Tribunal firmou entendimento no sentido da aplicabilidade da causa de especial aumento de pena prevista no art. 9º da Lei 8.072/90 aos crimes de estupro ou atentado violento ao pudor cometidos contra menor de 14 anos, quando houver violência real ou grave ameaça. LEI 12.015/09. ENTRADA EM VIGOR. NOVA DISCIPLINA AOS CRIMES SEXUAIS. PENAS DIFERENCIADAS. REVOGAÇÃO DO ART. 9º DA LEI DOS CRIMES HEDIONDOS. RETROATIVIDADE. REDIMENSIONAMENTO DA SANÇÃO DEVIDA. RECONHECIMENTO DO CONSTRANGIMENTO DE OFÍCIO. 2. Com a edição e entrada em vigor da Lei 12.015/09, o estupro e o atentado violento ao pudor cometidos contra menor de 14 anos passaram a ter nova denominação, chamando-se o tipo de "estupro de vulnerável", agora estabelecido no art. 217-A do CP, não sendo mais admissível a aplicação do art. 9º da Lei dos Crimes Hediondos aos fatos posteriores a sua vigência. 2. Mantida a incidência da causa de especial aumento do art. 9º da lei 8.072/90, vez que o atentado violento ao pudor foi cometido com emprego de violência e grave ameaça contra surda-muda menor de 14 anos, e sendo a novel legislação mais benéfica ao condenado, de se aplicar na hipótese o preceito secundário do novo comando normativo - art. 217-A do CP -, nos termos do art. 2º do CPP. 3. Ordem denegada, concedendo-se habeas corpus de ofício para fazer incidir retroativamente à espécie os ditames da Lei 12.015/09, por ser mais benéfica ao paciente, redimensionado-se a reprimenda imposta, que finda definitiva em 8 anos e 2 meses de reclusão, mantidos, no mais, a sentença e o aresto combatidos." (HC nº 122.381/SC, rel. Min. Jorge Mussi, DJe de 28/6/2010)

2 Objetividade jurídica

Tem-se, no artigo 213 do Código Penal, a liberdade sexual como objeto primário da tutela penal, conceituada por Luiza Nagib Eluf como o direito de dispor do próprio corpo e de ser livre no direito de escolha sobre o exercício da própria sexualidade.[21] O direito à livre formação da vontade em matéria sexual diz respeito não apenas à escolha dos parceiros, mas também à natureza do ato sexual a ser praticado e à sua conveniência, tratando-se de um aspecto da liberdade pessoal e, em última análise, da dignidade no campo da sexualidade.

Em se tratando de crime praticado mediante violência ou grave ameaça, tutela-se secundariamente qualquer outro bem jurídico que seja atingido pelo uso destes meios executórios, como integridade corporal, saúde e vida. Paulo Queiroz, aprofundando-se no tema, afirma que a liberdade sexual é o bem jurídico tutelado em todos os crimes do Capítulo I (e do Capítulo II), mesmo quando a vítima é criança, adolescente ou qualquer outro incapaz. Quando a vítima ostenta uma dessas qualidades, o respectivo tipo penal – situado entre os crimes contra vulneráveis – terá a função de assegurar "seu desenvolvimento pleno e saudável (psíquico e sexual), a fim de que, quando adultos, possam decidir livremente."[22] Assim como defendemos, o autor sustenta que secundariamente haverá a tutela de bens jurídicos como a integridade física e a vida, sobretudo nos casos de crimes qualificados pelo resultado, de modo que os delitos contra a liberdade sexual e vulneráveis em geral são pluriofensivos.[23]

O consentimento válido do ofendido, caso anterior ou concomitante ao crime, torna a conduta atípica, já que o dissenso da vítima é inerente às ofensas à liberdade sexual. Cabe assinalar que a contrariedade da vítima pode surgir durante ato libidinoso inicialmente consentido. Nesse caso, se o agente, ciente do desejo da vítima em não prosseguir com a prática sexual, constrange-a a manter o ato, haverá estupro. Igualmente, se o ato se torna consentido após sua consumação (por exemplo, conjunção carnal iniciada de forma dissentida, que passa a ser consentida depois da penetração), resta verificado o estupro.

Deve ser consignado que o referido consentimento pode ser expresso ou tácito, mas o simples silêncio da vítima não pode ser interpretado como autorização para o ato sexual, especialmente quando estiver ela submetida

---

21 *Op. cit.*, p. 27. Deve ser esclarecido que o texto da autora versa sobre o crime de estupro anteriormente à reforma promovida pela Lei nº 12.015/09, portanto, ainda se refere à sexualidade da mulher. Todavia, o conceito pode perfeitamente ser adaptado aos parâmetros legislativos atuais.

22 QUEIROZ, Paulo. *Curso de Direito Penal*: parte especial. Salvador: Jus Podivm, 2013. v. 2, p. 517.

23 Idem, *ibidem*.

a indiscutível constrangimento, pois o temor por represálias violentas pode suplantar o desejo de manifestar seu dissenso. Em sentido contrário, exigindo resistência ao constrangimento praticado mediante violência física, Bento de Faria, citando Magalhães Noronha (preservada a grafia do original e lembrando que o crime de estupro exigia, à época, vítima mulher): "A violência pressupõe necessariamente a exteriorização de uma resistência adequada por parte do sujeito passivo, isto é, é mister que a resistência da mulher seja verdadeira e não simplesmente simulada. Não têm êsse efeito as reservas mentais, os simples protestos, a negativa apenas por palavras etc. Tem cabimento, entretanto, a justa observação que a propósito, faz Magalhães Noronha: 'A lei, entretanto, não pode exigir que ela (a mulher) vá ao extremo de sua resistência até ao risco da própria vida. Seria exigir que fôsse mártir da sua virtude. Ela exige que a resistência seja sincera, mas não pode impor se prolongue até o instante do desfalecimento ou do trauma psíquico. É necessário considerar também que a agressão produz geralmente, na vítima, mêdo de um mal maior. Uma tímida e fraca donzela, em lugar êrmo, após debater-se e lutar com o ofensor, pode, ainda com forças para resistir, aterrar-se ante sua disposição e entregar-se por temer perder a vida. Neste caso, ninguém, certamente, afirmará tratar-se de coito lícito e não ter sido ela estuprada' (Crime contra os Costumes, págs. 26-27)."[24]

Em que pese a autoridade da lição, cremos que o referido "aterramento", pela pressuposição de atos de violência ainda mais atrozes, pode se dar antes do esboço de qualquer resistência, tolhendo a vítima em sua capacidade de oposição. Destarte, a passividade da vítima não se presta ao afastamento do estupro.[25]

De igual forma, a preocupação da vítima com sua saúde pós-estupro não significa aceitação do ato libidinoso. Assim, se ela suplica ao criminoso que use preservativo, tal reserva não será interpretada como consentimento.[26]

---

24 FARIA, Bento de. *Código Penal Brasileiro*. 3. ed. Rio de Janeiro: Distribuidora Récord Editôra, 1961. v. VI. p. 8-9.

25 Na jurisprudência: "Exigir-se como regra que as estupradas lutem contra seus ofensores até 'al l'ultimo momento' é inteiramente desconhecer reações psicossomáticas femininas" (TJSP - AC - Rel. Azevedo Franceschini - RT 523/363); "O dissenso da vítima há de ser enérgico, resistindo ela, com toda sua força, ao atentado. Não se satisfaz com uma oposição meramente simbólica, um não querer sem maior rebeldia. Seria preciso, para a tipificação do estupro, que a vítima, efetivamente, com vontade incisiva e adversa se opusesse ao ato. E a narração da querelante, posto partida de mulher honesta, conduz à convicção de que não se utilizou ela de meios eficazes para evitar a consumação do atentado" (TJSP, Rel. Camargo Sampaio, RJTJSP 62/372 e RT 535/287).

26 Nesse mesmo sentido há jurisprudência do TJRJ, *verbis*: "PENAL. PROCESSO PENAL. APELAÇÃO CRIMINAL. CRIME DE ESTUPRO, ROUBO MAJORADO PELA RESTRIÇÃO DA LIBERDADE DA VÍTIMA E CÁRCERE PRIVADO (ART. 213, 157, § 2º, INC. V E 148, NA FORMA DO ARTIGO 69, TODOS DO CÓDIGO PENAL). PRETENSÃO ABSOLUTÓRIA FUNDADA NA INSUFICIÊNCIA DE PROVA SOBRE A AUTORIA DOS DELITOS. IMPOSSIBILIDADE. PROVA FIRME E ROBUSTA. DECLARAÇÕES DAS

VÍTIMAS COERENTES E RICAS EM DETALHES SOBRE A DINÂMICA DOS FATOS. RECONHECIMENTO SEGURO. MANUTENÇÃO DO JUÍZO DE REPROVAÇÃO. AUSÊNCIA DE EXAME DE CORPO DE DELITO BEM COMO DO AUTO DE APREENSÃO. DESNECESSIDADE. AFASTAMENTO DA CAUSA DE AUMENTO DE RESTRIÇÃO DA LIBERDADE DA VÍTIMA. ADMISSIBILIDADE. ELEMENTAR DO DELITO DE ESTUPRO. PROVIMENTO PARCIAL DO RECURSO. 1. No processo moderno, orientado pela busca da verdade real, inexiste hierarquia entre as provas, até porque, mesmo nos crimes de violência sexual, como já salientado, é possível sua comprovação a partir do conjunto probatório produzido, não se exigindo, para tanto, seja a evidência material comprovada exclusivamente por exame pericial, já que nem todos os crimes contra a dignidade sexual deixam marcas físicas. No caso dos autos, não foi a vítima submetida a exame pericial. Entretanto, o conjunto probatório produzido, ao contrário do que alega a defesa, é firme e seguro, não só em relação à existência do crime, mas também, no sentido de comprovar a autoria delitiva. De fato, as declarações da vítima são firmes e repletas de detalhes, sendo certo que reconheceu o apelante 12 dias após a prática dos delitos de estupro e roubo quando este praticou o crime de cárcere privado contra Lucimar e Cristiane. É o que se depreende de suas declarações em fase inquisitorial (fls.06/07) ratificadas por seu depoimento em juízo (fls. 128/129), sob o crivo do contraditório. 2. A vítima afirmou na delegacia de polícia que por volta das 02 horas da madrugada estava em sua residência quando acordou com uma voz falando ao seu ouvido ordenando para que ficasse quieta, pois havia outra pessoa na cozinha e que estava armada. Declarou que essa pessoa perguntou se iria chegar alguém sendo respondido que seu marido estava prestes a chegar, obrigando-a a ligar para ele para saber onde estava. Disse que seu marido afirmou que ainda estava longe de casa, momento em que o apelante disse que era gerente do tráfico e a pessoa que estava na cozinha era 'dono do morro'. Asseverou que a partir daí essa pessoa começou a alisar os seus cabelos bem como tentado beijá-la, sendo certo que ao perceber que seria estuprada pediu que ao menos usasse camisinha, o que foi aceito pelo estuprador mantendo relação sexual consigo por dez minutos. Relatou que após duas horas em que permaneceu em sua residência evadiu-se do local subtraindo uma máquina digital e um relógio de pulso. Assegurou que não relatou o fato à delegacia policial, pois ficou com medo já que o estuprador lhe havia dito que era gerente do tráfico, mas tão logo se retirou de sua casa ligou para seu marido e contou tudo o que tinha acontecido. (...) É cediço que nos crimes sexuais, cometidos, quase que na totalidade dos casos, na clandestinidade, a palavra da vítima, segura e coerente, é elemento hábil a alicerçar o decreto condenatório. *In casu*, repita-se, a vítima prestou declarações harmônicas em todas as ocasiões em que foi ouvida, fornecendo detalhes sobre o desenrolar da prática criminosa, não havendo qualquer razão plausível para estivesse imputando ao réu acusação tão grave, se não fosse verdade. O réu, por seu turno, não prestou esclarecimentos em sede policial, utilizando-se do silêncio constitucionalmente garantido (fls.03) e, em juízo (fls. 137/138), sustentou tese de negativa de autoria, afirmando que a vítima Flavia foi, na verdade, sua amante durante dois meses, tempo em que mantiveram relações sexuais em três ocasiões distintas. Relatou que tais relações eram sempre consentidas, e, em momento algum, subtraiu qualquer bem de sua residência, asseverando que a máquina fotográfica lhe foi emprestada por Flávia para que ele levasse para um retiro da igreja. Vê-se que seu depoimento está totalmente dissociado das demais provas do processo (...). Diante de tais fatos, não há como retirar o valor da palavra da vítima, que em duas oportunidades, relatou com detalhes como se procedeu a empreitada criminosa, bem como da realização do reconhecimento visual do mesmo. (...)" (APL 02846688820098190004

3 Sujeitos do crime

O estupro é classificado como crime comum, ou seja, qualquer pessoa pode praticá-lo. Assim, foram sanadas as dúvidas existentes antes da reforma promovida pela Lei nº 12.015/09. O artigo 213 mencionava a mulher como vítima da violação à liberdade sexual, bem como a conjunção carnal (coito vaginal) como único ato libidinoso apto a satisfazer a redação típica. Assim, em regra, apenas o homem era sujeito ativo do crime em apreço, afora as hipóteses de concurso de pessoas. Como a atual redação do artigo 213 posiciona genericamente "alguém" como vítima do crime e não mais restringe os atos libidinosos à conjunção carnal, impõe-se reconhecer que homem ou mulher podem praticar o delito. Se houver concurso de pessoas, impõe-se a majorante prevista no artigo 226, IV, "a", CP.

No que concerne ao sujeito passivo, também não há limitação de gênero. Homem e mulher podem figurar como vítimas de estupro, em razão das modificações promovidas pela Lei nº 12.015/09.

Todavia, se a vítima for vulnerável, o crime não será o previsto no artigo 213, mas aquele inserido no artigo 217-A do CP (estupro de vulnerável). Para a aplicação do artigo 217-A, são consideradas vulneráveis as seguintes pessoas: os menores de quatorze anos, as pessoas portadoras de enfermidade ou de deficiência mental que, por essa peculiaridade, não possuírem discernimento para a prática de atos libidinosos, e as que não podem oferecer resistência. No crime de estupro de vulnerável, frise-se, há a admissão de qualquer meio executório, inclusive a violência e a grave ameaça.

Importa salientar que nem toda pessoa portadora de enfermidade ou deficiência mental é vulnerável, mas só aquela destituída de discernimento. Suponhamos que uma pessoa portadora de leve doença mental seja comprovadamente capaz de decidir sobre a própria sexualidade. Ela possui liberdade sexual plena e pode manter relações sexuais com qualquer pessoa, sem o risco de ver o parceiro responsabilizado por estupro de vulnerável. E se esta mesma pessoa é constrangida, mediante violência ou grave ameaça, à prática do ato? Evidentemente, o fato não encontra adequação típica no artigo 217-A, que exige o vulnerável como sujeito passivo. A comprovada capacidade de discernimento afasta a vulnerabilidade. Portanto, há o estupro previsto no artigo 213.

Salientando a existência de controvérsia, entendemos que, igualmente, a vítima menor de quatorze anos nem sempre será vulnerável, mesmo em face do disposto no § 5º do artigo 217-A. Aprofundaremos o tema oportunamente.

RJ 0284668-88.2009.8.19.0004, Segunda Câmara Criminal, rel. Des. José Muiños P. Filho, julg. em 27/11/2012).

Caso o constrangimento coloque em risco bens jurídicos de terceiros, além daqueles de titularidade da pessoa que é violada em sua liberdade sexual, existirá pluralidade de vítimas. A situação pode se dar, por exemplo, quando uma pessoa mantém criança sob a mira de arma de fogo para obrigar a mãe dela, ora denominada vítima primária, à prática de atos sexuais. Ainda que a criança não tenha sua liberdade sexual atingida, é vítima secundária do crime de estupro.

Nada impede que haja estupro envolvendo como sujeitos ativo e passivo do mesmo delito pessoas casadas ou que constituíram entre si união estável. Embora se espere que entre cônjuges e companheiros sejam regularmente mantidas relações sexuais, aquele que não tem sua lascívia satisfeita não pode constranger o outro ao sexo, postura abusiva, merecedora de severa reprimenda.[27] Em sendo a vítima uma mulher, eventualmente fará jus às medidas protetivas previstas na Lei nº 11.340/06.

Ainda que pareçam superadas, impõe-se destaque às palavras de Bento de Faria, até para que possam ser refutadas. O autor distingue duas hipóteses: (a) existe "finalidade conjugal, específica e normal", ou seja, há por um dos cônjuges o desejo de manutenção de relações sexuais convencionais, a que se recusa o outro cônjuge; (b) o ato sexual desejado expressa libertinagem excessiva, depravação ou sodomia, ou ainda há o risco de contágio de moléstia venérea de que é portador o sujeito ativo. Na primeira hipótese, Bento de Faria acredita legítimo o uso de constrangimento para que seja vencida a resistência, salvo em caso de "violências físicas que se transformem em ofensas intencionais contra a integridade física da mulher ou sua saúde". Apenas na segunda hipótese o parceiro poderá recusar o ato sexual e o constrangimento será criminoso.[28] A lição, que nos parece absurda, não encontra respaldo na legislação pátria.

Também profissionais do sexo podem ser vítimas de estupro, superado qualquer vestígio de abominável preconceito, que poderia ditar menor proteção penal a essas pessoas devido ao fato de se entregarem a vários leitos. O comércio sexual do próprio corpo não importa seja solapado o direito de escolha, já que a liberdade sexual deve ser considerada de forma ampla e plena, inclusive abarcando o direito à manutenção de relações sexuais com obtenção de remuneração como contrapartida.[29] Sobre o tema, agora aderi-

---

27 Nesse sentido, TJRJ: "Se a prova da materialidade e da autoria delituosas é segura, caracterizado o crime do art. 213 c.c. o art. 14, II, do CP, procede a condenação. É que o casamento ou a união estável não retira da mulher o direito de escolha, ne dá ao marido ou convivente, o direito de violentá-la" (Ap. Crim. 2314/2013, rel. Des. Maria Raimunda T. de Azevedo, julg. em 20/08/2003).

28 FARIA, Bento de. *Op. cit.*, p. 14-15.

29 Assim, TJES: "APELAÇAO CRIMINAL ESTUPRO CONSUMADO E TENTADO - ABSOLVIÇAO - IMPOSSIBILIDADE - AUTORIA E MATERIALIDADE COMPROVADAS

mos à lição de Bento de Faria, elaborada em época em que a mulher ainda era vítima exclusiva do estupro e mantida a ortografia original: "A prostituição da mulher não lhe acarreta a renúncia dos direitos pessoais, ao ponto de não poder exercer livremente a sua vontade, para obrigá-la a suportar, como coisa, o ultraje da violência. (...) O Código anterior aludia expressamente ao fato de ser a estuprada, mulher pública ou prostituta. A circunstância da lei vigente não haver reproduzido o mesmo dispositivo, não significa que a lei recusou a proteção quando a mulher violentada fôr daquela condição. Mas, apenas julgou necessária a repetição dês que se referindo à mulher considerou-a nivelada a qualquer outra, pelo sexo e, por conseguinte merecedora do mesmo amparo, quando sofredora da violência em apreço."[30]

Não haverá estupro, por fim, quando o ato sexual for praticado sobre um cadáver (hipótese de vilipêndio a cadáver, crime do artigo 212 do CP) ou com animais (situação que caracteriza os maus-tratos – caso haja sofrimento imposto ao animal – tipificados no artigo 32 da Lei nº 9.605/98).

4 Elementos objetivos, subjetivos e normativos do tipo penal

O verbo reitor do crime de estupro é constranger, aqui em sua acepção de obrigar, compelir. Constrange-se o ofendido, mediante violência ou grave ameaça, à manutenção de conjunção carnal ou a praticar ou permitir que com ele se pratique outro ato libidinoso.

Violência (*vis corporalis*), primeiro dos meios executórios enumerados no dispositivo, é a incidência de uma força física contra o corpo da vítima (socos e chutes, imobilizações, disparos de arma de fogo etc.). Claro que a violência exercida deve ter aptidão para vencer a resistência oposta pela vítima. Se demasiadamente leve, impede seu reconhecimento (um empurrão, por exemplo), salvo se este prelúdio de violência, embora isoladamente banal, sirva para alertar a vítima sobre o crescimento gradual das investidas violentas, de modo a fazer com que ela passe a temer uma atuação mais severa do sujeito ativo (hipótese que, salvo a excessiva suscetibilidade da vítima, importa coação moral, que também serve à caracterização do estupro).

- RELEVÂNCIA DA PALAVRA DA VÍTIMA EM CONSONÂNCIA COM AS PROVAS CONSTANTES DOS AUTOS - RECONHECIMENTO DA CONTINUIDADE DELITIVA (ART. 71 DO CP)- REGIME INICIALMENTE FECHADO PARA O CUMPRIMENTO DA REPRIMENDA - NOVEL POSICIONAMENTO DO STF - RECURSO PROVIDO EM PARTE. (...) 4. A posição da corrente pretoriana, inclusive do Superior Tribunal de Justiça, é firme no sentido de que não importa seja a vítima solteira, casada ou viúva, uma vestal inatacável ou uma meretriz de baixa formação moral. Em qualquer hipótese é ela senhora de seu corpo e só se entregará livremente. Como, quando, onde e a quem for de seu agrado. (...)" (APR 31050003388 ES 31050003388, Segunda Câmara Criminal, rel. Des. José Luiz Barreto Vivas, julg. em 30/08/2006)

30 Idem, *ibidem*, p. 15.

Importante gizar que a violência física, em regra, deve ser constante, ou seja, deve perdurar até o momento da prática do ato libidinoso, apresentando se como vencedora no embate para com a resistência da vítima. Como dito anteriormente, se embora empregada de início a coação física, a vítima em ato subsequente aquiesce espontaneamente para com a prática sexual ainda não iniciada, não há se falar em estupro. Entrementes, se a violência inicialmente empregada, não obstante finda, tem o objetivo de manter a vítima atemorizada até o momento em que o agente decide pelo ato sexual, não se nega a existência de coação moral. Obviamente, quando falamos na aquiescência, estamos tratando da vontade livre e espontânea da vítima em manter com o autor o ato libidinoso, o que é teoricamente possível, todavia improvável na prática. O mais comum é que a vítima que não oponha resistência esteja simplesmente resignada e, sopesando o possível prejuízo a ela causado pela concreção da violência iniciada ou prometida, opte por não reagir, o que nem de longe importa concordância.

Grave ameaça (*vis compulsiva*, ou violência moral) é a coação psicológica, consistente na promessa de um mal sério e verossímil. Ou seja, o mal prometido deve versar sobre uma lesão significativa a um bem jurídico relevante. Além disso, sua realização deve ser crível. Essa credibilidade deve ser aferida de acordo com as condições pessoais da vítima (deve ser subjetivamente verossímil). Por exemplo, se o sujeito ativo afirma à vítima que pode matar um parente seu à distância, através de magia vodu, exigindo a prestação sexual para assim não agir, decerto que a ameaça é incapaz de atemorizar a maior parte da população. Mas não se pode afastar, de plano, sua potencialidade para intimidar pessoas específicas, excessivamente crédulas, que restarão tolhidas em sua liberdade sexual, possibilitando o reconhecimento de estupro.

Não se exige que a ameaça seja injusta. Ainda que se prometa à vítima um mal justo, persiste o estupro. Exemplificando, se o sujeito ativo exige que uma mulher com ele mantenha coito vaginal, afirmando que, em caso de recusa, revelará à polícia um crime (verdadeiro) por ela praticado, fica plenamente caracterizado o delito sexual.

Também o temor reverencial, explorado pelo agente para manter com a vítima o amplexo sexual, pode ser interpretado como uma forma de ameaça. Nesse sentido já decidiu o TJSP: "Na cópula de mulher virgem maior de 14 anos de idade com ascendente há, necessariamente, da parte deste, violência moral acrescida de temor reverencial, por si só capaz de tolher a defesa da vítima, pelo respeito e obediência devidos ao ofensor, irrelevante, portanto, para a confirmação do estupro, que não tenha havido grave ameaça direta ou explícita".[31]

---

[31] RT 639/292

Assinale-se, ainda, que a ameaça exercida contra entes queridos da vítima, ou mesmo a violência física contra eles oposta, de modo a sepultar qualquer resquício de resistência por parte daquela, caracteriza grave ameaça, por seu efeito psicológico. Nesse sentido, cuidando da legislação argentina, é a lição de Carlos Fontán Balestra, *in verbis*: "*En conclusión, queda confirmado el aserto inicial, por el que afirmábamos que la violencia efectiva física debe ejercerse sobre la víctima, para que el delito pueda considerarse cometido por tal médio. La fuerza ejercida sobre tercero puede determinar la violación mediante violencia moral, pero no física, pués ésta no actua directamente sobre la víctima para obligarla al acto.*"[32]

Nada impede que o constrangimento seja inicialmente empregado para a prática de outro crime, como roubo. Se há seu aproveitamento para a prática do ato sexual, existe estupro. Nesse sentido, Álvaro Mayrink: "Aduza-se que não importa que a violência tivesse sido originariamente empregada para outro fim ilícito, se o autor aproveitar de seus efeitos para constranger a vítima e manter com ela conjunção carnal."[33]

Anteriormente à edição da Lei nº 12.015/09, o crime de estupro também admitia a violência presumida (ficta), então prevista no artigo 224 do Código Penal, como meio executório. Consistia na manutenção de relações sexuais com menores de quatorze anos, alienados ou débeis mentais, ou com pessoas que não pudessem oferecer resistência, desde que não houvesse violência real ou grave ameaça. Essa previsão legal hoje está superada, já que o artigo 224 foi revogado, com a consequente criação do crime de estupro de vulnerável. Ou seja, não existe mais a presunção de violência no Código Penal (deve ser observado que a presunção de violência ainda persiste no Código Penal Militar – mais precisamente no artigo 236 –, pois este não foi alcançado pela Lei nº 12.015/09).

No que concerne aos atos sexuais praticados em desfavor da vítima, o artigo 213 contempla um casuísmo – a conjunção carnal – e um termo genérico – "outro ato libidinoso". Conjunção carnal é a introdução ainda que parcial do pênis na cavidade vaginal, haja ou não ejaculação subsequente. A dicção genérica ("outro ato libidinoso") diz respeito a atos com conteúdo sexual, porém diversos da conjunção carnal, como a *fellatio in ore*, o coito anal, a introdução de objetos no ânus ou na vagina etc. O coito vulvar ou vestibular, por ausência de penetração, não configura conjunção carnal, mas ato libidinoso diverso dela.[34]

---

32 BALESTRA, Carlos Fontán. *Delitos Sexuales*. 2.ed. Buenos Aires: Ediciones Arayú, 1953. p. 45.

33 COSTA, Álvaro Mayrink da. *Direito Penal:* parte especial. 5.ed. Rio de Janeiro: Forense, 2003. p. 1423.

34 Contra, sustentando a existência de conjunção carnal no coito vulvar, TACrimSP (JTACrim 54/403). A discussão, contudo, com a unificação do estupro e do antigo crime

A interpretação da expressão "ato libidinoso" deve respeitar a necessária proporcionalidade entre a conduta e a magnitude das consequências penais a ela atribuídas. Explica-se: há atos de conteúdo sexual que, por apresentarem menor gravidade, não se prestam à caracterização do estupro, pois, se assim fosse, existiria excesso punitivo. Exemplificando: se, durante um evento carnavalesco, o sujeito ativo puxa uma mulher violentamente pelo pescoço e a beija, visando a satisfazer sua lascívia, é cristalino que a conduta merece punição, por representar ingerência indevida sobre a liberdade da vítima, mas não a imposição de uma pena de seis a dez anos de reclusão, com regime inicialmente fechado, progressão de regime diferenciada e livramento condicional dificultado, tal qual acontece no artigo 213, arrolado pela Lei nº 8.072/90, em seu artigo 1º, V, como crime hediondo. A fim de preservar a proporcionalidade da norma, apenas os atos libidinosos que atingem a vítima de forma mais intensa, como coito anal ou oral e outros, apresentam aptidão para subsunção típica no crime de estupro. É essa a interpretação que se impõe, inclusive, a partir do recurso à interpretação analógica, verificado na norma (ou seja, o significado do termo genérico deve tomar como parâmetro aquele apontado de forma casuística).[35]

José Henrique Pierangeli e Carmo Antônio de Souza, após breve análise sobre o Código Penal português, que diferencia os atos libidinosos em relevantes e irrelevantes, criticam a opção da legislação pátria por tratar situações diversas de forma indistinta: "E a consequência dessa opção é que são enquadráveis, no mesmo tipo penal, condutas tão díspares como um beijo lascivo e um coito anal. Nesse contexto, se para grande parte da doutrina parece exagerado o mínimo de seis anos de reclusão para uma relação vaginal, anal ou oral forçada (lembrando que esse é o mesmo patamar inicial previsto para o homicídio simples), parece-nos inconcebível cominar-se essa mesma pena para um beijo roubado, ainda que lascivo, ou para apalpadelas nas partes pudendas da vítima. (...) Entre nós, diante do grau reduzido de reprovabilidade da conduta, da inexpressividade da lesão jurídica e do princípio da proporcionalidade, defendemos que resta ao julgador aplicar uma das seguintes soluções: a) contravenção do art. 61 (importunação ofensiva ao pudor) ou do art. 65 (perturbação da tranquilidade); b) ou o princípio da insignificância ou da bagatela."[36]

---

de atentado violento ao pudor em um mesmo tipo penal, perdeu a relevância.

35 Saliente-se que o STJ possui decisões recentes – que reputamos totalmente divorciadas da técnica penal e de sua base principiológica – sustentando a inclusão do beijo lascivo entre os atos libidinosos caracterizadores do estupro. Nesse sentido, REsp 1611910/MT, Sexta Turma, rel. Min. Rogerio Schietti Cruz, julgado em 11/10/2016; RHC 93.906, Quinta Turma, rel. Min. Ribeiro Dantas, julg. em 21.03.2019.

36 PIERANGELI, José Henrique; SOUZA, Carmo Antônio de. *Crimes Sexuais*. Belo Horizonte: Del Rey, 2010. p. 22-23. Contra, TJRJ: "O beijo lascivo e erótico é ato libidi-

O ensinamento merece atualização e, em parte, refutação. Reconhecemos a inexistência de estupro, mas a importunação ofensiva ao pudor foi revogada pela Lei nº 13.718, ou seja, essa subsunção não é mais possível. Quanto à insignificância do comportamento, cremos exagerado apregoá-la.[37] Nos exemplos mencionados, assim como em outras situações (aproveitar-se do coletivo lotado para esfregar o órgão genital contra o corpo da vítima, realizar a contemplação lasciva mediante constrangimento etc.), existe importunação sexual, delito criado em 2018 pela Lei nº 13.718 e ora previsto no artigo 215-A do CP.[38] Cuida-se, inclusive, de tipo penal mais específico, que prevalece sobre a contravenção de perturbação da tranquilidade (de duvidosa taxatividade, para dizer o mínimo).

O ato libidinoso, necessariamente, deverá recair sobre o corpo da vítima, ou seja, é necessário que esta participe do ato. O preceito primário fala em "ter conjunção carnal", ou "praticar ou permitir que com ele se pratique outro ato libidinoso". Fica clara a necessidade de participação direta da vítima no ato sexual, ainda que passivamente. Por conseguinte, embora não se exija contato corporal entre autor e vítima (o autor pode obrigar a vítima, *v. g.*, a se masturbar enquanto contempla lascivamente o ato), não haverá a subsunção se o autor pratica o ato sexual apenas sobre o próprio corpo. Consequentemente, se o autor, ao se masturbar, constrange outra pessoa para que esta o observe, sem qualquer outra participação da vítima no ato, existirá importunação sexual (artigo 215-A, CP), ou, se a pessoa exposta ao ato for menor de quatorze anos, crime do artigo 218-A, CP.

Interessa observar a posição apresentada por Luiza Nagib Eluf, da qual discordamos, insistindo no contato corporal entre autor e vítima para a existência do delito: "É necessário que haja contato corporal. A

---

noso, constituindo, portanto, o delito de atentado violento ao pudor quando contrário à vontade da vítima" (RT 534/404).

37 Paulo Queiroz e Lilian Coutinho fazem uma construção na qual atos libidinosos de pequena monta podem ser considerados insignificantes para a finalidade de configuração do estupro, mas não de outros tipos penais. Citando Jorge de Figueiredo Dias, para quem, lecionando sobre o tema com base no Código Penal português, "ficam excluídos do tipo actos que, embora 'pesados' ou em si 'significantes' por impróprios, desonestos, de mau gosto ou despudorados, todavia, pela sua pequena quantidade, ocasionalidade ou instantaneidade, não entravem de forma importante a livre determinação sexual da vítima", concluem os autores que, eventualmente, pode restar configurado o crime de importunação sexual. Sustentam, expressamente, que, "com a reforma da Lei nº 13.718/2018, a discussão foi superada porque o novo tipo penal de importunação sexual ('praticar contra alguém e sem a sua anuência ato libidinoso para satisfazer a própria lascívia ou a de terceiro') claramente compreende a prática do beijo lascivo sem anuência da vítima" (QUEIROZ, Paulo. COUTINHO, Lilian. *Crimes Contra a Honra e Contra a Dignidade Sexual*. 2. ed. São Paulo: Jus Podivum, 2020. p. 98-99).

38 Entende o STJ que a importunação sexual não admite o constrangimento como meio executório (RHC 93.906, Quinta Turma, rel. Min. Ribeiro Dantas, julg. em 21.03.2019).

contemplação lasciva ou a exibição de partes do corpo não configuram o delito."[39] Contrariamente, Regis Prado: "Em princípio, faz-se necessário o contato corporal, isto é, que o corpo da vítima seja tocado pelo agente ou que, pelo menos, a ação seja exercida em torno do corpo daquela, como na hipótese em que esta é constrangida a desnudar-se para que possa ser observada lascivamente pelo agente."[40]

Ainda com esteio no parágrafo anterior, observemos outro exemplo: um homem constrange a vítima a observá-lo enquanto se masturba. Todavia, obriga-a a ficar próxima a si, pois, ao ejacular, pretende fazê-lo sobre o corpo da vítima. Há estupro, caso a vítima venha a ser atingida pelo sêmen? Cremos que não. O derramamento do sêmen não é, em si mesmo, um ato libidinoso, mas a consequência fisiológica do ato. Portanto, se o autor pratica o ato no próprio corpo e apenas a ejaculação atinge a vítima, não existe o ato sexual praticado sobre o corpo desta, não restando evidenciado o estupro (ou, no caso concreto, estupro de vulnerável), mas, novamente, importunação sexual.

Devemos considerar, outrossim, aquilo que se convencionou chamar de "estupro virtual", ou, como preferimos, estupro à distância. Temos aquela hipótese em que o sujeito ativo se vale de meios instantâneos de comunicação audiovisual para constranger e observar o ato sexual praticado sobre o corpo da vítima. Exemplificando, o autor, com quem a vítima trocou voluntariamente fotos em que aparece nua, ameaça expor essas fotos em sites pornográficos, caso a vítima não concorde em se exibir para ele através de uma *webcam*, inserindo objetos em seu canal vaginal. Há a grave ameaça – um dos meios executórios exigidos pelo estupro – e o ato libidinoso recai sobre o corpo da vítima, embora ela esteja distante do sujeito ativo, que sequer pode tocá-la. Presentes as elementares caracterizadoras do estupro, cremos

---

39 ELUF, Luiza Nagib. *Crimes Contra os Costumes e Assédio Sexual*: edição condensada. São Paulo: Editora Jurídica Brasileira, 1999. p. 42. No mesmo sentido, STJ: "PENAL. RECURSO ESPECIAL. ATENTADO VIOLENTO AO PUDOR. AUSENCIA DE CONTATO FISICO ENTRE O AGENTE E A VÍTIMA. NÃO CARACTERIZAÇÃO DO CRIME. - PARA A CARACTERIZAÇÃO DO CRIME DE ATENTADO VIOLENTO AO PUDOR E IMPRESCINDIVEL QUE O AGENTE, NA REALIZAÇÃO DO ATO LIBIDINOSO, MANTENHA CONTATO CORPOREO COM A VÍTIMA, POIS SEM A SUA PARTICIPAÇÃO FISICA ATIVA OU PASSIVA, O DELITO NÃO SE CONFIGURA. - NÃO COMETE O CRIME TIPIFICADO NO ART. 214, CP, O ANCIÃO QUE, EM FACE DA RECUSA DA VÍTIMA, MENOR DE 7 ANOS, EM TOCAR SEU MEMBRO VIRIL, MASTURBA-SE EM SUA PRESENÇA. - RECURSO ESPECIAL CONHECIDO E PROVIDO" (REsp 63509 RS 1995/0016576-7, Sexta Turma, rel. Min. Vicente Leal, julg. em 24/06/1996).

40 PRADO, Luiz Regis. *Curso de Direito Penal Brasileiro*.10.ed. São Paulo: Editora Revista dos Tribunais, 2011. v. 2. p. 803. Já nos posicionamos pela subsunção da contemplação lasciva ao preceituado no artigo 215-A (importunação sexual), mas apenas por uma questão de proporcionalidade.

irrelevante o distanciamento espacial, dando-se a subsunção. Nesse sentido já decidiu o STJ.[41]

O crime pode ser praticado mediante ação (conduta comissiva) ou omissão, desde que imprópria. Neste último caso, temos como exemplo a conduta da mãe que, vendo a filha adolescente, maior de quatorze anos, ser sexualmente violentada pelo pai ou padrasto, prefere deixar de protegê-la para salvaguardar a unidade familiar. Adotamos, aqui, a posição defendida por Armin Kaufmann e defendida no Brasil, entre outros, por Pierpaolo Cruz Bottini, segundo a qual, na omissão imprópria, o tipo penal não contempla imediatamente uma conduta omissiva (não há previsão expressa da modalidade), mas a subsunção ocorre seja porque existe uma previsão estrutural implícita, seja porque uma "cláusula geral de equiparação" (no caso, o artigo 13, § 2º, do CP) a autoriza.[42] Os pais, indubitavelmente, são agentes garantidores, razão pela qual, uma vez que dolosamente se omitam, respondem pelo tipo penal proibitivo.

Trata-se de crime unicamente doloso, seja o dolo direto ou eventual. Não se admite a modalidade culposa. Entendemos também pela inexistência de qualquer especial fim de agir, bastando a consciência de que o ato sexual é praticado contra a vontade da vítima e a vontade de constrangê-la a este resultado. Nesse sentido, Valdir Sznick[43] e Damásio de Jesus.[44] Imaginamos, portanto, que se o agente, *v. g.*, por vingança ou outro sentimento desviado da satisfação da concupiscência, obriga a vítima a inserir objetos no ânus, sem experimentar qualquer excitação sexual, ainda assim se dá o estupro. Adotamos, por conseguinte e sem ressalvas, o escólio de Renato Marcão e Plínio Gentil, *verbis:* "Não parece haver razoabilidade em reclamar do agente que tenha uma finalidade específica além da de praticar o ato objetivamente libidinoso e assim socialmente considerado. Basta que conheça essa característica da conduta escolhida e que a pratique, ainda que movido por outra intenção que não a de saciar ou excitar a libido, própria ou alheia. A eleição da via sexual para, com violência ou grave ameaça, satisfazer interesses de outra natureza, não anula o caráter criminoso do fato, enquadrável sem dúvida no art. 213, utilizado como meio de atingir o objetivo visado, a menos que pudesse haver uma progressividade entre o meio e o fim, em que o crime-fim fosse mais grave que o crime meio, coisa possível (por exemplo, o agente estuprar a vítima, de pouca idade e frágil, sabendo que o ato lhe

41 RHC 70.976/MS, Quinta Turma, rel. Min. Joel Paciornik, publ. em 10.08.2016.

42 BOTTINI, Pierpaolo Cruz. *Crimes de Omissão Imprópria*. São Paulo: Marcial Pons, 2018. p. 61-62.

43 SZNICK, Valdir. *Crimes Sexuais Violentos*: violência e ameaça, pudor e obsceno, desvios sexuais, rapto e estupro, atentado ao pudor. São Paulo: Ícone, 1992. p. 180.

44 JESUS, Damásio E. de. *Direito Penal*: parte especial. 14.ed. São Paulo: Saraiva, 1999. v. 3. p. 98.

causará uma hemorragia, que a leve à morte, o que afinal ocorre, sendo este seu objetivo), mas improvável."[45] Nessa esteira, concluem Paulo Queiroz e Lilian Coutinho: "Para a configuração do dolo, é irrelevante que o agente vise (também) a outros fins não sexuais (vingança, humilhação etc.)".[46]

Contrariamente opina Regis Prado, para quem a norma exige "um âni-mo lúbrico (sensual, lascivo, devasso, libidinoso)."[47] Para Bitencourt, embora a norma não exija a intenção de satisfazer a própria lascívia, há o elemento subjetivo especial, concernente no especial fim de submeter a vítima a um ato sexual.[48] Cremos equivocada a lição, pois esta intenção não nos parece uma finalidade especial, de modo que é indissociável daquilo que alguns chamam de dolo genérico. Já Nucci defende que, para a perfeita distinção entre o crime de constrangimento ilegal (artigo 146, CP) e o crime de estu-pro, impõe-se o desejo de satisfação da libido.[49]

5 Consumação e tentativa

Classifica-se o estupro como crime material, ou seja, sua consumação se dá com a efetivação do ato libidinoso. Afirma-se corriqueiramente que, na conjunção carnal, esse momento é marcado pelo início da penetração, ainda que parcial. Nos demais atos, quando começam a ser praticados (penetração anal, introdução do órgão genital na cavidade bucal etc.).

Todavia, a situação é mais complexa do que aparenta ser. A tentativa, à evidência, é possível, pois o estupro é um crime plurissubsistente. Contudo, devido à variedade de atos libidinosos aptos a conformar o tipo penal, há que se ter cautela em sua determinação.

Vejamos: embora discordemos, muitos afirmam que um dos atos sexuais que podem caracterizar o estupro é a contemplação lasciva, consistente em obrigar a vítima a se despir, enquanto o sujeito ativo satisfaz sua libido ape-nas observando seu corpo nu, conduta que se consuma quando a vítima se desnuda; mas no constrangimento para a conjunção carnal, a nudez da ví-tima, ainda que parcial, é meio necessário para que se atinja a finalidade do agente, pois não há coito sem contato entre os órgãos genitais.

Suponhamos, então, que o sujeito ativo, visando ao coito vaginal, obri-gue a vítima a se despir, sendo impedido de realizar a penetração por cir-cunstâncias alheias à sua vontade. Em tese, haveria tentativa de estupro. Se o

45 MARCÃO, Renato; GENTIL, Plínio. *Crimes contra a Dignidade Sexual*. São Paulo: Saraiva, 2011. p. 107.

46 QUEIROZ, Paulo; COUTINHO, Lilian. *Crimes Contra a Honra e Contra a Dignidade Sexual*. 2. ed. São Paulo: Jus Podivm, 2020. p. 96.

47 PRADO, Luiz Regis. *Op. cit.*, p. 805.

48 BITENCOURT, Cezar Roberto. *Tratado de Direito Penal*: parte especial. 3.ed. São Paulo: Saraiva, 2008. v. 4. p. 4.

49 NUCCI, Guilherme de Souza. *Op. cit.*, p. 16.

sujeito ativo, no entanto, tencionando apenas a contemplação, conquista sua finalidade, o crime é consumado. Ora, sopesemos a reprovabilidade das condutas: decerto o constrangimento para a conjunção carnal é mais reprovável que o constrangimento para a contemplação lasciva, até porque a nudez é etapa necessária daquela. Desconsiderando o dolo do agente, objetivamente temos exatamente a mesma conduta; porém, uma vez analisada a intenção do agente (a cópula não conquistada, mas querida), avulta em reprovabilidade o constrangimento para a nudez (que, de acordo com o plano do agente, seria sucedida pela conjunção carnal).

Assim, não pode a primeira hipótese ser tida como crime tentado, com a pena diminuída de um terço a dois terços, e a segunda, menos reprovável, como crime consumado. Para que seja preservada a proporcionalidade da norma, estamos inclinados a entender que, na intenção de praticar o coito (vaginal, anal etc.), a realização de ato sexual como prelúdio é suficiente para a consumação delitiva, caso se entenda esse ato como suficiente à caracterização do estupro.

A fim de espancar dúvidas, exemplifiquemos com outro ato libidinoso, que, segundo cremos, possui relevância suficiente para a subsunção ao artigo 213 do CP: a introdução dos dedos (ou, em situação mais extrema, da mão) nas cavidades erógenas. O autor, a fim de preparar a vítima – uma mulher – para a penetração peniana, insere em sua vagina dois dedos. Nesse momento, sua conduta é interrompida, como já dito, por circunstâncias alheias à sua vontade. Estupro tentado? Impõe-se a resposta negativa. Enxergamos, no caso descrito, consumação.

Essa posição é igualmente adotada por Renato Marcão e Plínio Gentil: "Hoje, com a conjunção carnal e os atos libidinosos açambarcados todos, em igualdade de condições e com idênticas penas, por um único tipo penal, parece-nos mais adequado considerar qualquer ato libidinoso, ainda que integrante do prelúdio do almejado coito vagínico, como capaz de ensejar a consumação do delito de estupro, pois não é possível que o agente não tenha agido com lascívia ao praticá-lo e, ao fazê-lo, embora na busca por outro fim igualmente lascivo, claramente já completou a execução de uma das modalidades de conduta previstas pelo tipo legal, especialmente levando em conta que, segundo já observado, não é exigível um dolo específico para a prática do ato libidinoso."[50] Não é outra a lição de Paulo Queiroz: "Naturalmente que o crime estará consumado, e não simplesmente tentado, ainda que os atos praticados estejam aquém do projeto de crime arquitetado pelo autor (*v. g.*, se, pretendendo realizar conjunção sexual ao final, iniciasse o crime com atos libidinosos preliminares, sendo preso antes de executar aquele último ato."[51]

---

50 MARCÃO, Renato; GENTIL, Plínio. *Op. cit.*, p. 109-110.
51 QUEIROZ, Paulo. *Op. cit.*, p. 530.

Considerando, portanto, que a prática de um ato libidinoso (suficientemente invasivo) prévio à finalidade especificamente desejada pelo agente já constitui crime consumado, quando teríamos a tentativa criminosa? Ou, ainda, existiria a possibilidade de desistência voluntária? Não deve ser olvidado que o estupro pressupõe um constrangimento e, assim, nada impede que violência e grave ameaça dirigidas a um ato libidinoso sejam opostas à vítima, mas sem o efetivo ingresso na prática sexual. Caso, por exemplo, do criminoso que é preso ainda com uma arma branca encostada na vítima, depois de dar a ela a ordem para que se dispa e de deixar claro seu propósito, mas antes de a ordem ser efetivamente cumprida. Nessa hipótese, há estupro na forma tentada. Se, no entanto, o agente, ante às súplicas da vítima, se apieda e desiste de concretizar seu intento, há desistência voluntária, respondendo ele apenas por constrangimento ilegal (artigo 146 do CP). Importa assinalar que, iniciado qualquer ato libidinoso, ainda que prévio, falece a possibilidade de reconhecimento do instituto previsto no artigo 15 do CP.

6 Crime qualificado

Os §§ 1º e 2º do artigo 213 qualificam o crime de estupro ora em relação ao resultado, ora em razão de peculiares características da vítima. Encontramos, no § 1º, a qualificadora referente ao resultado lesão corporal de natureza grave, bem como aquela concernente à idade da vítima, menor de dezoito e maior de quatorze anos. No § 2º está o estupro com resultado morte.

A pena do crime de estupro passa a ser de oito a doze anos de reclusão quando a vítima fica gravemente lesionada em razão do crime sexual por ela suportado, sendo certo que são os §§ 1º e 2º do artigo 129 do CP que determinarão a gravidade da lesão. O resultado deve ocorrer no contexto do estupro e não em situação divorciada da prática sexual: pode ser derivado da violência ou da grave ameaça empregada no constrangimento ou mesmo determinado pelo ato libidinoso. Destarte, se o ato sexual, por sua natureza e intensidade, deixa a vítima incapacitada para as ocupações habituais por mais de trinta dias, restará caracterizado o § 1º do delito.

Frise-se que a lesão não necessita ser anatômica, mas também se volta à saúde psíquica ou à regularidade das funções orgânicas da vítima. Se esta, por exemplo, após ser sexualmente molestada, passa a sofrer de severo trauma psicológico, há a possibilidade de configuração da qualificadora. De igual sorte, a transmissão de doenças incuráveis também se insere no dispositivo.

Entendemos, ainda, que esse resultado qualificador pode ser produzido a título de dolo ou de culpa, não existindo obrigatoriamente a figura do preterdolo. Isto porque em momento algum o dolo em relação ao resultado se mostra incompatível com o preceituado, embora entendamos que a quantidade de pena estabelecida é tímida para aquilo que se pretende punir, quase resvalando em punição insuficiente (o que, como será visto, não ocorre com o resultado morte, onde a sanção é adequada ao elemento subjetivo do tipo qualificado).

No que concerne à idade da vítima, a punição incrementada se justifica pela maior exposição a danos fisiopsicológicos, além da natural capacidade defensiva reduzida, já que a pessoa molestada não atingiu a idade adulta.

Percebe-se claramente que a exclusão dos menores de quatorze anos do âmbito da qualificadora se deve à existência do crime de estupro de vulnerável (artigo 217-A). No entanto, como a norma situa a idade da vítima, para verificação do crime qualificado, acima dos quatorze anos e abaixo dos dezoito, surge relevante questionamento: e se a vítima tem idade igual a quatorze anos? Caso a vítima seja estuprada no dia em que completa quatorze anos, haverá a incidência do tipo qualificado? Desde logo, por razões de lógica, a resposta positiva se impõe. Afinal, não haveria justificativa plausível por punir tal estupro de forma mais branda, já que a vítima necessita de especial salvaguarda. Como elevar a pena em caso de vítima com quinze anos de idade e repudiar o incremento na idade igual a quatorze? A negação de incidência da qualificadora sobre a hipótese, consagrar-se-ia absurda proteção insuficiente, violadora da proporcionalidade que deve nortear a aplicação da lei. Partindo desse raciocínio, não existiria idade igual a quatorze anos: até a data do aniversário, a vítima é menor de quatorze; do aniversário em diante, maior de quatorze.

Ainda nesse tópico, é interessante e pertinente a crítica formulada por Cristiano Rodrigues: "Para concluir a análise crítica a respeito das novas formas qualificadas do estupro, não podemos deixar de ressaltar o vergonhoso erro material presente no par. 1º do art. 213, que afirmou ser estupro qualificado quando a vítima for 'menor de 18 **ou** maior de 14 anos' (grifo nosso), quando, na verdade, deveria ter dito 'menor de 18 **e** maior de 14 anos'. Se fizéssemos uma interpretação exclusivamente literal do disposto na Lei chegaríamos ao absurdo de que, em face da nova disposição, o estupro simples teria deixado de existir, e todas as formas de estupro seriam qualificadas e com pena de 8 a 12 anos, já que todas as pessoas, necessariamente, ou são menores de 18, ou são maiores de 14 anos."[52] Evidente que a conjunção "ou", presente no tipo penal, deve ser interpretada como aditiva, para que não haja qualquer incoerência.

Caso o sujeito ativo desconheça a idade da vítima, não sendo desde logo perceptível se tratar de adolescente com idade igual ou superior a quatorze anos, não poderá sofrer o acréscimo de pena em sua sanção, já que a

---

52 RODRIGUES, Cristiano. *Temas Controvertidos de Direito Penal*. 2.ed. São Paulo: Método, 2010. p. 223.

circunstância não se encontrava abrangida por seu dolo. Ou seja, ocorrerá erro de tipo.

O resultado morte (§ 2º) recebe tratamento análogo ao resultado lesão grave, devendo se situar no contexto do crime sexual, seja ele decorrência da violência, da grave ameaça, ou da própria atividade sexual.

Aqui, se torna mais evidente a possibilidade de resultado doloso, não apenas culposo. Além de tudo o que foi dito sobre a lesão grave, um cálculo simples serve para amparar tal posicionamento. Devemos pegar a pena do estupro qualificado pela morte (pena de doze a trinta anos de reclusão) e dela subtrair a pena cominada ao estupro simples (seis a dez anos de reclusão). A pena restante é correspondente ao acréscimo promovido pelo resultado morte. Temos, portanto, na pena mínima, 12 – 6 = 6. E, na pena máxima, 30 – 10 = 20. Em resumo, a morte determina seja a pena incrementada em 6 a 20 anos de reclusão. Cuida-se de vultoso acréscimo, igual à pena do homicídio doloso simples (artigo 121 do Código Penal). Mas o homicídio doloso praticado no âmbito do estupro normalmente é qualificado (ou seja, a pena não é de seis a vinte anos). Significa que o cálculo está equivocado? Não, pois o que qualifica o homicídio são as circunstâncias a ele agregadas, não o resultado morte. A reprovabilidade do resultado morte continua unicamente fixada em seis a vinte anos de reclusão.

Forçoso reconhecermos que o resultado morte previsto no estupro também pode se dar a título de dolo, ou haveria excesso na cominação abstrata da pena, uma vez que o resultado puramente descuidado jamais poderia importar elevação da pena em patamar superior à sanção cominada à conduta dolosa da qual ele decorre.

Defendendo posição análoga, encontramos a doutrina de Paulo Queiroz: "A lesão corporal grave, que consta do art. 129, §§ 1º e 2º, do Código, e a morte qualificam o crime tanto a título de dolo quanto de culpa, tratando-se, por isso, de crime qualificado pelo resultado, que compreende preterdolo (fusão de dolo e culpa) como uma de suas possíveis formas."[53] O autor ainda faz importante ressalva, da qual comungamos: "A incidência da qualificadora pressupõe, logicamente, lesão grave ou morte que resultem da violência empregada para a consumação do estupro, razão pelo qual o nexo causal entre o tipo e o resultado que o qualifica é essencial. Exatamente por isso, se, consumado o estupro, o agente decidir lesionar ou matar a vítima, haverá concurso de crimes (estupro e homicídio ou lesões), porque autonomamente queridos e praticados."[54]

Majoritariamente, contudo, seja no resultado lesão corporal de natureza grave, seja no resultado morte, a doutrina se inclina para o crime

---

53 QUEIROZ, Paulo. *Op. cit.*, p. 533.
54 Idem, *ibidem,* p. 533-534,

exclusivamente preterdoloso. Nesse sentido, por todos, Regis Prado[55] e Rogério Greco.[56]

No que toca à consumação do crime qualificado, pensamos que o tema encerra discussão semelhante à existente no crime de latrocínio, por estarmos diante de um crime complexo: se uma das parcelas que compõe a unidade (ato sexual e lesão corporal ou morte) resta tentada e a outra consumada, haverá crime complexo consumado ou tentado? Se, por exemplo, na tentativa de conter a vítima, que se debate antes do início do ato libidinoso, o autor acaba por matá-la, como fica sua situação jurídico-penal? Consoante afirmamos em nossa obra sobre crimes patrimoniais, parece-nos que, nos crimes complexos, a melhor técnica exige que todas as figuras que compõem o todo unitário estejam consumadas para que a unidade assim também possa ser reputada.[57]

7 Concurso de crimes e concurso aparente de normas

Uma das questões mais tormentosas sobre o crime de estupro reside no concurso de crimes, especificamente quando atos libidinosos diversos, como o coito vaginal e o coito anal, são praticados contra a mesma vítima, no mesmo contexto. Para que seja realizada uma análise correta sobre o assunto, observaremos a situação jurídico-penal existente antes da edição da Lei 12.015/09, para, somente em seguida, transportarmos o entendimento para a atual realidade legislativa.

Anteriormente, a discussão sobre o tema se situava na dicotomia entre os crimes de estupro e atentado violento ao pudor, previstos respectivamente, como já se sabe, nos artigos 213 e 214 do CP. A primeira abordagem se dava no que concerne aos atos libidinosos praticados como "prelúdio ao coito": toques genitais praticados antes do coito vaginal, carícias nos seios da vítima durante a conjunção carnal etc. Estes eram considerados – e, aliás, continuam sendo – decorrências naturais do ato sexual efetivamente almejado pelo agente, portanto incapazes de caracterizar, por si só, delito autônomo, restando absorvidos pelo ato principal. Mas, no que tange aos atos sexuais evidentemente autônomos – como coitos vaginal e anal –, situação diversa exsurgia, importando concurso de crimes.

Reconhecido o concurso de crimes no último caso, indagava-se: qual das espécies de concurso de crimes era aplicável?

A jurisprudência tradicional do STF sempre pugnou pelo concurso material, afastando-se a continuidade delitiva, mesmo se presentes circunstâncias

---

55 PRADO, Regis. *Op. cit.*, p. 806.
56 GRECO, Rogério. *Op. cit.*, p. 455.
57 GILABERTE, Bruno. *Crimes contra o Patrimônio.* 2. ed. Rio de Janeiro: Freitas Bastos Editora, 2020. p. 129.

semelhantes de tempo, lugar e modo de execução, entre outras, como pode se ver no acórdão ora consignado: "DIREITO PENAL. CRIMES DE ESTUPRO E ATENTADO VIOLENTO AO PUDOR. MESMA VÍTIMA. CONCURSO MATERIAL (E NÃO CRIME CONTINUADO). 1. O Direito Penal brasileiro encampou a teoria da ficção jurídica para justificar a natureza do crime continuado (art. 71, do Código Penal). Por força de uma ficção criada por lei, justificada em virtude de razões de política criminal, a norma legal permite a atenuação da pena criminal, ao considerar que as várias ações praticadas pelo sujeito ativo são reunidas e consideradas fictamente como delito único. 2. 'Não há falar em continuidade delitiva dos crimes de estupro e atentado violento ao pudor' (HC nº 70.427/RJ, Ministro Carlos Velloso, 2ª Turma, DJ 24-9-1993), ainda que 'perpetrados contra a mesma vítima' (HC nº 688.77/ RJ, Relator Ministro Ilmar Galvão, 1ª Turma, DJ 21-2-1992). 3. A hipótese dos autos demonstra que, em relação às duas vítimas, os crimes de atentado violento ao pudor não foram perpetrados como 'prelúdio do coito' ou meio para a consumação do crime de estupro, havendo completa autonomia entre as condutas praticadas. 4. Tal solução não ofende as diretrizes da política criminal voltadas ao cumprimento dos objetivos expressos na Constituição da República, acentuando a própria circunstância da hediondez das condutas havidas pelo paciente por ocasião dos fatos referidos na ação penal a que respondeu, que vitimaram duas mulheres. 5. Ordem de habeas corpus denegada."[58] Nessa mesma esteira: "HABEAS CORPUS. CRIMES DE ESTUPRO E ATENTADO VIOLENTO AO PUDOR, PRATICADOS DE FORMA INDEPENDENTE. MESMA VÍTIMA. PEDIDO DE RECONHECIMENTO DE CONTINUIDADE DELITIVA. IMPOSSIBILIDADE. OCORRÊNCIA DE CONCURSO MATERIAL. PRECEDENTES. 1. A jurisprudência majoritária do Supremo Tribunal Federal recusa o reconhecimento da continuidade delitiva se os crimes de estupro e atentado violento ao pudor são praticados de forma autônoma, ainda que em desfavor da mesma vítima. 2. No caso, o atentado violento ao pudor não foi praticado como 'prelúdio do coito' ou meio para a consumação do crime de estupro. Ao contrário, o ato libidinoso diverso da conjunção carnal ocorreu em momento posterior ao crime de estupro. Atividade criminosa que ainda contou com o crime de roubo. Precedentes. Habeas corpus indeferido."[59]

Em defesa de tal posição, ou seja, arguindo a existência de concurso material e não de crime continuado, dois eram os argumentos levantados pelo STF: (a) estupro e atentado violento ao pudor não poderiam ser considerados crimes da mesma espécie, falecendo um dos requisitos para o

---

58 STF, HC 91370/SP, Segunda Turma, rel. Min. Ellen Gracie, julg. em 20/05/2008.
59 STF, HC 95629/SP, Primeira Turma, rel. Min. Carlos Ayres Britto, julg. em 16/12/2008.

reconhecimento do crime continuado;[60] (b) inexistindo de um nexo de continuidade entre os crimes, não há continuidade delitiva.[61]

O conceito de "crimes da mesma espécie" é questão assaz debatida, permitindo interpretações diversas. Depois de explicitar sua função na estrutura da continuidade delitiva, qual seja, a de exigir a produção de tipicidades homogêneas, Alcides da Fonseca Neto enumera as posições existentes na doutrina e jurisprudência pátrias: (a) crimes previstos no mesmo tipo ou dispositivo, comportando variações entre consumados, tentados e qualificados; (b) delitos que ofendem o mesmo bem jurídico; (c) delitos que ofendem o mesmo bem jurídico, apresentando ainda características comuns pelos seus

---

60 "Habeas corpus. 2. Crimes de estupro e de atentado violento ao pudor. Possibilidade de concurso material. Embora sejam crimes contra a liberdade, não são da mesma espécie. 3. Insuficiência ou deficiência de provas. Reexame. Inviabilidade. 4. Habeas corpus indeferido." (STF, HC 75,451/SP, Segunda Turma, rel. Min. Néri da Silveira, julg. em 11/11/1997).

61 "RECURSO ORDINÁRIO EM 'HABEAS CORPUS' - CRIME DE ATENTADO VIOLENTO AO PUDOR E DELITO DE ESTUPRO - IMPOSSIBILIDADE DE RECONHECIMENTO, QUANTO A ELES, DO NEXO DE CONTINUIDADE DELITIVA - LEGITIMIDADE DA APLICAÇÃO DA REGRA PERTINENTE AO CONCURSO MATERIAL ('QUOT CRIMINA TOT POENAE') - ALEGAÇÃO DE AUSÊNCIA DE JUSTA CAUSA PARA A CONDENAÇÃO PENAL - PRETENDIDO REEXAME DO CONJUNTO PROBATÓRIO - INADMISSIBILIDADE - CARÁTER SUMARÍSSIMO DA VIA PROCESSUAL DO 'HABEAS CORPUS' - RECURSO ORDINÁRIO IMPROVIDO. IMPOSSIBILIDADE DE RECONHECIMENTO, QUANTO AOS CRIMES DE ATENTADO VIOLENTO AO PUDOR E DE ESTUPRO, DO NEXO DE CONTINUIDADE DELITIVA. - A jurisprudência prevalecente no Supremo Tribunal Federal não reconhece possível a configuração do nexo de continuidade delitiva entre o crime de atentado violento ao pudor e o delito de estupro. Incidência, em tal situação, da regra do cúmulo material ('quot crimina tot poenae'). Precedentes. ALEGAÇÃO DE INEXISTÊNCIA DE JUSTA CAUSA - ILIQUIDEZ DOS FATOS ALEGADOS NA IMPETRAÇÃO - INVIABILIDADE DE APRECIAÇÃO NA VIA SUMARÍSSIMA DO 'HABEAS CORPUS'. - A ocorrência de iliquidez quanto aos fatos alegados na impetração basta, por si só, para inviabilizar a utilização adequada da ação de "habeas corpus", que constitui remédio processual que não admite dilação probatória nem permite o exame aprofundado de matéria fática nem comporta a análise valorativa de elementos de prova produzidos no curso do processo penal de conhecimento. Precedentes" (RHC 90198/RJ, Segunda Turma, rel. Min. Celso de Mello, julg. em 18/12/2007). No mesmo sentido: "HABEAS CORPUS. PENAL. CRIMES DE ESTUPRO E ATENTADO VIOLENTO AO PUDOR. DELITOS AUTÔNOMOS. CONCURSO MATERIAL. ORDEM DENEGADA. I - Para que se verifique a ocorrência da continuidade delitiva ou do concurso material quando se trata dos crimes de estupro e de atentado violento ao pudor, praticados contra a mesma vítima, cumpre examinar a intenção do agente. II - No caso em espécie, o propósito do réu foi duplo, a saber, o de constranger a vítima a submeter-se, primeiro, ao coito anal e, depois à conjunção carnal. III - A partir dos fatos narrados na sentença a condenatória, é possível concluir que o desígnio do agente foi o de cometer dois crimes autônomos, não deixando dúvidas quanto ao acerto da aplicação da pena correspondente ao concurso material. IV - Ordem denegada" (STF, HC 96959/SP, Primeira Turma, rel. Min. Ricardo Lewandoviski, julg. em 10/03/2009).

elementos constitutivos. Em seguida, indica sua preferência pela exigência de "elementos formadores de uma homogeneidade de cunho objetivo, de maneira a despi-la de toda e qualquer manifestação de natureza intelectiva", fazendo com que apenas circunstâncias objetivas revelem a similitude entre os crimes.[62] Inclinou-se o STF, entretanto, pela posição que admite crime continuado apenas entre condutas situadas no mesmo tipo penal, fundamental ou derivado, de sorte que estupro e atentado violento ao pudor não seriam crimes da mesma espécie, impossibilitando a aplicação do instituto.

O nexo de continuidade, ao seu turno, se revela nos aspectos temporais (circunstâncias semelhantes de tempo), espaciais (circunstâncias semelhantes de lugar) e executórios (circunstâncias semelhantes de modo de execução), entre outras que porventura servirem à demonstração de que os diversos delitos foram praticados de modo sequencial (um como continuidade do outro – aqui o artigo 71 do CP se vale da técnica da interpretação analógica, permitindo maior discricionariedade ao aplicador da norma). Ou seja, se cada conduta se apresenta como um evento isolado e independente, não guardando qualquer espécie de vinculação com os eventos precedentes, não há crime continuado. Existe divergência sobre a admissibilidade de um elemento subjetivo, agregado aos requisitos objetivos, a demonstrar o nexo de continuidade. A posição do STF é pela exigência do elemento subjetivo.[63]

Importa ressaltar que o próprio STF já admitira, embora não como tendência, a continuidade delitiva entre estupro e atentado violento ao pudor, em julgado trazido à colação: "HABEAS CORPUS. SUSPENSÃO DO PRAZO RECURSAL PARA INTERPOSIÇÃO DE RECURSO ESPECIAL. FÉRIAS FORENSES. RÉU PRESO. PRECEDENTES DESTA CORTE. CRIMES DE ESTUPRO E ATENTADO VIOLENTO AO PUDOR, PRATICADOS DE FORMA INDEPENDENTE. RECONHECIMENTO DE CONTINUIDADE DELITIVA. ALEGAÇÃO DE INCONSTITUCIONALIDADE DO § 1º DO

---

62 NETO, Alcides da Fonseca. *O Crime Continuado*. Rio de Janeiro: Lumen Juris, 2004. P. 78-88.

63 "AGRAVO REGIMENTAL EM EMBARGOS DE DECLARAÇÃO EM RECURSO ORDINÁRIO EM HABEAS CORPUS. MATÉRIA CRIMINAL. ESTUPRO DE VULNERÁVEL. DOSIMETRIA. CIRCUNSTÂNCIAS JUDICIAIS. AUSÊNCIA DE ILEGALIDADE MANIFESTA. REEXAME DE FATOS E PROVAS. IMPOSSIBILIDADE NA VIA ESTREITA DO HABEAS CORPUS. CONTINUIDADE DELITIVA. TEORIA MISTA. UNIDADE DE DESÍGNIOS. AGRAVO REGIMENTAL DESPROVIDO. 1. A revisão da dosimetria da pena não é possível se para tanto for necessário o reexame de fatos e provas, inviável por meio de habeas corpus, ausente qualquer ilegalidade aferível de plano quanto ao particular. Jurisprudência do Supremo Tribunal Federal. 2. A unidade de desígnios é requisito para a caracterização da continuidade delitiva, uma vez que foi adotada por este Tribunal a teoria mista (objetivo-subjetiva). Precedentes. 3. Agravo regimental desprovido" (RHC 150666 ED-AgR/PA, Segunda Turma, rel. Min. Edson Fachin, julg. em 28.06.2019).

ART. 2º DA LEI Nº 8.072/90, QUE VEDA A PROGRESSÃO DE REGIME NA EXECUÇÃO DAS PENAS DOS CONDENADOS POR CRIMES HEDIONDOS. PRECEDENTE PLENÁRIO. RECONHECIMENTO DA INCONSTITUCIONALIDADE. (...) 2. A turma entendeu pelo reconhecimento de continuidade delitiva entre os delitos de estupro e atentado violento ao pudor, quando praticados de forma independente. Vencido, neste ponto, o Relator, que afirmava a configuração de concurso material. (...) Writ parcialmente deferido."[64]

A jurisprudência do STJ sobre o tema também albergava a posição esposada pelo STF, como pode ser visto no seguinte julgado: "(...) II – CONCURSO MATERIAL. TESE NO SENTIDO DE AFASTAR A POSSIBILIDADE DE CONCURSO MATERIAL NA HIPÓTESE DOS AUTOS. REALIZAÇÃO DE CONDUTAS DISTINTAS. CRIMES DIVERSOS. Conforme reiterado pensamento desta Corte, os crimes de atentado violento ao pudor e de estupro podem configurar o concurso material, porque, conquanto ofendam um mesmo bem jurídico, são de natureza diversa. *In casu*, ficou demonstrado que o réu praticou o atentado e, depois, o estupro, isto não significando que houve uma mera sucessão lógica na prática do segundo delito. (...)"[65]. Encontramos na jurisprudência, ainda, decisões de tribunais estaduais que defendiam a tese do crime continuado, *in verbis*: "Aquele que com um só desígnio e no mesmo contexto fático, após constranger a vítima a conjunção carnal, pratica com a mesma coito anal incide nas regras do crime continuado, afastando a hipótese do concurso material, visto que o estupro e o atentado violento ao pudor são crimes da mesma espécie e ofendem o mesmo bem jurídico, a liberdade sexual".[66]

Não se pense que a discussão encimada hoje é destituída de relevância prática: no Código Penal Militar, mais precisamente nos artigos 232 e 233, se mantém a dicotomia entre estupro e atentado violento ao pudor. Mas o que importa nesse momento é analisar o concurso de crimes aplicado à nova disciplina dos crimes sexuais ditada pela Lei nº 12.015/09, mesmo porque há interesse em confrontá-la com a disciplina antiga para fim de conflito intertemporal de normas.

A alocação de todas as formas de violência sexual contra não vulneráveis, independentemente da natureza do ato sexual praticado, no artigo 213 do Código Penal, determina seja abolida a posição pretérita do STF, já que agora coito vaginal, oral, anal e qualquer outro estão presentes no mesmo dispositivo de lei. Justamente por isso o STF reconheceu a

---

64 STF, HC 89827/SP, Primeira Turma, rel. Min. Carlos Ayres Britto, julg. em 27/02/2007.

65 STJ, HC 57501/SP, Sexta Turma, rel. Ministra Maria Thereza de Assis Moura, julg. em 05/05/2009.

66 TJSP, RT 743/629, julg. em 24/04/1997.

possibilidade de continuidade delitiva na hipótese: "DIREITO PENAL. ESTUPRO E ATENTADO VIOLENTO AO PUDOR CONTRA VULNERÁVEL. INVIABILIDADE DE EXAME DE PROVAS EM HABEAS CORPUS. CONTINUIDADE DELITIVA. APLICAÇÃO RETROATIVA DA LEI 12.015/2009. (...) 2. A partir da Lei nº 12.015/2009, passou a ser admitida a possibilidade da unificação das condutas de estupro e de atentado violento ao pudor, considerando-as crime único ou crime continuado, a depender das circunstâncias concretas dos fatos. 3. Tratando-se de estupro de vulnerável, a norma da Lei nº 12.015/2009 que regeria a conduta do condenado, se esta tivesse ocorrido sob sua vigência, seria a do art. 217-A e não a do art. 213 do Código Penal. Ainda que o novo tipo penal comine penas em abstrato superiores às previstas na redação pretérita dos artigos 213 e 214 do Código Penal, a possibilidade de unificação pode levar a pena inferior ao resultado da condenação em concurso material pela lei anterior. 4. Cabe ao Juízo da Execução Penal aplicar à condenação transitada em julgado a lei mais benigna. 5. Habeas corpus extinto sem resolução do mérito, mas com concessão de ofício, para que o juízo da execução criminal competente proceda à aplicação retroativa da Lei 12.015/2009."[67] No mesmo sentido: "Penal. Habeas corpus substitutivo de recurso ordinário constitucional. Atentado violento ao pudor praticado com violência presumida – art. 214, c/c art. 223, 'a', do Código Penal. Competência do Supremo Tribunal para julgar habeas corpus: CF, art. 102, I, 'd' e 'i'. Rol taxativo. Matéria de direito estrito. Interpretação extensiva: Paradoxo. Organicidade do Direito. Inviabilidade da concessão *ex officio* do writ. Absolvição. Reexame de fatos e provas: Inviabilidade da concessão da ordem *ex officio*. Superveniência de trânsito em julgado da sentença condenatória. Impossibilidade de convolação do writ em revisão criminal. Aplicação retroativa da Lei nº 12.015/2009, com o fito de diminuir a pena pelo reconhecimento da continuidade delitiva. Tema não examinado no Tribunal a quo. Supressão de instância. Inocorrência, *in casu*, de concurso de crimes. (...) 10. Destarte, a jurisprudência desta Corte, anteriormente ao advento da referida Lei nº 12.015, de 7-8-2009, refutava o reconhecimento da continuidade delitiva nos crimes de estupro e atentado violento ao pudor, sob o fundamento de configurarem delitos de espécies distintas, entendimento que há de ser revisto ante a inserção dos núcleos definidores do crime de atentado violento ao pudor na descrição típica do crime de estupro, passando a configurar delitos da mesma espécie. (...)."[68]

---

67 STF, RHC 105916/RJ, Primeira Turma, rel. Min. Rosa Weber, julg. em 04/12/2012.

68 STF, HC 108181/RS, Primeira Turma, rel. Min. Luiz Fux, julg. em 21/08/2012. Em julgado mais recente: "Execução Penal. Habeas corpus. Caráter hediondo dos crimes de Estupro e de Atentado violento ao pudor. Benefício calculado sobre pena superior a 30 anos. Possibilidade. Continuidade delitiva. Lei posterior benéfica. (...) 3. A unificação dos crimes de estupro e de atentado violento ao pudor no mesmo tipo incriminador

Cremos que o crime continuado pode ser reconhecido entre diversos estupros, desde que presentes os requisitos de configuração do artigo 71 do CP e – mais importante – desde que os diversos atos sexuais praticados ocorram em contextos distintos. Caso ocorram em uma mesma oportunidade, teremos crime único. Assim, deve o artigo 213 do CP ser classificado como tipo misto alternativo, não havendo se falar em cumulatividade. Parte-se, sobretudo, de um raciocínio lógico: nunca se negou, em doutrina e jurisprudência majoritárias, mesmo antes da edição da Lei nº 12.015/09, que, no estupro, quando várias conjunções carnais eram praticadas na mesma ocasião, o crime era único, constituindo os diversos coitos atos fracionados de uma mesma ação. A celeuma em torno do concurso de crimes existia porque a prática de atos sexuais diversos da conjunção carnal dava ensejo a tipificação distinta do estupro (o finado atentado violento ao pudor). Hoje, no entanto, todos estes atos estão encampados pela mesma rubrica. Aquele que, na mesma ocasião, pratica vários coitos vaginais com a mesma vítima, continua respondendo por crime único. Por que haveria de ser diferente com quem, ao invés de várias conjunções carnais, pratica um coito vaginal e um coito oral? O que há de tão diferente entre essas hipóteses para que as soluções dadas sejam diversas?

Saliente-se que o STF já reconheceu a ocorrência de crime único, tal como defendido nesta obra: "HABEAS CORPUS SUBSTITUTIVO DE AGRAVO REGIMENTAL. SUPRESSÃO DE INSTÂNCIA. INADEQUAÇÃO DA VIA. SUPERAÇÃO. ART. 213, DO CP. TIPO PENAL MISTO ALTERNATIVO. ESTUPRO E ATENTADO VIOLENTO AO PUDOR. FATO ANTERIOR À LEI 12.015/2009. CRIME ÚNICO OU CONTINUIDADE DELITIVA. PRINCÍPIO DA RETROATIVIDADE DA LEI PENAL MAIS BENÉFICA. APLICAÇÃO. COMPETÊNCIA DO JUIZ DA EXECUÇÃO. (...) 2. A figura penal prevista na nova redação do art. 213, do CP, é do tipo penal misto alternativo. Logo, se o agente pratica, no mesmo contexto fático, conjunção carnal e outro ato libidinoso contra uma só vítima, pratica um só crime do art. 213, do CP. 3. Incide a Lei 12.015/2009 aos delitos cometidos antes da sua vigência, tendo em vista a aplicação do princípio da retroatividade da lei penal mais benéfica. 4. Cabe ao Juízo da Execução Penal aplicar à condenação transitada em julgado a lei mais benéfica. 5. Habeas corpus não conhecido, mas com concessão da ordem de ofício, para que o Juízo da execução criminal proceda à aplicação retroativa da Lei 12.015/2009".[69]

Na jurisprudência do STJ, encontramos diferentes posicionamentos. No sentido do concurso material, sob a alegação de impossibilidade de

---

possibilita o reconhecimento da continuidade delitiva, nos termos do art. 71 do CP. Aplicação retroativa da Lei nº 12.015/2009. Ordem concedida de ofício, no ponto" (HC 100.612/SP, Primeira Turma, rel. Min. Marco Aurélio, julg. em 13.10.2015).

69 HC nº 118.284/RS, Primeira Turma, rel. Min. Edson Fachin, julg. em 04.08.2015.

continuidade delitiva, em virtude da caracterização do estupro como tipo misto cumulativo e da adoção de meios executórios diferentes em cada caso: "PENAL. HABEAS CORPUS. ESTUPRO E ATENTADO VIOLENTO AO PUDOR. LEI Nº 12.015/2009. ARTS. 213 E 217-A DO CP. TIPO MISTO ACUMULADO. CONJUNÇÃO CARNAL. DEMAIS ATOS DE PENETRAÇÃO. DISTINÇÃO. CRIMES AUTÔNOMOS. SITUAÇÃO DIVERSA DOS ATOS DENOMINADOS DE PRAELUDIA COITI. CRIME CONTINUADO. RECONHECIMENTO. IMPOSSIBILIDADE. I - A reforma introduzida pela Lei nº 12.015/2009 unificou, em um só tipo penal, as figuras delitivas antes previstas nos tipos autônomos de estupro e atentado violento ao pudor. Contudo, o novel tipo de injusto é misto acumulado e não misto alternativo. II - Desse modo, a realização de diversos atos de penetração distintos da conjunção carnal implica o reconhecimento de diversas condutas delitivas, não havendo que se falar na existência de crime único, haja vista que cada ato - seja conjunção carnal ou outra forma de penetração - esgota, de per se, a forma mais reprovável da incriminação. III - Sem embargo, remanesce o entendimento de que os atos classificados como praeludia coiti são absorvidos pelas condutas mais graves alcançadas no tipo. IV - Em razão da impossibilidade de homogeneidade na forma de execução entre a prática de conjunção carnal e atos diversos de penetração, não há como reconhecer a continuidade delitiva entre referidas figuras."[70]

Defendendo a existência de crime continuado, deve ser trazido à baila o seguinte acórdão: "PENAL. ESTUPRO E ATENTADO VIOLENTO AO PUDOR. CRIMES COMETIDOS CONTRA A MESMA PESSOA, MAIS DE UMA VEZ, EM CURTO ESPAÇO DE TEMPO E EM IDÊNTICAS CIRCUNSTÂNCIAS DE TEMPO, MODO E LUGAR. Crimes cometidos sob a vigência da redação anterior dos arts. 213 e 214 do Código Penal. Aplicação da lei penal posterior mais benéfica. Inocorrência de concurso material. Com a vigência da Lei nº 12.015, de 2009, que na nova redação do art. 213 (revogado o art. 214) ao unificar as figuras típicas do estupro e atentado violento ao pudor numa só conduta, a lei nova afastou a hipótese de ocorrência de concurso material. Acórdão que reconheceu a continuidade entre as condutas antes tidas por distintas e reduziu a pena aplicando a lei nova mais favorável. Precedentes do Supremo Tribunal Federal (HC 103.353-SP, HC 86.110-SP e HC 96.818-SP). Recurso Especial do Ministério Público improvido."[71]

---

70 STJ, HC 87960/SP, Quinta Turma, rel. Ministro Arnaldo Esteves Lima, rel. p/ Acórdão Ministro Felix Fischer, julg. em 22/06/2010.

71 STJ, REsp 970127/SP, Quinta Turma, rel. Ministra Laurita Vaz, rel. p/ Acórdão Ministro Gilson Dipp, julg. em 07/04/2011.

Contudo, mesmo no STJ, vem prevalecendo a tese de que, quando atos sexuais de diferentes naturezas são praticados em um mesmo contexto, há crime único, pois a atual redação do artigo 213 do CP constitui tipo misto alternativo. Vejamos: "HABEAS CORPUS SUBSTITUTIVO DE RECURSO PRÓPRIO. DESCABIMENTO. ESTUPRO E ATENTADO VIOLENTO AO PUDOR. LEI 12.015/2009. RECONHECIMENTO DE CRIME ÚNICO. IMPOSSIBILIDADE. DELITOS PRATICADOS EM SITUAÇÕES DIVERSAS E CONTRA VÍTIMAS DIFERENTES. NEGATIVA DE AUTORIA. ABSOLVIÇÃO. NECESSÁRIO REVOLVIMENTO FÁTICO-PROBATÓRIO. INCOMPATIBILIDADE COM A VIA ELEITA. AUSÊNCIA DE CONSTRANGIMENTO ILEGAL. HABEAS CORPUS NÃO CONHECIDO. (...) A Lei nº 12.015/2009, ao unificar as figuras típicas do estupro e do atentado violento ao pudor, reconhece a ocorrência de um crime único, não se podendo falar em concurso material, quando cometido estupro e ato diverso da conjunção carnal em um mesmo contexto fático contra a mesma vítima. Entretanto, conforme consignado pelo Tribunal de origem, o que se verifica na espécie, é a ocorrência de delitos autônomos, perpetrados contra vítimas diferentes e em diverso contexto fático, sendo, portanto, inadmissível o reconhecimento de crime único. (...)".[72] Ainda sobre o tema: "HABEAS CORPUS. WRIT SUBSTITUTIVO DE RECURSO PRÓPRIO. IMPOSSIBILIDADE. ESTUPRO E ATENTADO VIOLENTO AO PUDOR. CRIME CONTINUADO. CONCURSO MATERIAL. INOVAÇÕES TRAZIDAS PELA LEI Nº 12.015/09. MODIFICAÇÃO NO PANORAMA. CONDUTAS QUE, A PARTIR DE AGORA, CASO SEJAM PRATICADAS CONTRA A MESMA VÍTIMA, NUM MESMO CONTEXTO, CONSTITUEM ÚNICO DELITO. (...) 3. A Lei nº 12.015/09 alterou o Código Penal, chamando os antigos Crimes contra os Costumes de Crimes contra a Dignidade Sexual. 4. Essas inovações provocaram um

---

72 STJ, HC 233704/SP, Quinta Turma, rel. Ministra Marilza Maynard (Desembargadora convocada do TJ/SE), julg. em 20/06/2013. No mesmo sentido, em decisão mais recente: "PENAL E PROCESSO PENAL. RECURSO ORDINÁRIO EM HABEAS CORPUS. ESTUPRO. TRANCAMENTO DA REPRESENTAÇÃO DE ATO INFRACIONAL. TIPICIDADE DA CONDUTA. BEIJO LASCIVO E OUTROS ATOS LIBIDINOSOS. VIOLÊNCIA. UTILIZAÇÃO DE FORÇA FÍSICA. VÍTIMA SUBJUGADA. JUSTA CAUSA. OCORRÊNCIA. PALAVRA DA VÍTIMA E TESTEMUNHAS. RECURSO DESPROVIDO. (...) 2. O estupro é tipo misto alternativo e crime pluriofensivo, pois o crime do art. 213 do Código Penal tutela dois bens jurídicos: a liberdade sexual e, alternativamente, a integridade corporal e a liberdade individual. O núcleo do tipo é 'constranger', o que acarreta no comportamento de retirar de uma pessoa sua liberdade de autodeterminação, no sentido de coagir alguém a fazer ou deixar de fazer algo. Outrossim, o dissenso da vítima quanto à conjunção carnal ou outro ato libidinoso é fundamental à caracterização do delito: trata-se de elementar implícita do tipo penal. (...)" (RHC 93.906/PA, Quinta Turma, rel. Min. Ribeiro Dantas, julg. em 21.03.2019).

recrudescimento de reprimendas, criação de novos delitos e também unificaram as condutas de estupro e atentado violento ao pudor em um único tipo penal. Nesse ponto, a norma penal é mais benéfica. 5. Por força da aplicação do princípio da retroatividade da lei penal mais favorável, as modificações tidas como favoráveis hão de alcançar os delitos cometidos antes da Lei nº 12.015/09. 6. No caso dos autos, não há como se conceber a hipótese como contexto único, tendo os crimes sido cometidos contra diversas vítimas, quase que diariamente durante um período de aproximados 2 anos, mediante a prática de diversos e variados abusos sexuais. 7. Impetração não conhecida."[73]

Na doutrina, pronuncia-se Regis Prado: "Se o agente pratica vários atos sexuais com a mesma vítima em um único fato responde tão somente pelo delito de estupro, em razão da estrutura mista alternativa do tipo objetivo. Contudo, essa particularidade deve ser considerada por ocasião da aplicação da pena (art. 59, CP)."[74]

Nessa esteira, Souza Nucci: "Não há mais a possibilidade de existir concurso material entre estupro e atentado violento ao pudor. Aliás, conforme o caso, nem mesmo crime continuado. Se o agente constranger a vítima a com ele manter conjunção carnal e cópula anal comete um único delito de estupro, pois a figura típica passa a ser mista alternativa. Somente se cuidará de crime continuado se o agente cometer, novamente, em outro cenário, ainda que contra a mesma vítima, outro estupro."[75]

Para Rogério Greco, "se, durante a prática violenta do ato sexual, o agente, além da penetração vaginal, vier a também fazer sexo anal com a vítima, os fatos deverão ser entendidos como crime único, haja vista que os comportamentos se encontram previstos na mesma figura típica, devendo ser entendida a infração penal como de ação múltipla (tipo misto alternativo), aplicando-se somente a pena cominada no art. 213 do Código Penal, por uma única vez, afastando, dessa forma, o concurso de crimes."[76]

No mesmo sentido, Paulo Queiroz: "Se, num mesmo contexto, o agente conseguir praticar conjunção carnal e outro ato libidinoso, como é comum, aliás, haverá crime único, e não concurso de delitos, visto que o tipo pressupõe o constranger a praticar conjunção carnal ou permitir que se pratique outro ato libidinoso, razão pela qual, se realizar um ou outro ou ambos, haverá um só delito: estupro."[77]

---

73 STJ, EDcl no AgRg no REsp 1191856/SE, rel. Ministra Laurita Vaz, julg. em 25/06/2013.
74 PRADO, Luiz Regis. *Op. cit.*, p. 805.
75 NUCCI, Guilherme de Souza. *Op. cit.*, p. 18-19.
76 GRECO, Rogério. *Op. cit.*, p. 475.
77 QUEIROZ, Paulo. *Op. cit.*, p. 530.

Sustentação diametralmente oposta faz Vicente Greco Filho, *verbis*: "A interpretação que se está querendo entrujar é a de que, tendo sido revogado o art. 214, deixou de existir o crime de atentado violento ao pudor; a lei é mais branda e, portanto, retroage para beneficiar os condenados por atentado violento ao pudor em concurso com o estupro, para que se entenda que o crime é único, de estupro, ainda que mais de uma agressão sexual à mesma vítima tenha sido praticada em momentos diferentes e sob diversas formas. O estupro na forma de conjunção carnal absorveria as demais condutas. (...) A interpretação é absurda, viola o espírito da lei e viola o princípio da juridicidade. Dissemos em outra oportunidade, quanto aos crimes de ação múltipla, que, segundo a doutrina alemã, que primeiro estudou a matéria, os dispositivos que hipotisam mais de uma conduta são chamados de *Mischgesetze* (leis misturadas ou mistas), aos quais correspondem os *Mischtatbestande* (tipos misturados ou mistos). Delogu e Santoro, para denominá-los, usam a expressão 'normas penais conjuntas', que a nosso ver exprime melhor a ideia da reunião, num mesmo artigo, de mais de uma conduta que determinaria a incidência penal. Os tipos, mistos ou conjuntos, de acordo com o ensinamento de Binding, Wertheimer, Mezger etc., podem ser de duas espécies: alternativos, quando a violação de uma ou várias condutas previstas importa sempre no cometimento de um único delito; cumulativos, quando há, na verdade, a previsão de mais de um delito distinto, de modo que cada violação determina a aplicação de uma pena, dando causa a um concurso de crime (material, formal, crime continuado). Delogu (*Le norme penali congiunte, in Annali*, 1936, p. 521) nega a existência de tipos conjuntos alternativos, porque admiti-los equivaleria a aceitar que algumas violações devam ficar impunidas, ou seja, que para o legislador é indiferente que um interesse penalmente tutelado seja lesado uma ou mais vezes. Haveria, outrossim, desprezo ao princípio segundo o qual a cada violação deve corresponder uma sanção. Delogu parte do princípio, portanto, de que a conjugação de normas é unicamente fruto de considerações de técnica legislativa, devendo ser consideradas como normas autônomas. Todavia, segundo o mesmo autor, também em relação a normas conjuntas pode ocorrer o fenômeno do concurso aparente de normas, em que os princípios da consunção, subsidiariedade e especialidade impedem o *bis in idem* e excluem a aplicação de outras hipóteses igualmente adequadas ao caso. Massimo Punzo (*Reato continuato*, p. 74), em relação à teoria de Delogu, alerta que, ao se recorrer ao princípio da consunção para explicar a existência de um delito único em normas conjuntas, há implicitamente o reconhecimento de que existem normas conjuntas alternativas, porque estas existem segundo a doutrina alemã quando um determinado comportamento, que realiza mais de um tipo hipotisado conjuntamente, é punido com uma única sanção, por se tratar de um único delito. Não se pode negar que o legislador, ao punir de forma equiparada atos preparatórios ou atos de execução, já previu que a consumação representa a violação, também, das incriminações anteriores, daí ter previsto normas conjuntas alternativas. Mas Delogu tem razão quando vê, nos princípios da solução do concurso aparente de normas, as regras para o crucial problema da identificação das hipóteses de normas conjuntas alternativas ou cumulativas. O problema é agravado em virtude da precariedade da técnica legislativa; muitas vezes um mesmo tipo é, em algumas hipóteses, cumulativo e em outras, alternativo e, por exemplo, num parágrafo vamos encontrar, ora uma norma alternativa porque poderia ser contida no *caput* em outra incriminação, ora normas de aplicação independente. Assim, o tipo do art. 213 é daqueles em que a alternatividade ou cumulatividade são igualmente possíveis e que precisam ser analisadas à luz dos princípios da especialidade, subsidiariedade e da consunção, incluindo-se neste o da progressão. Vemos, nas diversas violações do tipo, um delito único se uma conduta absorve a outra ou se é fase de execução da seguinte, igualmente violada. Se não for possível ver nas ações ou atos sucessivos ou simultâneos nexo causal, teremos, então, delitos autônomos."[78]

Em tema de conflito intertemporal de normas, fica claro que a caracterização de crime único ou da continuidade delitiva, em contraponto com a antiga posição dominante sobre o concurso material, são hipóteses mais benéficas ao réu. Por conseguinte, deve existir a retroatividade benéfica da lei penal.

Ainda no que toca ao concurso de crimes, vislumbra-se com facilidade possível concurso material entre os crimes de sequestro qualificado pela finalidade libidinosa (artigo 148, § 1º, V, CP) e de estupro, já que naquele se exige meramente a intenção de praticar um ato libidinoso para o incremento da pena. Se o ato se efetiva contra a vontade da vítima, além do crime contra a liberdade individual teremos crime contra a liberdade sexual. Também não há óbice no reconhecimento do concurso de crimes entre o estupro e os delitos sexuais do Estatuto da Criança e do Adolescente (Lei nº 8.069/90). Se, por exemplo, o sujeito ativo mantém conjunção carnal mediante violência ou grave ameaça com adolescente na faixa etária de quatorze a dezoito anos incompletos e filma ou fotografa o ato, responderá tanto pelo crime do artigo 213 do CP, quanto pelo delito do artigo 240 do ECA.

Sobre o concurso de pessoas, caso vários autores estuprem uma mesma vítima, agindo com liame subjetivo entre si, haverá crime único. A pluralidade no polo ativo da conduta não tem o condão de interferir no número de crimes, já que evidente a cooperação para um fim comum. Adotando a mesma posição, embora pronunciando-se anteriormente à reforma promovida

---

78 GRECO FILHO, Vicente. *Uma Interpretação de Duvidosa Dignidade (sobre a nova lei dos crimes contra a dignidade sexual)*. Jus Navigandi, Teresina, ano 14, n. 2270, 18 set. 2009. Disponível em: <http://jus.com.br/artigos/13530>. Acesso em: 24 maio 2014.

pela Lei n° 12.012/09, Fragoso: "Na hipótese de duas ou mais pessoas, em concurso, praticarem atos de violência contra a vítima para constrangê-la à conjunção carnal, que cada um, por seu turno, pratica com o auxílio dos demais, haverá apenas um crime de estupro qualificado pelo concurso de agentes, pelo qual todos os partícipes responderão."[79]

Em sentido contrário, leciona Rogério Greco: "Assim, pode ocorrer, por exemplo, que três pessoas, unidas pelo mesmo liame subjetivo, com identidade de propósito, resolvam estuprar a vítima. Dessa forma, enquanto dois a seguram, o terceiro leva a efeito a penetração, havendo entre eles um 'rodízio criminoso'. (...) Para nós, que entendemos que o estupro mediante conjunção carnal é um crime de mão-própria, de atuação personalíssima, de execução indelegável, intransferível, no caso em exame teríamos, sempre, um autor e dois partícipes, cada qual prestando auxílio para o sucesso da empreitada criminosa. Nesse caso, cada agente que vier a praticar a conjunção carnal, com os necessários atos de penetração, será autor de um crime de estupro, enquanto os demais serão considerados seus partícipes."[80] Além de discordarmos sobre o número de crimes, entendemos que aqueles que seguram a vítima não são meros partícipes da conduta. Adotada a teoria do domínio do fato, existiria, no exemplo dado, coautoria, com imputação recíproca.

Quanto ao concurso aparente de normas, tem, o estupro, como elementos integrantes de sua descrição típica, um constrangimento ilegal (artigo 146 do CP) e, ínsita à violência exercida neste, a lesão corporal leve (artigo 129 do CP),[81] ambos absorvidos pelo crime sexual.[82] Praticados em contextos diversos, dar-se-á concurso de crimes.[83]

---

79 FRAGOSO, Heleno Cláudio. *Lições de Direito Penal:* parte especial. 4.ed. Rio de Janeiro: Forense, 1984. v. II. p. 4.

80 GRECO, Rogério. *Op. cit.,* p. 469.

81 STJ: "PENAL. ESTUPRO COM LESÕES CORPORAIS LEVES. AÇÃO PENAL PÚBLICA INCONDICIONADA. SÚMULA 608/STF. O estupro absorve as lesões corporais leves decorrentes do constrangimento, ou da conjunção carnal, não havendo, pois, como separar estas, daquela, para se exigir a representação prevista no art. 88, da Lei n° 9.099/95" (HC 7.910/PB, rel. Min. Anselmo Santiago, *in* DJ de 23.11.1998).

82 TJSP: "O crime de constrangimento ilegal é subsidiário em relação àqueles em que a vítima sofre de constrangimento por parte do agente ativo, razão por que fica absorvido pelo estupro. Quando, porém, o agente não consegue consumar o ato libidinoso, ficando apenas nos atos preparatórios, ou na simples intenção, não há razão para o desaparecimento do crime previsto no art. 146 do CP, que, no caso, ficou na esfera da tentativa, pois a vítima conseguiu escapar à perseguição do agressor, porque refugiou-se em residência de terceira pessoa" (rel. Des. Oliveira Passos, RT 739/604, julg. em 20/01/1996).

83 "APELAÇÃO CRIMINAL. ESTUPRO. LESÕES CORPORAIS LEVES. CÁRCERE PRIVADO. MATERIALIDADE E AUTORIA COMPROVADAS. PALAVRA DA VÍTIMA CORROBORADA POR LAUDO PERICIAL. CONCURSO MATERIAL. SENTENÇA MANTIDA. (...) - Uma vez exaurido o delito de estupro, se o agente, mediante uma

A violação de domicílio (artigo 150, CP), que muitas vezes serve como meio para a prática do estupro, estará com este em unidade fática, aplicando-se o princípio da consunção.[84]

O artigo 217-A do Código Penal (estupro de vulnerável) por ser mais específico, prevalece sobre o artigo 213, mesmo quando o sujeito ativo se vale de violência ou grave ameaça para o constrangimento. Pensamos que a lesão corporal de natureza leve decorrente da violência é absorvida pelo crime sexual, cuja pena já contempla a punição das consequências do meio empregado, salvo em caso de lesão grave ou morte, que qualificam o crime.

A legislação extravagante também contempla normas que, por sua especialidade, prevalecerão sobre o estupro. Assim, podemos citar os artigos 232 e 233 do Código Penal Militar. Prevalece, todavia, o artigo 213 sobre o artigo 316 (concussão), quando o funcionário público constrange a vítima, ameaçando-a com a prática de um ato de natureza funcional e exigindo, como contrapartida para o não cumprimento da promessa, uma vantagem de natureza sexual.

O estupro não se confunde com o assédio sexual, cada qual reservado a hipóteses diversas. O constrangimento mencionado no artigo 216-A, CP, como veremos no estudo específico sobre este delito, não é praticado mediante violência ou grave ameaça. Ou seja, não se trata de impingir à vítima sofrimento físico ou mental para a consecução do objetivo libidinoso, mas sim de causar-lhe um embaraço, uma sensação de desconforto em seu ambiente de trabalho, de modo que surja o receio de um prejuízo profissional, definição essa que encontra ressonância no nome do delito (defendemos, inclusive, que o verbo incriminado no assédio sexual deveria ser assediar).

A ausência de constrangimento faz com que a contravenção penal de perturbação da tranquilidade, prevista no artigo 65 do Dec.-Lei nº 3.688/41, se diferencie do estupro, ainda que na forma tentada, consoante decisão do TJMG, ora trazida à colação: "Contravenção penal. Crime contra a liberdade sexual. Uso de violência. Inexistência. Atentado violento ao pudor. Descaracterização. Desclassificação do crime para contravenção penal. Delito de perturbação da tranquilidade. Configuração. Princípio da razoabilidade na reprimenda ao ilícito penal. CP, art. 214. Dec.-lei 3.688/41 (LCP),

---

nova ação, e com desígnio autônomo, começa a espancar a vítima, provocando-lhe lesões corporais e, em seguida, a mantém presa em um quarto até a manhã seguinte, configurada está a hipótese de concurso material (artigo 69, CP), sendo correta a decisão que aplica cumulativamente as penas dos crimes. Precedentes do TJMG." (TJMG, proc. nº 102230825118310011 MG 1.0223.08.251183-1/001[1], rel. Des. Renato Martins Jacob, julg. em 02/07/2009).

84 "Violação de domicílio. Não caracterização. Invasão que não passou de meio para a prática do delito de estupro. Hipótese em que, em face da teoria da prevalência, a violação é absorvida pelo crime-fim, mais severamente punido. (...)" (TJSP, RT 525/353).

art. 65. Inexistindo nos autos elementos para se concluir que o réu queria relacionar-se sexualmente com a vítima a todo custo, valendo-se, se necessário fosse, da violência, a conduta do acusado melhor se amolda à definição dada à contravenção penal prevista no art. 65 do Dec-lei 3.688/41 – perturbação da tranquilidade: molestar alguém por motivo reprovável."[85] Em outras palavras, as reiteradas e inoportunas propostas sexuais caracterizam unicamente a infração da LCP.

Mister, ainda, diferenciarmos o estupro da violação sexual mediante fraude (artigo 215, CP). Neste crime, a vítima tem a sua capacidade decisória diminuída, contudo, não por ser coagida, mas porque é ludibriada ou tem sua vontade viciada por outro modo, como no caso do gêmeo que se passa pelo irmão para manter conjunção carnal com a namorada deste, enganando-a acerca de sua identidade. No entanto, se a fraude, ou o expediente usado para viciar sua vontade, é um mero pretexto para atrair a vítima, dando-se o ato sexual mediante violência ou grave ameaça, o crime é de estupro.[86]

8 Pena, ação penal e Lei dos Crimes Hediondos

Ao crime de estupro são cominadas margens penais mínima e máxima, respectivamente, de seis a dez anos de reclusão, não existindo a pena de multa.

Em caso de resultado lesão corporal de natureza grave, a pena passa a ser de oito a doze anos de reclusão. Ocorrendo a morte da vítima, doze a trinta anos de reclusão.

De acordo com o artigo 226, II, do Código Penal, se o crime é praticado por ascendente, padrasto ou madrasta, tio, irmão, cônjuge, companheiro, tutor, curador, preceptor ou empregador da vítima ou por pessoa que tenha autoridade sobre ela, a pena é aumentada de metade. Não se aplica ao estupro o previsto no inciso I do artigo 226, pois, neste crime, o concurso de pessoas determina a incidência do inciso IV, "a", do mesmo dispositivo (estupro coletivo), que proporciona um incremento punitivo de um terço a dois terços. O inciso IV, outrossim, aumenta no mesmo patamar a pena daquilo que denomina estupro corretivo, a saber, a violência sexual praticada para controlar o comportamento social ou sexual da vítima.

---

85 TJMG, Ap. Crim. nº 1.0334.03.000479-3/001, rel. Marcia Milanez, publ. em 12/05/2004.

86 "O agente que, na qualidade de curandeiro, ante promessas de curar problemas de saúde, induz a vítima a manter com ele conjunção carnal comete crime de estupro, e não posse sexual mediante fraude, se usar de violência para consumar o ato..." (TJDF, RT 759/662, julg. em 24/09/98). No mesmo sentido: "Configura o estupro a posse sexual da vítima mediante fraude e violência praticadas por um desconhecido, que a atraíra a seu escritório sob promessa de fazer teste para trabalhar em televisão" (TJSP, RT 560/323).

Também no artigo 234-A do CP encontramos causas de aumento da pena: é elevada em dois terços se do crime resulta gravidez; e em um terço a dois terços se o agente transmite à vítima doença sexualmente transmissível de que sabe ou deveria saber ser portador, ou se a vítima é idosa ou pessoa com deficiência.

O tema ação penal será estudado em capítulo próprio, mas informa-se desde logo que, pela literalidade do artigo 225 do CP, a ação é pública incondicionada.

Em qualquer de suas formas – simples ou qualificadas –, o estupro é considerado crime hediondo, em virtude de previsão expressa contida no artigo 1º, V, da Lei nº 8.072/90.

II – VIOLAÇÃO SEXUAL MEDIANTE FRAUDE
(ARTIGO 215, CP)

1 Introdução

Espécie de "estelionato sexual", a violação sexual mediante fraude encerra curiosa tipificação, de reduzida eficácia prática. O equívoco em que incorre a vítima, fazendo com que reste ludibriada sobre a identidade do parceiro, ou sobre a legitimidade da relação, ao menos teoricamente se presta a tolher sua liberdade sexual.

A incriminação, contudo, não é isenta de críticas. Consoante Paulo Queiroz, "trata-se de um tipo penal absolutamente desnecessário que, ao invés de ampliar a proteção da liberdade sexual, pode em tese enfraquecê-la." Prossegue o autor afirmando que, de todos os exemplos citados pela doutrina em que o crime pode acontecer (simulação de vínculo matrimonial para convencimento da noiva reticente; atuação de curandeiro que, a pretexto de livrar a vítima de algum mal, dela se aproveita sexualmente; irmão gêmeo que mantém relações sexuais com a cunhada, se passando pelo marido etc.), todos são de ocorrência improvável, ou podem ser eficazmente reprimidos em âmbito civil ou administrativo.[87]

Em sua redação original, o artigo 215 do Código Penal trazia o crime de posse sexual mediante fraude, sendo sucedido pelo crime de atentado ao pudor mediante fraude (artigo 216), o que mantinha a coerência dicotômica esposada então pelo diploma, tipificando em normas distintas a prática da conjunção carnal e dos atos libidinosos diversos, estes como atentado ao pudor, aquela como posse sexual. Traçava-se, então, um paralelo com os crimes de estupro e atentado violento ao pudor. Assim era tipificado o crime do artigo 215: "Ter conjunção carnal com mulher honesta, mediante fraude. Pena – reclusão, de um a três anos. Parágrafo único – Se o crime é praticado contra mulher virgem, menor de 18 (dezoito) e maior de 14 (catorze) anos. Pena – reclusão, de dois a seis anos."

---

87 QUEIROZ, Paulo. *Op. cit.*, p. 536.

Perceba-se que o foco da norma era a proteção da mulher honesta, ou seja, aquela que não vivia em promiscuidade sexual, ou, consoante a concepção de Odin do Brasil Americano, "aquela em cuja companhia qualquer família pode permanecer sem sentir o pêso da maledicência" (mantida a grafia original da obra).[88] Ainda, reforçava-se a proteção penal à mulher virgem, erigindo-se uma peculiaridade física insignificante a objeto de preocupação social.

Indiscutível, sem a menor necessidade de delongas, a carga preconceituosa da incriminação, razão pela qual essas referências, tardiamente, foram extirpadas do Código Penal, através da Lei nº 11.106/2005. Assim, o artigo 215 passou a ter a seguinte redação: "Ter conjunção carnal com mulher, mediante fraude". Foram mantidas as sanções penais.

Com a Lei nº 12.015/2009, os artigos 215 e 216 foram fundidos, igualmente ao que aconteceu com o estupro e o atentado violento ao pudor, com a revogação deste, embora preservado seu conteúdo normativo. Mudou-se também o *nomen juris* do delito. Entre os meios executórios, além da fraude se inseriu o "outro meio que impeça ou dificulte a livre manifestação de vontade da vítima". A pena do *caput* foi dobrada. E, no novo parágrafo único, incluiu-se a pena de multa para o crime praticado com objetivo de auferir vantagem econômica.

2 Objetividade jurídica

A tutela penal recai sobre a liberdade sexual da vítima, ou seja, sobre a liberdade desta em escolher seus parceiros sexuais, bem como de avaliar a conveniência e a oportunidade da prática de atos libidinosos, que é violada pelo vício que macula seu consentimento.

O objeto material da conduta é o corpo da pessoa ludibriada. O consentimento do ofendido, caso contornado o vício, opera a atipicidade da conduta. Assim, se a vítima, antes do ato sexual, percebe o engodo e decide prosseguir, ou se, mesmo em dúvida, opta pela prática, não haverá o crime em tela. Deve ser observado que o consentimento viciado do ofendido é elementar do tipo penal.

3 Sujeitos do delito

Cuida-se de crime comum, em que o sujeito ativo pode ser qualquer pessoa, independentemente de qualidades especiais.

O sujeito passivo, igualmente, pode ser qualquer pessoa, independentemente do gênero, ao contrário do que preconizava a redação anterior da norma. Insta salientar, contudo, que, caso a vítima seja pessoa menor de

---

88 AMERICANO, Odin I. do Brasil. *Dos Crimes Contra os Costumes*. São Paulo: Empresa Gráfica da Revista dos Tribunais, 1943, p. 108.

quatorze anos, ou mentalmente enferma ou deficiente, que não tenha o necessário discernimento para o ato, haverá estupro de vulnerável (artigo 217-A do CP), com as devidas ressalvas já realizadas quando do estudo do crime de estupro.

4 Elementos objetivos, subjetivos e normativos do tipo

Incrimina-se a conduta de "ter conjunção carnal ou praticar outro ato libidinoso com alguém". Seja no verbo "ter", seja no "praticar", ambos significando manter, realizar, não há constrangimento, ou seja, o ato sexual é voluntário. O autor não obriga a vítima à prática, solapando sua resistência. Em verdade, ele contorna uma provável resistência, que existiria se a vítima tivesse a exata noção da realidade.

Conjunção carnal é a intromissão, ainda que parcial, do pênis na cavidade vaginal. Atos libidinosos diversos são outros atos de natureza sexual praticados sobre o corpo da vítima, devendo aqui ser analisada a proporcionalidade entre o ato e a severidade da sanção penal que se pretende impor. Sobre o tema, remetemos o leitor ao estudo acerca do crime de estupro.

Como meios executórios para a conduta, o legislador elegeu a fraude e o "outro meio que impeça ou dificulte a manifestação de vontade da vítima." Fraude é artifício, ardil, ou qualquer outra prática apta a induzir ou manter alguém em erro, tomando como paradigma o crime de estelionato. Não importa se o sujeito ativo cria a situação de erro ou se a vítima se equivoca por conta própria: se o sujeito ativo percebe o erro e dele se aproveita, silenciando, há o crime em apreço. Obviamente, se a fraude é grosseira, não se falará em violação sexual mediante fraude, sequer na forma tentada. Todavia, a potencialidade da fraude em iludir alguém deverá ser averiguada de acordo com as condições pessoais da vítima.

Segundo Hungria, a mera sedução, ainda que comporte inverdades, não é bastante para a configuração do crime.[89] Assim se pronuncia o autor: "Não é de confundir-se o engano obtido pela sedução com o engano a que, a espécie, é induzida a vítima. As *blanda verba*, os *allectamenta*, as *dolosae promissiones* nada tem a ver com a *fraus* necessária à configuração do crime de que ora se trata, pois não ofendem, sequer indiretamente, a liberdade sexual. As circunstâncias devem ser tais, que a mulher se engane sobre a identidade do agente ou sobre a legitimidade da conjunção carnal a que se preste."[90]

---

89 TJSP: "A posse sexual mediante fraude é de difícil caracterização, pois não é qualquer meio enganoso que serve de suporte a essa entidade criminal. É preciso o emprego de artifícios, de estratagemas, de uma situação de fato ou de uma disposição de circunstâncias (*mise en oeuvre* de coisas ou pessoas) que torne insuperável o erro. As circunstâncias devem ser tais que a mulher se engane sobre a identidade pessoal do sujeito ou sobre a legitimidade da conjunção carnal a que se presta." (RJTJ 182/276)

90 HUNGRIA, Nelson. *Op. cit.*, p. 140.

Nessa definição se encontram os objetivos da fraude: enganar a vítima sobre a identidade do parceiro sexual (caso do irmão gêmeo que se substitui ao outro)[91] ou sobre a legitimidade da relação sexual (simulação de cerimônia de casamento para manutenção de relações sexuais com a vítima reticente, *v. g.*).[92]

O maior problema da norma reside da interpretação da cláusula genérica "ou outro meio que impeça ou dificulte a livre manifestação de vontade da vítima", alocada no artigo 215 do CP por força da Lei nº 12.015/09. Isso porque o texto aparentemente encerra a mesma hipótese prevista no artigo 217-A, que, em seu § 1º, enumera como vítima possível de estupro de vulnerável aquela que não pode oferecer resistência.

Sobre o tema, manifestou-se Nucci: "Para compatibilizar os dois tipos penais, considerando-se, inclusive, a diversidade de penas, parece-nos seja a solução analisar o grau de resistência da vítima ou, sob outro ângulo, o grau de perturbação da sua livre manifestação. Quando houver resistência relativa ou perturbação relativa, logo, há alguma condição de haver inteligência sobre o ato sexual, embora não se possa considerar um juízo perfeito, poder-se-á cuidar da figura do art. 215. Entretanto, havendo resistência nula ou perturbação total, sem qualquer condição de entender o que se passa, dever-se-á tratar da figura do art. 217-A, § 1º."[93]

Regis Prado assume orientação distinta: "No que se refere à expressão outro meio que impeça ou dificulte a livre manifestação de vontade da vítima indica a possibilidade do emprego de interpretação analógica. A interpretação analógica (*intra legem*), espécie do gênero interpretação extensiva, abrange os casos análogos, conforme fórmula casuística gravada no dispositivo legal. Destarte, qualquer conduta dolosa do agente, revestida de fraude, que tenha levado a vítima a praticar conjunção carnal ou ato libidinoso, amolda-se em princípio ao tipo legal. Assim, em face do alcance da norma, até o malicioso silêncio e a mentira podem ser utilizados como meio fraudulento."[94]

---

91 TJMG: "A posse sexual mediante fraude se apresenta quando a mulher é levada a erro, pelo meio empregado pelo agente, a consentir na conjunção carnal. O apelante armou um cenário iludente, fazendo-se passar pelo marido da vítima, apagou as luzes desligando a chave geral e se introduziu no quarto como se fosse o marido. Deitou ao lado da mulher e a possuiu sexualmente. Só depois de completado o ato é que se percebeu a fraude, tendo a mulher gritado por socorro aos vizinhos" (JM 104/314).

92 TJSP: "Crime contra os costumes. Posse sexual mediante fraude. Apelante que fazia-se passar por pai-de-santo. Hipotética incorporação de uma entidade e pedidos para que as ofendidas se despissem e praticassem relações sexuais. Narração harmônica e coerente das vítimas. Réu que é um verdadeiro 'estelionatário sexual'." (AC 197.613-3, rel. Des. Lineu Carvalho)

93 NUCCI, Guilherme de Souza. *Op. cit.*, p. 29.

94 PRADO, Luiz Regis. *Op. cit.*, p. 811.

Assim também se pronunciam Renato Marcão e Plínio Gentil: "Quer parecer que a norma utiliza a técnica de se referir a uma determinada categoria, empregando inicialmente um exemplo, para, em seguida, adotar uma fórmula genérica que contém a essência apresentada no exemplo. Assim, ao dizer fraude, ou outro meio..., o art. 215 está sempre se referindo a meios de caráter enganoso, dissimulado, disfarçado, capazes de, como no caso da fraude, enganar a vítima para dela obter um consentimento viciado pelo erro. Tais meios devem, portanto, ter a mesma natureza da fraude, representando forma de iludir a vítima e lhe impedir a livre manifestação de vontade."[95] Caso aceita essa argumentação, se a vítima, parcialmente embriagada, com os sentidos embotados, convida alguém à prática libidinosa, pessoa com quem normalmente não manteria amplexo sexual, todavia o faz ciente da identidade do parceiro e no exercício do resquício de discernimento que lhe sobra, limitando-se o outro a aceitar a proposta, não haverá crime algum.[96]

Antes de consignarmos nosso pensamento, ressalva-se que as posições conflitantes se devem menos a reflexões técnicas do que à falta de qualidade da redação normativa. Para compensá-la, os esforços doutrinários são dobrados, mas os resultados, nem sempre convincentes.

O dispositivo, parece-nos, se debruça sobre expedientes que, de forma tão idônea quanto a fraude,[97] viciam a vontade alheia ou determinam aproveitamento de uma vontade previamente viciada, conduzindo a uma situação de erro, embora seja difícil imaginarmos uma situação que não envolva a fraude propriamente dita. Evidentemente, são situações que criam ou incrementam de modo relevante um risco socialmente não adequado de interferência na liberdade sexual.

Cuida-se de crime comissivo, o qual também admitirá a conduta comissiva por omissão (omissão imprópria, mas nunca a omissão própria).

O crime é sempre doloso. O dolo abrange a consciência de que a vítima se equivoca e isso determina seu comportamento sexual. Se o sujeito ativo desconhece a situação de erro em que incorre a vítima, não há crime.

Não vislumbramos, na hipótese, a existência de qualquer elemento subjetivo especial. Contra, por todos, Nucci: "Demanda-se o elemento subjetivo do tipo específico, consistente no interesse de satisfação da lascívia."[98]

---

95 MARCÃO, Renato; GENTIL, Plínio. *Op. cit.*, p. 152.

96 Importa assinalar que a supressão do discernimento pela embriaguez (ou por motivo diverso), com consequente abolição da capacidade de resistência, caracteriza estupro de vulnerável.

97 Repetindo, aqui, o que diz Paulo César Busato (*Direito Penal*: parte especial. 3. ed. São Paulo: Atlas, 2017. v. 2. p. 871.).

98 NUCCI, Guilherme de Souza. *Op. cit.*, p. 28.

5 Consumação e tentativa

Consuma-se a violação sexual mediante fraude nos mesmos moldes do estupro, ou seja, com a prática de qualquer ato libidinoso. Aqui incide a mesma controvérsia existente no artigo 213 quanto à consumação da conjunção carnal, a ocorrência de crime tentado e a proporcionalidade da pena, razão pela qual uma vez mais, para evitar redundâncias, remete-se o leitor ao estudo sobre o crime de estupro.

A tentativa é plenamente possível, desde que a fraude ou a outra forma de viciar a vontade da vítima seja claramente dirigida à finalidade libidinosa, sem que o agente, por circunstâncias alheias à sua vontade, inicie a prática de ato de conteúdo sexual.

6 Concurso de crimes e concurso aparente de normas

Temos o artigo 215 como tipo misto alternativo, a par do artigo 213. Isso significa que, dando-se no mesmo contexto a conjunção carnal e atos libidinosos diversos, haverá crime único, em que pesem posições divergentes, as quais já foram esmiuçadas no capítulo referente ao crime de estupro.

Aliás, trazendo à baila o crime de estupro, uma hipótese pouco provável, mas teoricamente possível, merece atenção: suponhamos que o sujeito ativo, se substituindo ao irmão gêmeo, mantenha relações sexuais com a namorada deste, ludibriando-a; encerrada a conjunção carnal e descoberta a farsa pela vítima, o agente passa a constrangê-la mediante violência ou grave ameaça, submetendo-a a novo coito vagínico. Existirá concurso de crimes?

Entendemos que não. Perceba-se que, se houvesse constrangimento durante todo o evento, teríamos crime único, independentemente do número de conjunções carnais, consoante sustentamos outrora, isto é, um único estupro. Para mantermos a coerência, defendemos que no caso mencionado deverá a violação sexual ser absorvida pelo estupro subsequente, com o qual se encontra em unidade fática.

Imaginemos, ainda, que haja violência ou grave ameaça posterior à fraude, ou seja, o engodo é revelado durante o ato sexual, prosseguindo o sujeito ativo no ato através do constrangimento da vítima. A solução a ser dada é a mesma.

Se há a violação mediante fraude e, concluída a relação sexual, com descoberta da farsa, o sujeito ativo emprega constrangimento para que a vítima não procure o auxílio do poder público, garantindo assim a sua impunidade, não há se falar em estupro. O artigo 213 exige que o constrangimento seja uma forma de vencer a oposição da vítima ao ato sexual. Ao contrário do crime de roubo, o delito sexual não comporta a modalidade imprópria.

Teríamos, assim, o artigo 215 em concurso material com o delito previsto no artigo 146 do CP.

No que tange à distinção entre a violação sexual mediante fraude e o crime de estupro de vulnerável, abordamos o tema anteriormente. Se a capacidade de consentimento da vítima, por qualquer motivo, se encontra afetada, mas sem supressão, e se o agente se vale dessa circunstância para criar ou manter uma situação de erro (normalmente mediante fraude, mas deve existir o erro, qualquer que seja o meio de execução), há a violação do artigo 215. No entanto, se a capacidade de consentir da vítima se encontra suprimida (por exemplo, por estar anestesiada), há estupro de vulnerável.

Havendo simulação de casamento (artigo 239 do CP) para se conferir uma aura de legitimidade ao ato libidinoso, com violação sexual subsequente, consumada ou tentada, esta absorverá aquela, que é expressamente subsidiária. Outros crimes, no entanto, podem coexistir com a violação, como, *v. g.*, o exercício ilegal da medicina, arte dentária ou farmacêutica (artigo 282, CP) e o curandeirismo (artigo 284, CP). É o que ocorre ainda com os crimes de ato obsceno (artigo 233, CP), quando a violação se dá em local público, aberto ao público ou exposto ao público, e sequestro ou cárcere privado com finalidade libidinosa (artigo 148, § 1º, V, CP).

Eventuais lesões corporais leves, decorrentes do ato sexual, serão absorvidas pelo artigo 215 do CP. E, embora improváveis, lesões graves ou morte, determinarão concurso de crimes, já que o tipo em testilha não prevê as modalidades qualificadas pelo resultado.

7 Pena e ação penal

Ao crime de violação sexual mediante fraude comina-se abstratamente a pena de reclusão, de dois a seis anos.

Existindo intenção de obter vantagem econômica (moeda ou outros bens economicamente mensuráveis), aplica-se multa cumulativa (parágrafo único). Tal pode ocorrer, por exemplo, se a violação sexual for decorrente de aposta entre o sujeito ativo e terceiros. Entretanto, como bem advertem Renato Marcão e Plínio Gentil, "não se enquadraria no dispositivo, e sim, provavelmente, no crime de extorsão, aquele que, tendo praticado libidinagem com a vítima, iludida por manobra fraudulenta, dela passa a exigir pagamento para não revelar o fato a terceiros."[99]

A ação penal, nos termos do artigo 225 do CP, é pública incondicionada.

---

99 MARCÃO, Renato; GENTIL, Plínio. *Op. cit.*, p. 157.

III – IMPORTUNAÇÃO SEXUAL
ARTIGO 215-A, CP)

1 Introdução

A importunação sexual importou relevante contribuição ao sistema dos crimes sexuais, promovida pela Lei nº 13.718/2018. Analisado em seu contexto histórico, o delito surgiu a reboque de diversas notícias acerca do molestamento de mulheres em coletivos.[100] A perplexidade diante da ausência de tipos penais aos quais a subsunção restasse bem ajustada estimulou a produção legislativa. Contudo, o tipo penal, após sua transformação em lei, mostrou-se bem mais amplo do que os casos que o determinaram, como veremos.

O crime não constava da proposição que deu origem à lei. O Projeto de Lei do Senado Federal de nº 618/2015 (posteriormente transformado na Lei nº 13.718), em sua redação original, criava unicamente a causa de aumento da pena concernente ao estupro coletivo, que expressamente vinculava a majorante aos artigos 213 e 217-A. Durante a sua tramitação no Senado,

---

100 Essa vinculação fica evidente quando observamos o voto em separado do Deputado Federal Marcos Rogério, exarado por ocasião do trâmite do Projeto de Lei nº 5.452/2016 na Comissão de Constituição e Justiça e de Cidadania da Câmara dos Deputados. No texto, o Deputado critica proposições e, por vezes, menciona o caso "ocorrido recentemente no interior de transporte público em São Paulo". Em complementação de voto proferido na Comissão de Defesa dos Direitos da Mulher, a Deputada Federal Laura Carneiro, mencionando especificamente o crime de importunação sexual, afirma "ser de fundamental importância dar uma resposta a todos os casos de importunação sexual que vêm sendo relatados todos os dias nos jornais, provocando grande comoção social, e aos quais a lei penal não tem dado suficiente resposta". Os casos mencionados pela Deputada são apontados logo na sequência de sua complementação de voto: "Ao aumentar a pena específica para esses casos em que pessoas desequilibradas se aproveitam de transportes públicos ou aglomerações para satisfazer de forma animalesca seus instintos sexuais deturpados, cremos que estamos cumprindo nosso papel de legisladores dando uma resposta muito rápida à questão, bem como cumprindo nosso papel na reafirmação dos direitos da mulher quanto à dignidade sexual e a inviolabilidade sexual".

o projeto foi emendado e nele incluído o crime de divulgação de cena de estupro. Remetido à Câmara dos Deputados, transformou-se no Projeto de Lei de nº 5.452/2016. Nessa Casa, foi acrescido ao projeto o crime de importunação sexual. Outras alterações foram propostas, algumas das quais aprovadas (como a majorante referente ao estupro corretivo), outras rejeitadas (exclusão da violência ou grave ameaça como meios executórios únicos no crime de estupro).

A primeira menção ao crime de importunação sexual no Projeto de Lei nº 5.452/2016 previa sua inclusão no artigo 216-B (então inexistente). O delito teria a seguinte redação: "Praticar, na presença de alguém e sem a sua anuência, ato libidinoso, com o objetivo de satisfazer a sua própria lascívia ou a de terceiro: Pena – reclusão, de 2 (dois) a 4 (quatro) anos". Com esse mesmo texto, o crime a ser criado foi transposto do artigo 216-B para o artigo 215-A.

Foi somente com o retorno do Projeto de Lei ao Senado Federal que o crime de importunação sexual conheceu sua redação definitiva, com a troca da expressão "na presença de" pela palavra "contra". Em seu parecer na Comissão de Constituição, Justiça e Cidadania, o Senador Humberto Costa destacou que a alteração visava a "evitar possível mal entendido, de que o dispositivo poderia estar recriando o instituto do 'atentado ao pudor' ou do 'atentado violento ao pudor'". Esclareceu o Senador que, com a adição da palavra "contra" ao tipo penal, restaria claro que a conduta deveria ser direcionada a alguém. De fato, a alteração sugerida pelo Senador e posteriormente aprovada alcança seu intento. A importunação sexual exige direcionamento da conduta. Contudo, a menção ao antigo crime de atentado violento ao pudor e ao "atentado ao pudor" – figura que nunca existiu no Código Penal de 1940 – são totalmente sem sentido, pois o revogado artigo 214 do CP exigia interação entre autor e vítima.

Finalmente, sancionou-se a proposição legislativa e a importunação sexual recebeu a seguinte redação final: "Praticar contra alguém e sem a sua anuência ato libidinoso com o objetivo de satisfazer a própria lascívia ou a de terceiro: Pena – reclusão, de 1 (um) a 5 (cinco) anos, se o ato não constitui crime mais grave".

2 Objetividade jurídica

Como nos delitos anteriores, o bem jurídico tutelado pela norma é a dignidade sexual, em seu aspecto da liberdade sexual. Trata-se de bem jurídico disponível.

O objeto material do crime é a pessoa contra quem a infração penal é praticada.

3 Sujeitos do delito

O crime do artigo 215-A pode ser praticado por qualquer pessoa, ou seja, trata-se de crime comum quanto ao sujeito ativo.

Igualmente, o sujeito passivo pode ser qualquer pessoa, não se exigindo qualquer qualidade especial, sequer acerca do gênero. No que concerne à condição mental da vítima ou à sua idade, devemos fazer uma ponderação. Como estudado no crime de estupro, entendemos que nem todo ato sexual é capaz de caracterizar o crime do artigo 213 do CP. Isso vale, também, para o estupro de vulnerável. Imaginemos, assim, que, em um ônibus lotado, o sujeito ativo se posicione atrás de uma adolescente de 13 anos, passando a esfregar seu pênis contra as nádegas da vítima a cada solavanco do veículo. Estaríamos diante de estupro de vulnerável?

Compreendemos que esse ato sexual não possui suficiente lesividade para a caracterização de estupro (assim como o beijo lascivo também não possui, entre outros). Partindo desse pressuposto, no caso em tela não existiria estupro de vulnerável, em que pese a idade da vítima. Como não existe nenhum outro crime contra vulneráveis que contemple a hipótese, resta a caracterização da importunação sexual. Em resumo: mesmo vulneráveis podem ser vítimas do crime em comento, desde que não seja hipótese de crime mais grave (artigo 217-A do CP, por exemplo) ou de delito mais específico (como o artigo 218-A, CP).

4 Elementos objetivos, subjetivos e normativos do tipo

O verbo reitor do tipo penal é praticar (ato libidinoso), no sentido de realizar, fazer. Cuida-se de conduta comissiva, embora, tal qual ocorre no crime de estupro, o crime admita o comportamento omissivo impróprio (crime comissivo por omissão).

A prática de ato libidinoso deve se dar contra alguém. Nesse ponto, a descrição da conduta difere daquilo que consta em tipos penais como o estupro (artigo 213), a posse sexual mediante fraude (artigo 215) e o estupro de vulnerável (artigo 217-A). Em todos esses delitos, a norma não usa a palavra "contra", mas "com".

Praticar um ato libidinoso com alguém denota interação entre sujeitos ativo e passivo, com o ato libidinoso recaindo sobre o corpo da vítima. Já a ação realizada contra alguém permite afirmar direcionamento da conduta, mas não necessariamente interação entre autor e vítima. Se o sujeito ativo, por exemplo, se masturba e ejacula sobre a vítima, o ato sexual não recai sobre o corpo desta, mas apenas sua consequência fisiológica (o sêmen). Afirma-se, portanto, que o ato não se deu com a vítima, mas contra ela, permitindo a caracterização da importunação sexual. Caso a vítima, por exemplo, seja menor de quatorze anos, não ocorre estupro de vulnerável. Porém, o agente pode ser responsabilizado pelo crime do artigo 215-A.

Inexistindo o direcionamento da conduta, não há falar em importunação sexual, pois o comportamento não foi praticado contra alguém. Exemplifiquemos com o caso da pessoa que se masturba em local público – sem fazê-lo como forma de importunar pessoa determinada – e, sem querer, ejacula sobre outrem, o que não era seu objetivo. Nessa hipótese, resta caracterizado o crime de ato obsceno (artigo 233 do CP). Frise-se que a norma exige um especial fim de agir, a saber, a intenção de satisfazer a lascívia própria ou a de terceiro. Essa satisfação se dá não apenas pela prática do ato em si – embora seja ele determinante –, mas também por ser ele direcionado a outrem. Isto é, o direcionamento da conduta faz parte do dolo do agente.

Somente há o delito quando o ato é realizado sem a anuência da vítima, o que é óbvio, já que a liberdade sexual pode ser objeto de disposição. Caso a vítima consinta, a conduta é atípica. Essa capacidade de anuir deve ser aferida no caso concreto. Inexiste, por exemplo, quando a vítima é criança em tenra idade, ou quando padece de enfermidade mental, que lhe suprima totalmente o discernimento. Trocar beijos lascivos com pessoa mentalmente enferma e sem discernimento – mesmo de forma autorizada – determina importunação sexual.

A expressão "ato libidinoso", que complementa o verbo praticar, alcança atos sexuais diferentes daqueles que caracterizam o estupro (artigo 213), a posse sexual mediante fraude (artigo 215) e o estupro de vulnerável (artigo 217-A). Como visto anteriormente, nem todo ato libidinoso se presta a integrar esses delitos, senão aqueles de maior gravidade. Apalpadelas, esfregações, beijos e afins são reservados à importunação sexual.

Quanto aos meios de execução, o artigo 215-A é um crime de forma livre. Sequer a violência e a grave ameaça impedem sua caracterização, salvo se importarem crime mais grave, como o estupro. Isso se deve ao alijamento de alguns atos sexuais do âmbito do artigo 213. Um beijo lascivo mediante constrangimento não é estupro, mas importunação sexual. Para quem defende que qualquer ato libidinoso se presta à conformação do estupro, no entanto, se torna impossível o reconhecimento da importunação sexual mediante constrangimento (invariavelmente, o crime seria, nessa hipótese, o do artigo 213 do CP). Nesse sentido é a posição do STJ, da qual discordamos. Segundo a Corte, a diferença entre o estupro e a importunação sexual está justamente no meio executório qualificado exigido por aquele.[101]

---

101 "(...) Ressalte-se que não há falar em aplicação retroativa, em tese, do crime de importunação sexual (CP, art. 215-A), porquanto a prova semiplena angariada até o momento levam à conclusão de utilização de violência para a prática do ato libidinoso, o que afasta a incidência da *novatio legis in mellius*, trazida pela Lei nº 13.718/2018,

De acordo com Paulo Queiroz e Lilian Coutinho, tal qual ocorre no estupro, é igualmente possível a importunação sexual virtual, com o que concordamos. Assim exemplificam: "Nesse sentido, incide no tipo, por exemplo, aquele que, participando de jogos ou aulas on-line com uso de sistema de vídeo e áudio, se masturba enquanto fala com usuário que não anuiu com tal prática, constrangendo-o".[102]

Acerca da contravenção penal de importunação ofensiva ao pudor, que se situava no artigo 61 do Decreto-Lei nº 3.688/1941 e foi revogada pela Lei nº 13.718, parte de seu conteúdo foi transportado para o artigo 215-A. Houve *abolitio criminis* em relação à substância normativa restante. Vejamos alguns exemplos: (a) gritar para uma mulher em via pública que quer fazer sexo com ela era importunação ofensiva ao pudor, mas não é importunação sexual, pois não há a prática de um ato libidinoso, tampouco a intenção de satisfazer a lascívia através da prolação; (b) o mesmo ocorre com a conduta de fazer gestos com as mãos, direcionados a uma mulher, em público, simulando um órgão genital feminino;[103] (c) apalpar as nádegas da vítima sob o pretexto de ajudá-la a alcançar um objeto em uma alta prateleira, com isso alcançando excitação da libido, era importunação ofensiva ao pudor[104] e, doravante, passa a ser importunação sexual (mister a intenção de satisfazer a lascívia).

Significa dizer que, naquelas condutas que não foram albergadas pelo artigo 215-A, a revogação da importunação ofensiva ao pudor é retroativa. No que tange aos atos que passaram a integrar o crime de importunação sexual, a Lei nº 13.718 não retroage, pois o tratamento penal ora dispensado é mais severo que o anterior. Operou-se a continuidade típico-normativa, que impede o reconhecimento da *abolitio criminis*.

A infração penal é sempre dolosa e exige o já mencionado especial fim de agir (satisfação da lascívia própria ou alheia).

5 Consumação e tentativa

O crime se consuma com o início da prática do ato libidinoso. Trata-se de crime material e de dano.

---

porquanto funciona como elemento especializante do crime de estupro. (...)" (STJ, RHC 93.906/PA, Quinta Turma, rel. Min. Ribeiro Dantas, julg. em 21.03.2019).

102 Op. cit., p. 121.

103 Nesse caso, equivocadamente, o TJ-RS, por maioria, considerou a conduta como hoje adequada ao crime de importunação sexual (RC 71008328130, julg. em 13.05.2019). O voto vencido do relator era no sentido da *abolitio criminis* e, pensamos, absolutamente correto em sua simplicidade. Todavia, restaram vencedores os argumentos morais, não os jurídicos.

104 Assim decidiu o TJSP (APR nº 1502456-71.2018.8.26.0597, 15ª Câmara de Direito Criminal, rel. Des. Gilda Alves Barbosa Diodatti, julg. em 19.09.2019).

Por se tratar de crime plurissubsistente, a tentativa é possível.

6 Concurso de crimes e concurso aparente de normas

O artigo 215-A é expressamente subsidiário em relação a outros crimes sexuais, como estupro e estupro de vulnerável, como se percebe ao analisar seu preceito secundário.

Caso praticado mediante constrangimento (para quem admite esse meio executório no artigo 215-A) absorverá o crime decorrente do emprego de violência ou grave ameaça, salvo em caso de resultado lesão corporal qualificada pelo resultado (artigo 129, §§ 1º a 3º) e homicídio, crimes, embora improváveis, que surgirão em concurso.

Nada impede que a importunação sexual coexista com o crime de sequestro qualificado pela finalidade libidinosa (artigo 148, § 1º, V, CP).

O artigo 218-A prevalece sobre o artigo 215-A, por ser mais específico.

6 Pena e ação penal

Comina-se abstratamente ao crime do artigo 215-A pena de reclusão, de um a cinco anos. Ou seja, é possível a suspensão condicional do processo, com base no artigo 89 da Lei nº 9.099/1995. Entretanto, se sobre o delito incidir uma causa de aumento da pena do artigo 226 do CP ou do artigo 234-A, CP, a suspensão se torna incabível. Resta a possibilidade apenas do acordo de não persecução penal, desde que satisfeitos os requisitos do artigo 28-A do CPP, caso o crime não seja praticado mediante constrangimento.

A ação penal, de acordo com a literalidade do artigo 225 do CP, é pública incondicionada.

IV – ASSÉDIO SEXUAL
(ARTIGO 216-A, CP)

1 Introdução

Cartilha editada pelo Ministério da Saúde em 2008 define assédio sexual (embora de maneira dissociada da conceituação penal) como "toda tentativa, por parte do superior hierárquico (chefe), ou de quem detenha poder hierárquico sobre o subordinado, de obter dele favores sexuais por meio de condutas reprováveis, indesejáveis e rejeitáveis, com o uso do poder que detém, como forma de ameaça e condição de continuidade no emprego", ou alternativamente, como "quaisquer outras manifestações agressivas de índole sexual com o intuito de prejudicar a atividade laboral da vítima, por parte de qualquer pessoa que faça parte do quadro funcional, independentemente do uso do poder hierárquico".[105] Já cartilha do Ministério do Trabalho e Emprego, em definição também sem rigor científico para o fim de aplicação do Direito Penal, explica que "o assédio sexual no ambiente de trabalho consiste em constranger colegas por meio de cantadas e insinuações constantes com o objetivo de obter vantagens ou favorecimento sexual".[106]

A ausência de técnica jurídico-penal nos trechos transcritos não elide uma constatação primária sobre o fenômeno do assédio sexual: trata-se de conduta praticada em ambiente de trabalho ou profissional, que impõe a vítima o risco de prejuízos laborais em caso de discordância para com a participação em ato libidinoso. Assim, o Código Penal tipificou o comportamento em seu artigo 216-A da seguinte forma: "Constranger alguém com o intuito de obter vantagem ou favorecimento sexual, prevalecendo-se o agente da sua condição de superior hierárquico ou ascendência inerentes ao exercício de emprego, cargo ou função. Pena – detenção, de 1 (um) a 2 (dois) anos."

105 BRASIL. MINISTÉRIO DA SAÚDE. *Assédio:* violência e sofrimento no ambiente de trabalho. Brasília: Editora MS, 2008. p. 7.

106 BRASIL. MINISTÉRIO DO TRABALHO E EMPREGO. *Assédio moral e sexual no trabalho*. Brasília: MTE, ASCOM, 2009. p. 30.

Inexistente na concepção original do Código Penal, a incriminação do assédio foi objeto de Projeto de Lei em 1997 (PL nº 157), que assim dispunha: "Constitui assédio sexual, para os efeitos desta lei, constranger alguém, com sinais, palavras ou gestos, objetivando ou sugerindo a prática de ato libidinoso ou conjunção carnal, se a conduta não constitui crime mais grave. A pena é a detenção de 6 meses a 2 anos." Percebe-se que a redação típica usava o verbo constranger, hoje – sob severas críticas – adotado no artigo 216-A. Havia especificação dos meios executórios (sinais, palavras ou gestos), mas nenhuma menção ao uso de violência ou grave ameaça. Também se colocava o delito como expressamente subsidiário.

O anteprojeto de reforma da Parte Especial do Código Penal, de 1998, também se debruçou sobre o tema, usando como núcleo do tipo o verbo assediar, que consideramos mais adequado: "Assediar alguém, com violação do dever do cargo, ministério ou profissão exigindo, direta ou indiretamente, prestação de favores sexuais como condição para criar ou conservar direito ou para atender a pretensão da vítima. Pena – Detenção, de seis meses a dois anos, ou multa." Como bem leciona Bruno Salles Pereira Ribeiro, "claramente se percebe pela fundamentação do legislador projetista que o foco de proteção do tipo penal em voga era o direito trabalhista da mulher, de onde se extrai o duplo escopo da incriminação: o bom desenvolvimento das relações de trabalho e a implementação e fomentação do direito de igualdade da mulher."[107] Isso porque, no relatório produzido pela Comissão do Anteprojeto, já asseverava o min. Luiz Vicente Cernicchiaro que o assédio sexual é uma das formas de obstáculo ou restrição do livre direito ao trabalho, normalmente oriundo de importunações feitas pelo homem à mulher, embora a redação final não tenha limitado a conduta a gêneros.

Foi apenas com a Lei nº 10.224/2001 que nasceu em nosso ordenamento jurídico o crime de assédio sexual, restando inculcado entre os crimes contra a liberdade sexual. O artigo 216-A foi posteriormente modificado pela Lei nº 12.012/2009, que nele incluiu uma causa de aumento da pena.

Porém, nenhum desses projetos, textos legais ou aperfeiçoamentos conseguiu dar ao assédio sexual uma redação típica razoável, sendo ele um dos melhores exemplos de má técnica legislativa, como será visto.

Muito se debateu sobre a necessidade de incriminação do assédio sexual. Luiza Nagib Eluf, discorrendo sobre o tema, assim se manifestou: "A importância da incriminação do assédio é reconhecida em todo mundo civilizado. Trata-se de medida que pode evitar mal maior; muitos crimes de caráter sexual começam com o assédio e terminam no estupro. A punição do agente, portanto, deve ocorrer antes do agravamento da situação."[108]

---

107 RIBEIRO, Bruno Salles Pereira. *Delineamentos sobre o crime de assédio sexual*. In Revista Liberdades nº 14, set.-dez. 2013. p. 133-134.

108 ELUF, Luiza Nagib. *op. cit.*, p. 183.

Bitencourt, em sentido contrário, escreveu: "O princípio da intervenção mínima, também conhecido como *ultima ratio*, orienta e limita o poder incriminador do Estado, preconizando que a criminalização de uma conduta só se legitima se constituir meio necessário para a proteção de determinado bem jurídico. Se outras formas de sanção ou outros meios de controle social revelarem-se suficientes para a tutela desse bem, a sua criminalização é inadequada e não recomendável. (...) No entanto, os legisladores contemporâneos – tanto de primeiro como de terceiro mundo – têm abusado da criminalização e da penalização, em franca contradição com o princípio em exame, levando ao descrédito não apenas o Direito Penal mas também a sanção criminal, que acaba perdendo sua força intimidativa diante da 'inflação legislativa' que reina nos ordenamentos positivos. A criminalização do 'assédio sexual' insere-se nesse contexto, além de, provavelmente, vir a fundamentar muitas denunciações caluniosas, especialmente nas demissões sem justa causa."[109]

Entendemos ser a tipificação necessária, até mesmo pela relevância dos bens jurídicos protegidos, mas não da forma equivocada emprestada à legislação brasileira, sequer aprimorada pela Lei nº 12.015/09 e pelos diplomas inovadores subsequentes, no que se perdeu excelente oportunidade.

2 Objetividade jurídica

Elencado como um dos crimes contra a liberdade sexual, o bem jurídico tutelado no crime de assédio, a par do estupro, reside no direito à livre formação da vontade em matéria sexual, ou seja, na liberdade de dispor do próprio corpo.

Mas a tutela não se basta nesse dado. Consoante Alice Bianchini, "no crime de assédio, protegem-se os bens jurídicos ligados à liberdade (no caso a sexual), à honra e à não-discriminação no trabalho", bem como, em uma relação docente, à "não-discriminação nas relações educacionais".[110] Não é outra a lição de Luiz Regis Prado: "O tipo de injusto em análise foi inserido no Capítulo I do Título VI do Código Penal, em que se tutela precipuamente a liberdade sexual. No entanto, além da liberdade sexual, que consiste na faculdade que tem o indivíduo de dispor do próprio corpo para fins sexuais, protege-se ainda o direito à intimidade e à dignidade das pessoas no âmbito das atividades de trabalho ou nos ambientes em que determinadas pessoas tenham ascendência sobre outras, em razão do emprego, cargo ou função, inclusive na seara das relações docentes (*v. g.*, relação entre professor

---

109 BITENCOURT, Cezar Roberto. *op. cit.*, p. 24-25
110 BIANCHINI, Alice. A Legitimação do Processo de Incriminação do Assédio Sexual. *Assédio Sexual*. São Paulo: Saraiva, 2002. p. 6-7.

e aluno). Nesse sentido pode-se afirmar que o delito de assédio sexual é pluriofensivo, visto que lesa mais de um bem jurídico."[111]

Com efeito, limitar o assédio ao molestamento da livre sexualidade alheia é ignorar sua repercussão no que concerne à esfera de trabalho da vítima, ponto sensível das relações sociais de uma pessoa, porquanto meio de sua subsistência. Não se deve olvidar que a Constituição Federal estabelece a liberdade de trabalho, ofício ou profissão em seu artigo 5º, XIII, consistindo a exigência de favores sexuais em troca da normalidade nas relações trabalhistas intolerável ataque a um direito fundamental.

A espontânea adesão da vítima às insinuações sexuais do autor afasta a tipicidade da conduta, vez que não há o correspondente constrangimento.

3 Sujeitos do crime

O sujeito ativo do crime em comento é o superior hierárquico da vítima ou aquele que exerce ascendência sobre ela, em uma relação inerente a cargo, emprego ou função. Cuida-se, por conseguinte, de crime (bi)próprio.

Superior hierárquico é a pessoa que ocupa posição acima de outro ou outros trabalhadores em uma escala organizada e verticalizada, sujeitando os subordinados às suas ordens, direta ou indiretamente, qualquer que seja a esfera (pública ou privada). Ascendência dispensa um organograma rígido de postos de trabalho, bastando que uma pessoa exerça influência, domínio, respeito ou temor reverencial sobre a outra, sendo desimportante o motivo.[112] Nada impede, contudo, que pessoa destituída dos atributos exigidos pelo tipo penal incorra no crime ora estudado, bastando que atue em concurso de pessoas com o agente que se reveste da qualidade especial, por força do preconizado no artigo 30 do Código Penal.

No polo passivo está a pessoa que ocupa posto de trabalho hierarquicamente inferior ou que está submetida à ascendência exercida pelo autor do fato, de modo que é correto afirmar que também se exige aqui uma qualidade especial do envolvido.

---

111 PRADO, Luiz Regis. op. cit., p. 816-817. No mesmo sentido, o voto vencido do Ministro Marco Aurélio (STF) proferido no Inquérito 2.033, *verbis*: "Defrontamo-nos com um tipo novo, que revela como procedimento penalmente condenável constranger alguém com o intuito de obter vantagem ou favorecimento sexual, prevalecendo-se o agente de sua condição de superior hierárquico ou ascendência inerente ao exercício de emprego, cargo ou função. Colho do art. 216-A do CP determinados aspectos, elementos, e aí vejo, nessa figura penal, um avanço na cultura, objetivando – muito embora possam constar como agente o homem ou a mulher – a recuperação do que denominado, até mesmo em romance em voga, o sagrado feminino. O preceito, o texto legal direciona à liberdade no trabalho, à liberdade em sentido amplo. Mais do que isso, visa a preservar a dignidade daquele – não me refiro aqui ao homem ou à mulher – que presta serviços." (RTJ, 194/105)

112 PRADO, Luiz Regis. op. cit., p. 819.

É indiferente se o sujeito ativo é homem ou mulher, ou se a relação sexual por ele pretendida é homo ou heterossexual, pois o crime não se prende a questões de gênero.

Não é necessário que a vítima seja maior de 18 anos, pois a conduta incriminada pode atingir igualmente o menor trabalhador (idade a partir de 16 anos) ou aprendiz (cuja idade mínima é de quatorze anos, consoante artigos 7º, XXXIII, da CRFB e artigo 403 da CLT).

4 Elementos objetivos, subjetivos e normativos do tipo

Constranger é o núcleo do tipo penal, em uma infeliz opção legislativa. Isso porque, seguindo a sistemática do nosso Código Penal, o verbo em apreço é reservado para as condutas praticadas mediante violência ou grave ameaça, o que pode ser facilmente constatado se observados os crimes de extorsão (artigo 158, CP) e estupro (artigo 213, CP).

No assédio sexual, a lei, em gritante falha de redação, não especifica como o constrangimento será exercido, impondo esforço interpretativo que coloca em xeque a taxatividade da norma e que poderia ser evitado se houvesse maior esmero no trato dispensado à matéria.

Constranger, no artigo 216-A, parece-nos, tem a conotação de assediar, ou seja, de perseguir, importunar, tentar conquistar insistentemente, de modo a causar embaraços à vítima, o que mantém a previsão legislativa em compasso para com o *nomen juris* do delito.[113] O autor faz investidas contra

---

113 TRF-2: "(...) Há que distinguir um comentário inoportuno daqueles atos que atentem contra o pudor, que constrangem a vítima com o intuito de obter favorecimento sexual, com a ressalva, entretanto, que são tênues as linhas divisórias, daí a dificuldade de caracterização do crime de assédio sexual. (...)" (ACR 4428 RJ 2003.51.01.501444-6, Primeira Turma Especializada, rel. Des. Abel Gomes, julg. em 04/10/2006). No mesmo sentido, TJRS: "Narra a inicial, no particular, que o réu convidava a vítima a sentar em seu colo, sob a ameaça de que, se não o fizesse, seria demitida – típico ato de assédio sexual: obtenção de vantagem ou favorecimento sexual, prevalecendo-se o agente da relação de emprego. Todavia, a vítima não refere qualquer proposta de 'sentar no colo', tampouco ameaça de demissão: 'ele me dizia, assim, que ele queria que eu fosse mulher dele, quando ele tinha oportunidade de me encontrar [...] queria que eu fosse a mulher dele, que ele queria ter relações comigo, que eu podia ficar o dia que ela [esposa do réu] faltasse, podia ficar morando na casa [...] Ministério Público: E a senhora percebia que ele fazia essas propostas pra senhora na condição de patrão da senhora também? Ele se aproveitava do fato de ser patrão para fazer esses convites para a senhora? Vítima: Mas eu não sei qual é que era... o interesse dele era que eu fosse mulher dele, que eu fosse manter relações com ele' (fl. 63). Bem se vê, então, que a hipótese da denúncia não foi minimamente confirmada pela vítima, o que já seria o bastante para fazer imperar a absolvição – repito: a vítima não fala em ameaça de demissão, nem em pedido para sentar no colo do réu –, pelo princípio da correlação – os 'galanteios' narrados pela vítima passam longe da descrição contida na inicial. Mesmo que tomada a versão da vítima, tem-se que as propostas do réu, não obstante de nítida feição libidinosa, não foram associadas à utilização da superioridade hierárquica de-

a vítima que, ponderando entre a aceitação e a recusa, se vê premida pelo temor de uma represália laboral, o que tolhe seu direito de escolha.[114]

De toda sorte, é certo que o constrangimento do tipo penal não se refere à mesma coação física ou moral do crime de estupro,[115] ou teríamos uma situação de absoluto anacronismo, com o assédio se sobrepondo ao crime do artigo 213 nas relações naquele descritas, porém com punição sobremaneira mais suave. É nesse sentido a argumentação de Cezar Roberto Bitencourt, elaborada em texto anterior à Lei nº 12.015/09, *verbis*: "Com efeito, a solução dessa dificuldade linguística deve ser encontrada na interpretação do verdadeiro sentido emprestado ao verbo constranger na definição dessa nova infração penal. Para começar, deve-se reconhecer que seu sentido ou significado não é o mesmo daquele utilizado nos crimes de estupro e atentado violento ao pudor (obrigar, forçar, compelir, coagir), caso contrário, a oração estaria incompleta: faltar-lhe-ia um complemento verbal. Essa

---

corrente da condição de empregador. Tomando-se literalmente a versão da vítima, não houve qualquer promessa de represália quando das investidas que, por si só, não configuram o crime de assédio sexual – fosse assim, todo e qualquer relacionamento entre empregado e empregador caracterizaria crime. Mas o tipo exige mais: prevalecer-se o agente da condição de empregador para subjugar a vontade da vítima (elemento normativo do tipo). Assim, o caminho que estou a trilhar, aqui, é o da absolvição, pois a conduta denunciada não restou comprovada, além do que aquela descrita pela vítima não seria apta a preencher todos os elementos do art. 216-A do CP" (Apelação Crime nº 70016581902, Quinta Câmara Criminal, voto do Des. Amilton Bueno de Carvalho, julg. em 25/10/2006).

114 STF: "(...) Na hipótese, pelo que se verificou do relatório, a requerente não estava constrangida a tolerar a continuidade de um comportamento que a desagradava. É funcionária concursada que se encontrava exercendo função de confiança junto ao requerido. Essa relação é via de mão dupla e sua quebra desonera a qualquer um dos partícipes. Daí porque não constato a presença de um dos elementos que poderia caracterizar um caso típico de assédio sexual, vale dizer, a circunstância de que a requerente se encontrasse à mercê do requerido, sem oportunidade de defesa ou correndo risco de prejuízo econômico ou profissional. A própria inicial já demonstra que a requerente já exerceu funções semelhantes em diversos outros gabinetes e poderia colocar-se em qualquer outro setor do tribunal. (...)" (Inq. 2.033, voto Min. Ellen Gracie, julg. Em 16/06/2004).

115 TRF-4: "(...) Inexistem provas de ter o réu tentado usar de violência, ameaça ou mesmo reduzido a capacidade de resistência das vítimas, restando claro em seus depoimentos que as abordagens jamais foram de cunho brutal, consistindo na maioria das vezes em insinuações, gracejos de natureza maliciosa e contatos físicos de fácil oposição, cuja conduta se amolda, em tese, ao tipo descrito no artigo 216-A do CP (assédio sexual) inaplicável, na espécie, em face do princípio da irretroatividade in pejus da norma incriminadora. Não basta, para se constatar constrangimento ilegal, que as ofendidas nutram subjetivamente o receio de serem prejudicadas com a perda de seus empregos, mas que seja demonstrado um liame concreto entre esse sentimento e uma atitude do agente que pudesse nelas induzir fundado temor. (...)" (AC nº 2000.70.00.004432-7/PR, rel. Des. Élcio Pinheiro de Castro, julg. em 03/12/03).

nossa concepção é favorecida pela própria estrutura do texto, que não coloca entre vírgulas o elemento subjetivo especial do tipo (com o intuito de obter vantagem ou favorecimento sexual), como normalmente ocorre nessas construções tipológicas. Na verdade, essa construção gramatical nos obriga a interpretar o verbo constranger com o sentido de embaraçar, acanhar, criar uma situação ou posição constrangedora para a vítima, que lhe dá, segundo a definição clássica, a classificação de crime formal."[116] Entretanto, o mesmo autor admite que o assédio sexual seja praticado mediante violência ou grave ameaça, ressaltando a não obrigatoriedade desses meios executórios por se tratar de crime de forma livre,[117] o que nos parece contraditório.

Luiz Regis Prado, em dicção com a qual concordamos, esclarece que constranger "significa embaraçar seriamente a vítima, importuná-la, incomodá-la, aborrecê-la, acanhá-la, denotando uma forma sutil de obrigá-la", arrematando que "não tem o mesmo sentido do tipo definido no artigo 213 do Código Penal, em que o verbo, por ser transitivo, exige o devido complemento, inexistente no tipo legal do artigo 216-A."[118]

Para Busato, o verbo constranger possui o mesmo significado do crime de estupro (obrigar, forçar etc.). Conclui o autor: "No entanto, necessariamente, a imposição não deve ser apta a lograr o objetivo pretendido pelo agente que, se ocorre, desloca a figura típica para o crime do art. 213. Ou seja, há de ser um constrangimento dirigido a um escopo que, afinal, não se cumpre".[119]

Busato enxerga o assédio sexual como uma espécie de antecipação punitiva. Assim escreve: "Comenta-se, na doutrina, se essa modalidade especial de constrangimento deve ser entendida como a realização de ações que farão com que a vítima seja prejudicada no trabalho. Nesse caso, entretanto, é difícil não reconhecer a presença de uma grave ameaça, porque, claramente, o eventual prejuízo que um superior hierárquico ou patrão pode impor ao empregado no trabalho será grave. Nesse caso, já estaria configurado ato executório do crime de estupro, que, se interrompido por circunstância alheia à vontade do agente, seria considerado tentativa. Caso, da ameaça, o patrão logre obter a vantagem ou favorecimento sexual, o crime terá sido de estupro consumado. Sobraria para a definição do assédio sexual aquela ameaça, relativa às relações de trabalho que não tenha importância suficiente para fazer definir-se a vítima pela concessão do favor sexual, e que guarde referência com a relação de trabalho. Assim, ao que parece, o que o legislador criou foi

---

116 BITENCOURT, Cezar Roberto. Assédio Sexual: contribuição jurídico-normativa da globalização. *Assédio Sexual*. São Paulo: Saraiva, 2002. p. 30-31.

117 Idem, *ibidem*, p. 31.

118 PRADO, Luiz Regis. op. cit., p. 818.

119 Op. cit., p. 880.

uma figura de antecipação de barreiras de imputação, porquanto aqui não é necessária a ocorrência efetiva da relação sexual, bastando que o constrangimento se dirija à obtenção desse favor".

É cristalino que no assédio há certa carga intimidativa, que leva o assediado a se sentir tolhido em sua liberdade individual, mas nunca uma ameaça apta a caracterizar o estupro, razão pela qual o assédio pode ser reputado subsidiário. Por isso, cremos que a grave ameaça, mormente quando evidente o propósito de coagir a vítima, não se presta à configuração do assédio sexual, embora a intimidação mais leve seja suficiente, como na insinuação maliciosa, que se torna objeto de reflexão pela vítima, por medo de represálias, ciente o sujeito ativo de que produz este temor (essa insinuação é insuficiente para satisfazer ao disposto no artigo 213, CP).[120].

A ameaça de demissão, nesse contexto, pode ser considerada uma grave ameaça, apta a caracterizar o crime de estupro? Ou sua gravidade é insuficiente e determinaria tão-somente o assédio sexual? Pensamos que a aferição deve se dar de acordo com o caso concreto. Caso essa ameaça recaia, por exemplo, sobre a pessoa que provê a subsistência da família e que encontrará dificuldades para um reposicionamento imediato no mercado de trabalho, o que importará privações para sua família, cremos que a intimidação será grave e, portanto, apta a caracterizar o estupro, desde que o sujeito ativo conheça as possíveis consequências do mal por ele prometido. Se, por outro lado, a demissão, potencialmente, não afeta de forma grave a subsistência da vítima ou de sua família, a promessa terá uma gravidade amainada, importando assédio sexual (ainda que o sujeito ativo creia firmemente na gravidade de sua ameaça). Em outras palavras, deve ser averiguado se a conduta era apta a tolher a liberdade da vítima em um nível tão intenso que a prática sexual lhe pareça o menor dos males, ou se é suficiente apenas para causar um embaraço ou consternação.

A superioridade hierárquica e a ascendência do autor do fato são elementares de cunho normativo do tipo penal, cujo conceito foi estudado alhures. Inexistindo essas circunstâncias ou estando o autor no mesmo nível

---

120 Nesse sentido, TRF-4: "Inexistem provas de ter o réu tentado usar de violência, ameaça ou mesmo reduzido a capacidade de resistência das vítimas, restando claro em seus depoimentos que as abordagens jamais foram de cunho brutal, consistindo na maioria das vezes em insinuações, gracejos de natureza maliciosa e contatos físicos de fácil oposição, cuja conduta se amolda, em tese, ao tipo descrito no artigo 216-A do CP (assédio sexual) inaplicável, na espécie, em face do princípio da irretroatividade in pejus da norma incriminadora. 5. Não basta, para se constatar constrangimento ilegal, que as ofendidas nutram subjetivamente o receio de serem prejudicadas com a perda de seus empregos, mas que seja demonstrado um liame concreto entre esse sentimento e uma atitude do agente que pudesse nelas induzir fundado temor." (ACR 4432/ PR 2000.70.00.004432-7, Oitava Turma, rel. des. Élcio Pinheiro de Castro, julg. em 03/12/2003).

hierárquico da vítima, ou em condição de subalterno, não resta caracterizado o crime do artigo 216-A.

Além disso, a relação entre autor e vítima deve ser decorrente de cargo, emprego ou função.

Cargo público é definido pelo artigo 3º da Lei 8.112/90 como "o conjunto de atribuições e responsabilidades previstas na estrutura organizacional que devem ser cometidas a um servidor", sendo certo que os cargos públicos, "acessíveis a todos os brasileiros, são criados por lei, com denominação própria e vencimento pago pelos cofres públicos, para provimento em caráter efetivo ou em comissão" (art. 3º, parágrafo único, Lei nº 8.112/90). Consoante Celso Antônio Bandeira de Mello, "os servidores titulares de cargos públicos submetem-se a um regime especificamente concebido para reger esta categoria de agentes", chamado "estatutário ou institucional; logo, de índole não-contratual."[121] É o que ocorre, por exemplo, quando um Juiz de Direito assedia funcionário de cartório judicial vinculado à sua Vara.

O termo função, expressão de índole igualmente pública, "significa o exercício de atividades da competência da Administração, em nome desta e de acordo com as finalidades desta, ou seja, para atender ao interesse público",[122] como no caso de Secretários de Estado, por exemplo.

Já a expressão emprego pode se referir ao vínculo público ("núcleos de encargos de trabalho permanentes a serem preenchidos por agentes contratados para desempenhá-los, sob relação trabalhista, como, aliás, prevê a Lei 9.962 de 22.2.2000"[123]) ou ao vínculo empregatício privado, podendo ser citado como exemplo o patrão que assedia sua secretária.

Deve ser percebido que o artigo 216-A, quando de sua elaboração legislativa, continha um parágrafo único, o qual foi vetado ao ser submetido à sanção presidencial. Em seus incisos havia a equiparação das relações domésticas de coabitação e de hospitalidade (I), e da conduta praticada mediante abuso ou violação de dever inerente a ofício ou ministério, ao comportamento incriminado no tipo fundamental.

As razões de veto são consignadas da seguinte forma: "No tocante ao parágrafo único projetado para o art. 216-A, cumpre observar que a norma que dele consta, ao sancionar com a mesma pena do *caput* o crime de assédio sexual cometido nas situações que descreve, implica inegável quebra do sistema punitivo adotado pelo Código Penal, e indevido benefício que se institui em favor do agente ativo daquele delito. É que o art. 226 do Código

---

121 BANDEIRA DE MELLO, Celso Antônio. *Curso de Direito Administrativo*. São Paulo: Malheiros, 2013. p. 260.

122 MEDAUAR, Odete. *Direito Administrativo Moderno*. São Paulo: Editora Revista dos Tribunais, 2010. p. 273.

123 BANDEIRA DE MELLO, Celso Antônio. *op. cit.*, p. 260.

Penal institui, de forma expressa, causas especiais de aumento de pena, aplicáveis genericamente a todos os crimes contra os costumes, dentre as quais constam as situações descritas nos incisos do parágrafo único projetado para o art. 216-A. Assim, no caso de o parágrafo único projetado vir a integrar o ordenamento jurídico, o assédio sexual praticado nas situações nele previstas não poderia receber o aumento de pena do art. 226, hipótese que evidentemente contraria o interesse público, em face da maior gravidade daquele delito, quando praticado por agente que se prevalece de relações domésticas, de coabitação ou de hospitalidade."

Percebe-se, pois, que o veto presidencial não pretendia deixar as relações enumeradas no parágrafo único alijadas do âmbito da norma. Ao contrário, percebia nessas hipóteses, muitas vezes, maior reprovabilidade na conduta, buscando evitar que a menção expressa ali contida entrasse em conflito com causas de aumento da pena previstas para os crimes sexuais, gerando inaplicabilidade da majorante por eventual *bis in idem*.

A ponderação, entretanto, foi equivocada: se as situações descritas no parágrafo único são inerentes ao delito de assédio sexual, inferindo-se sua presença no tipo fundamental, de uma forma ou de outra restam afastadas as causas de aumento da pena; ao contrário, não estando presentes no *caput*, a inexistência de menção expressa a elas no vetado parágrafo único impede a configuração do crime de assédio sexual nessas hipóteses. Como exemplo, por ausência de menção ao ministério, não podemos admitir a existência de assédio sexual nas atividades religiosas (ministro religioso em posição de ascendência que importuna um de seus seguidores), ou na hipótese em que há molestamento por pessoa com quem a vítima coabita, caso não haja entre elas relação inerente a cargo, emprego ou função.

No que concerne à diarista, quando inexistente o vínculo empregatício, impossível enxergarmos o crime do artigo 216-A em caso de importunação pelo contratante. O reconhecimento do vínculo exige, entre outros requisitos, a continuidade ou habitualidade. Isto é, não existe vínculo empregatício em caso de eventualidade na prestação de serviços. Contudo, a intermitência da prestação de serviços não descaracteriza, por si só, a habitualidade. Assim, inclusive, já decidiu o TST: "(...) A SBDI-1 desta Corte tem firmado entendimento de que a prestação de serviços habituais, embora intermitentes, não obsta a caracterização da não eventualidade enquanto elemento configurador do vínculo de emprego. No caso, a Corte de origem reconheceu o vínculo empregatício entre os litigantes, por considerar presentes os requisitos do art. 3º da CLT, ressaltando a habitualidade, mesmo considerando que a Reclamante prestava serviços apenas duas vezes por semana, consignando que o contrato perdurou por mais de doze anos".[124] O vínculo prolongado,

---

124 TST, AIRR nº 1774641-98.2003.5.09.0007, 7ª Turma, rel. Min. Douglas Alencar Rodrigues, publ. em 30.06.2017.

portanto, pode se prestar à configuração da habitualidade, de modo que a análise sobre a existência ou não de vínculo empregatício deve ser casuística (o descomprometimento com a frequência, por exemplo, caracteriza unicamente eventualidade). Ausente o vínculo, não há crime de assédio sexual.

Rogério Greco, contudo, se posiciona de forma contrária. Segundo o autor, "as denominadas 'faxineiras' ou 'diaristas' são passíveis de ser assediadas sexualmente por seus empregadores, sob o argumento, por exemplo, de que caso não atendam aos seus apelos sexuais, deixarão de trabalhar naquele local".[125] De acordo com Greco, "para nós, existe essa relação de emprego, mesmo que por um único dia da semana, haja vista que, se rompida, trará prejuízos à vítima, que sobrevive à custa do seu trabalho em residências". Parece-nos um argumento moral de índole meramente consequencialista, sem esteio jurídico. Salvo ressalva pela lei penal (que inexiste), o conceito de vínculo empregatício deve ser buscado em uma interseção para com o direito do trabalho, sob pena de configuração de analogia.

Concordamos, todavia, com a posição esposada por Rogério Greco em situação diversa. Sustenta que "não se considera como subsumível ao comportamento tipificado pelo art. 216-A do Código Penal a conduta do(a) professor(a) que assedia sua(seu) aluna(o), fazendo-lhe propostas sexuais, sob o argumento de que poderá, por exemplo, prejudicá-la(lo) em suas notas". Invoca, o autor, a inexistência de uma relação de hierarquia ou ascendência inerente a cargo, emprego ou função.[126]

Contrariamente opinam Renato Marcão e Plínio Gentil: "Há situações, como a relação docente-discente, em que é evidente uma ascendência, além de existir ambiente propício a essa espécie de atentados, nos quais a relação de subordinação funcional não ocorre entre eles, mas é a relação funcional do docente com a instituição que proporciona a ascendência entre professor e aluno."[127] O STJ também decidiu nesse sentido: "RECURSO ESPECIAL. ASSÉDIO SEXUAL. ART. 216-A, § 2º, DO CP. SÚMULA Nº 7 DO STJ. NÃO APLICAÇÃO. PALAVRA DA VÍTIMA. HARMONIA COM DEMAIS PROVAS. RELAÇÃO PROFESSOR-ALUNO. INCIDÊNCIA. RECURSO ESPECIAL CONHECIDO E NÃO PROVIDO. (...) 3. Insere-se no tipo penal de assédio sexual a conduta de professor que, em ambiente de sala de aula, aproxima-se de aluna e, com intuito de obter vantagem ou favorecimento

---

125 GRECO, Rogério. *Curso de Direito Penal:* parte especial. 16.ed. Niterói: Impetus, 2019. v. III. p. 91

126 Idem, *ibidem.* p. 90. No mesmo sentido, Paulo Queiroz e Lilian Coutinho (op. cit., p. 128).

127 MARCÃO, Renato; GENTIL, Plínio. *Op. cit.*, p. 169. O mesmo argumento da ascendência é usado pelos autores para sustentar o assédio sexual quando os filhos do patrão assediam a empregada doméstica, por exemplo, embora não concordemos com o posicionamento esposado.

sexual, toca partes de seu corpo (barriga e seios), por ser propósito do legislador penal punir aquele que se prevalece de sua autoridade moral e intelectual – dado que o docente naturalmente suscita reverência e vulnerabilidade e, não raro, alcança autoridade paternal – para auferir a vantagem de natureza sexual, pois o vínculo de confiança e admiração criado entre aluno e mestre implica inegável superioridade, capaz de alterar o ânimo da pessoa constrangida. 4. É patente a aludida ‹ascendência›, em virtude da ‹função› desempenhada pelo recorrente – também elemento normativo do tipo –, devido à atribuição que tem o professor de interferir diretamente na avaliação e no desempenho acadêmico do discente, contexto que lhe gera, inclusive, o receio da reprovação. Logo, a 'ascendência' constante do tipo penal objeto deste recurso não deve se limitar à ideia de relação empregatícia entre as partes. Interpretação teleológica que se dá ao texto legal."[128]

Em seu voto, o Ministro Rogério Schietti Cruz afirma ser "irrazoável excluir a nítida relação de ascendência – elemento normativo do tipo – por parte do docente no caso de violação de um dos seus deveres funcionais e morais", concluindo que "é notório o propósito do legislador de punir aquele que se prevalece da condição como narrada nos autos para obter vantagem de natureza sexual". Reconhecendo como minoritária sua tese na doutrina, o relator se ampara na divergência defendida por André Estefam, para quem "o professor, em razão do emprego, cargo ou função que ocupa, detém ascendência sobre o corpo discente".

Discordamos fortemente de tal concepção. Ainda que fosse intenção do legislador criminalizar o assédio sexual entre professor e aluno, fato é que não o fez. Destarte, a falta de razoabilidade e a violação de deveres, razões de decidir invocadas pelo Ministro, não passam – novamente – de argumentos morais e destituídos de fundamentação jurídica consistente. Quanto à posição defendida por Estefam, parece-nos equivocada. A superioridade hierárquica e a ascendência se dão entre aqueles que compõem a relação de cargo, emprego ou função. Ou seja, autor e vítima estão integrados na mesma estrutura empregatícia ou funcional. No caso dos alunos, são pessoas alheias à relação empregatícia que se estabelece entre estabelecimento de ensino e professor. Inviável, por conseguinte, a subsunção, que abalaria, inclusive, a já frágil taxatividade da norma.

Alguns autores discutem, ainda, se profissionais do sexo podem ser vítimas de assédio sexual. Escreve Masson: "A prostituta (ou prostituto) pode

---

128 REsp nº 1.759.135/SP, Sexta Turma, rel. Min. Sebastião Reis Júnior, rel. p/ acórdão Min. Rogério Schietti Cruz, julg. em 13.08.2019. Em seu voto, o Min. Sebastião Reis Júnior, vencido, esposou a posição sufragada nesta obra: "(...) impossível reconhecer a configuração do delito de assédio sexual na relação entre professor e aluno, uma vez que o vínculo de ascendência existente entre eles não se mostra inerente ao exercício de emprego, cargo ou função".

ser vítima do crime definido no art. 216-A do Código Penal. Pensemos no exemplo em que uma mulher, funcionária de determinada empresa na condição de secretária, realize programas sexuais remunerados no período noturno. Se seu chefe descobrir esta atividade, e em razão disso constrangê-la para fins sexuais, sob pena de revelar seu segredo ao presidente da empresa, forçando sua demissão, estará caracterizado o crime de assédio sexual".[129]

Contudo, estamos com Paulo Queiroz e Lilian Coutinho quando estes criticam a ponderação, asseverando que, no caso proposto, a vítima não é assediada na condição de profissional do sexo, mas em outra relação empregatícia. Prosseguem em sua crítica: "Além do mais, o atuar como prostituta é apenas um rótulo (pejorativo) para alguém que tem mil outros atributos – mãe, filha, estudante, funcionária etc. E nenhuma prostituta o é permanentemente, mas somente durante o tempo e lugar que oferece e presta seus serviços. E enquanto empregada de uma determinada firma ou servidora pública, prostituta não é, obviamente". Concluem os autores – e nesse ponto, discordamos – que, quando o profissional se encontrar no exercício efetivo da prostituição, eventual assédio não será criminoso, já que inexistentes as elementares do tipo penal.[130]

Apesar de reconhecermos que a tese é minoritária, sustentamos não existir qualquer óbice ao reconhecimento de vínculo empregatício entre profissionais do sexo e os estabelecimentos nos quais trabalham.[131] E, consequentemente, se o gerente, administrador ou proprietário praticar assédio contra quem ali trabalha, a conduta será potencialmente criminosa.

Defende-se, corriqueiramente, que a ilicitude do empreendimento impede o reconhecimento do vínculo empregatício. Nesse sentido, inclusive, já decidiu o TST, negando a existência de vínculo entre pessoa que prestava

---

129 MASSON, Cleber. *Direito Penal:* parte especial. 8. ed. São Paulo: Forense, 2018. v. 3. p. 55. No mesmo sentido, Busato (*Direito Penal*: parte especial. 3. ed. São Paulo: Atlas, 2017. v. 2. p. 878-879)

130 Op. cit., p. 129.

131 Opinando contrariamente à existência de vínculo empregatício, TRT da 12ª Região: "VÍNCULO DE EMPREGO. PROSTITUIÇÃO. Não há vínculo de emprego entre a casa que explora a prostituição e a prestadora desses serviços, ante a ilicitude do objeto que alicerça a relação jurídica, nos termos do art. 104, II, do Código Civil" (RO nº 0001174-87.2014.5.12.0036, rel. Des. Jorge Luiz Volpato, publ. em 22.04.2016). Reconhecendo a possibilidade do vínculo, TRT da 15ª Região: "VÍNCULO DE EMPREGO. DANÇARINA E ACOMPANHANTE QUE AJUDAVA A VENDER BEBIDA. Presentes os requisitos da relação de emprego. Ainda que a empregada atuasse apenas como acompanhante dos clientes da ré, a solução não seria diversa. Considerar que a ilicitude do objeto, por possível exploração da prostituição, obstaria o reconhecimento do contrato de trabalho importaria em odioso enriquecimento sem causa do empregador. Certamente o efeito seria reverso: estimularia a exploração do corpo humano e permitiria trabalho na condição análoga à de escravo. (...)" (RO nº 0006700-15.2009.5.15.0137, rel. Des. Ana Cláudia Torres Vianna, julg. em 14.05.2013).

serviços em uma casa onde ocorriam jogos de azar e a empresa exploradora da atividade.[132] Essa percepção decorre do artigo 104 do Código Civil, que, para a validade de um negócio jurídico, estabelece o objeto lícito como requisito. Contudo, como será visto no estudo acerca dos crimes de lenocínio, defendemos que a atividade de "casa de prostituição" não é intrinsecamente criminosa, senão quando lesiva à dignidade sexual daqueles que ali trabalham. Saliente-se, aliás, que o STJ reconheceu, em 2016, a necessidade de proteção jurídica a profissionais do sexo, inclusive no que tange a cobrança de dívida pelos serviços prestados.[133] Outrossim, desde 2002, a Classificação Brasileira de Ocupações do Ministério do Trabalho encampa a rubrica profissionais do sexo (CBO 5198).

Se não há ilicitude penal no funcionamento das chamadas "casas de prostituição" (e, mesmo quando há uma exploração indigna, o caráter criminal da conduta se deve ao tratamento dispensado aos profissionais, não à exploração da atividade propriamente dita) e se a prostituição é uma atividade que reclama proteção jurídica, o vínculo empregatício pode ser reconhecido (se presentes a onerosidade, a habitualidade, a pessoalidade e a subordinação, ou seja, os requisitos comuns a todos os vínculos). Portanto, existe a possibilidade de assédio.

---

132 RR nº 257000-17.2007.5.15.0153, rel. Min. Horácio Raymundo de Senna Pires, julg. em 8.2.2012.

133 "HABEAS CORPUS. ROUBO IMPRÓPRIO. NULI DADE DA SENTENÇA. SUPRESSÃO DE INSTÂNCIA. NULIDADE DO ACÓRDÃO. NÃO OCORRÊNCIA. DESCLASSIFICAÇÃO PARA EXERCÍCIO ARBITRÁRIO DAS PRÓPRIAS RAZÕES. PRETENSÃO LEGÍTIMA E PASSÍVEL DE DISCUSSÃO JUDICIAL. REGRA. MORAL E DIREITO. SEPARAÇÃO. MUTAÇÃO DOS COSTUMES. SERVIÇO DE NATUREZA SEXUAL EM TROCA DE REMUNERAÇÃO. ACORDO VERBAL. AUSÊNCIA DE PAGAMENTO. USO DA FORÇA COM O FIM DE SATISFAZER PRETENSÃO LEGÍTIMA. CARACTERIZAÇà O DO DELITO PREVISTO NO ART. 345 DO CÓDIGO PENAL. PRESCRIÇÃO DA PRETENSÃO PUNITIVA. OCORRÊNCIA. ORDEM CONCEDIDA DE OFÍCIO. (...) 2. Não mais se sustenta, à luz de uma visão secular do Direito Penal, o entendimento do Tribunal de origem, de que a natureza do serviço de natureza sexual não permite caracterizar o exercício arbitrário das próprias razões, ao argumento de que o compromisso assumido pela vítima com a ré – de remunerar-lhe por serviço de natureza sexual – não seria passível de cobrança judicial. 3. A figura típica em apreço relaciona-se com uma atividade que padece de inegável componente moral relacionado aos 'bons costumes', o que já reclama uma releitura do tema, mercê da mutação desses costumes na sociedade hodierna e da necessária separação entre a Moral e o Direito. 4. Não se pode negar proteção jurídica àquelas (e àqueles) que oferecem serviços de cunho sexual em troca de remuneração, desde que, evidentemente, essa troca de interesses não envolva incapazes, menores de 18 anos e pessoas de algum modo vulneráveis e desde que o ato sexual seja decorrente de livre disposição da vontade dos participantes e não implique violência (não consentida) ou grave ameaça. (...)" (Sexta Turma, HC nº 211.888/TO, rel. Min. Rogério Schietti Cruz, julg. em 20.05.2016).

Convém lembrar, no entanto, que entre cliente e profissional do sexo não há relação de ascendência ou superioridade hierárquica, de modo que se torna impossível a caracterização do crime em apreço.

Somente existirá o assédio sexual se o autor do fato usa sua posição como superior hierárquico ou de ascendência para buscar o benefício sexual.[134] Ou seja, deve existir um aproveitamento do vínculo. Se o agente, em uma festa da empresa, se insinua para a vítima, mas sem impor sua superioridade para se relacionar sexualmente com ela, a conduta é atípica. Caso lhe ofereça uma quantia em dinheiro em troca da relação sexual, todavia sem aproveitamento de sua posição, eventualmente poderá existir injúria (artigo 140 do CP), se presente a intenção de ofender a honra subjetiva da vítima, ou contravenção penal de perturbação da tranquilidade (artigo 65 do Dec.-Lei nº 3.688/41), ou, ainda, atipicidade, mas não assédio.

Não é necessário, contudo, que o crime ocorra no local de trabalho (assédio ambiental), bastando que tenha ligação com a atividade desempenhada.

Obviamente, o crime em questão é comissivo, embora possa ser praticado por omissão imprópria (comissivo por omissão). É igualmente classificado como delito de forma livre, admitindo uma variada gama de meios executórios – escritos, simbólicos, orais e gestuais –, desde que aptos a trazer desconforto à vítima, infundindo a ela o temor de prejuízos laborais.

Portanto, gracejos e propostas românticas, quando realizados dentro da normalidade das relações sociais, ainda que com conotação sexual, são inaptos à caracterização do assédio sexual. Há que se ter cautela nessa avaliação, pois a ameaça de criminalização de todo e qualquer contato interpessoal é tão indesejada quanto o crime propriamente dito. Certamente essa avaliação ingressa no campo da subjetividade excessiva, razão pela qual reputamos o artigo 216-A como uma ofensa à taxatividade penal.

Inexistindo a modalidade culposa, ao dolo se exige o acréscimo de um elemento subjetivo especial, representado pelo propósito de obter vantagem ou favorecimento de natureza sexual.

Entendemos que os termos vantagem e favorecimento são empregados como sinônimos, abarcando qualquer benefício sexual, como conjunção carnal, sexo anal, contemplação lasciva etc.

---

134 TJRS: "ASSÉDIO SEXUAL. ART 216-A, DO CÓDIGO PENAL. SENTENÇA ABSOLUTÓRIA. INCONFORMIDADE MINISTERIAL. Para a configuração do delito de assédio sexual é necessário que o réu tenha se prevalecido de sua superioridade hierárquica para constranger a vítima no intuito de obter vantagem ou favorecimento sexual. Prova insuficiente sobre os elementos constitutivos do tipo. Dúvida que diz respeito à tipificação da conduta delituosa. Aplicação do princípio do in dubio pro reo. RECURSO DESPROVIDO. ABSOLVIÇÃO MANTIDA" (Recurso Crime Nº 71002102325, Turma Recursal Criminal, rel. Laís Ethel Corrêa Pias, julg. em 08/06/2009).

Insta salientar que a lascívia a ser satisfeita não precisa ser do próprio agente, como no caso em que o empregador constrange a empregada doméstica a manter relações com seu filho, para iniciá-lo na vida sexual. Eventualmente, se o beneficiário souber do assédio, contribuindo para este, poderá figurar como partícipe ou coautor do delito. Existirá o crime, ainda, se o sujeito ativo, visando a manutenção de atos de libidinagem com filhos de um empregado, constrange-o, para que este influencie sua prole.

5 Consumação e tentativa

O crime do artigo 216-A se consuma com o ato de assediar, com correspondente constrangimento à vítima, sendo irrelevante se o propósito sexual é cumprido ou não. Trata-se de crime formal e de dano.[135] Dependendo da

---

135 TJRS: "Para fins de argumentação, deve ficar desde já assentado que o pedido de desclassificação apresentado pelo Ministério Público merece prosperar, pois a vítima negou a prática de qualquer violência por parte do réu, não havendo qualquer prova nesse sentido. No que tange à ameaça noticiada pela vítima, não caracteriza, em princípio, ameaça 'grave', elementar do art. 214 do CP. Destarte, afastada a violência e a grave ameaça como meios de execução dos fatos narrados na denúncia, somente resta possível, em tese, a classificação da imputação como crime de assédio sexual, tipificado no art. 216-A do CP, nos seguintes termos: 'Art. 216 – A. Constranger alguém com o intuito de obter vantagem, favorecimento sexual, prevalecendo-se o agente da sua condição de superior hierárquico ou ascendência de emprego, cargo ou função'. Não há dúvidas de que o réu mantinha ascendência sobre a vítima na época dos fatos narrados na denúncia, pois a relação de emprego que havia entre ambos foi afirmada pela vítima e pelo próprio réu, bem como pelas demais testemunhas que trabalharam na residência deste último. Ocorre, porém, que a prova coligida não indica com segurança que houve constrangimento da vítima por parte do réu para obtenção de favorecimento sexual. (...) No caso em tela, todavia, a palavra da vítima não se revela consistente, pois o depoimento desta última é marcado por incertezas e incoerências, assim como as provas que o amparam, conforme acima demonstrei. (...) Portanto, ante esse conjunto de incertezas, a conclusão a que chego é no sentido de que a prova coligida não demonstrou a contento a efetiva ocorrência dos fatos narrados na denúncia. Friso que se está a tratar de um delito formal, no qual a lei descreve a conduta e o fim colimado pelo agente, mas dispensa a concretização dessa finalidade para que se consume o crime. Portanto, no caso dos autos mais importante do que averiguar se houve ou não a prática de ato libidinoso entre o réu e a vítima - resultado - é averiguar se houve constrangimento por parte do réu para que a vítima cedesse às suas investidas. E constrangimento, no caso, deve ser entendido, conforme vem considerando a doutrina, como cerceamento de um direito legítimo da vítima. Ocorre que a vítima, em seu depoimento, ao narrar como teriam acontecido as práticas libidinosas, referiu: 'ele me seduziu, ele me prometeu muita coisa, disse que se eu não fizesse ele ia me despedir, que se eu fizesse ele ia me promover para um emprego melhor.' Das ações mencionadas pela vítima, tenho que apenas a ameaça de demissão poderia caracterizar o constrangimento elementar do art. 216-A do CP. Promessas de vantagens pessoais ou de promoção para um emprego melhor não se prestam a caracterizar a conduta típica, pois nesse caso não haveria cerceamento de um direito da vítima. " (Apelação Crime nº

forma como é praticado, admite tentativa (assédio por escrito, por exemplo, no qual a missiva é interceptada antes de alcançar seu destino).

6 Causa de aumento da pena

Estabelece o § 2º do dispositivo em estudo que "a pena é aumentada em até um terço se a vítima é menor de 18 (dezoito) anos", em redação determinada pela Lei nº 12.015/09. Primeiramente, cumpre esclarecer que a majorante foi criada em um § 2º sem que houvesse o anterior § 1º, o que causa estranheza, mas se deve ao veto ao parágrafo único existente no projeto original.

A causa de aumento da pena se justifica porquanto as pessoas menores de dezoito anos têm menor possibilidade de defesa e são mais suscetíveis aos danos oriundos do assédio.

O artigo 7º, XXXIII, da CRFB autoriza o trabalho de pessoas com idade compreendida entre dezesseis e dezoito anos incompletos, salvo em caso de trabalho noturno, insalubre ou perigoso; se a pessoa tiver idade entre quatorze a dezesseis anos incompletos, poderá trabalhar unicamente na qualidade de aprendiz.

Caso a vítima seja menor de quatorze anos, em tese não há como se falar em relação de cargo, emprego ou função, pois sua idade impede a contratação legal. Indiscutível, todavia, a facticidade do trabalho infantil, ainda que ilegalmente exercido. Nessa hipótese, há quem entenda pela concretização de vínculo empregatício – de fato – entre o menor de quatorze anos e o empregador, desde que presentes as demais características desse vínculo,[136] o que permitiria a caracterização do assédio sexual. Entretanto, o assédio, como crime, dependeria da não ocorrência de estupro de vulnerável (artigo 217-A, CP), tentado ou consumado, como nas insistentes e desconcertantes propostas sexuais que, no *iter criminis* do estupro de vulnerável, seriam consideradas meramente atos preparatórios e que já se prestam ao crime do artigo 216-A.

Repare-se que o legislador não fixou um limite mínimo para a elevação da pena, limitando-a apenas em seu teto ("até um terço"), deixando a cargo do magistrado a definição do *quantum* a ser aumentado (um quarto, um quinto etc.), em desacordo com a sistemática usualmente adotada no Código Penal (saliente-se que a Lei nº 12.850/13 fez o mesmo no crime de associação criminosa – artigo 288, p. único, CP – asseverando que a pena é

70010203248, Sexta Câmara Criminal, voto do Des. Marco Antonio Bandeira Scapini, julg. em 16/12/2004).

136 Nesse sentido, sentença de primeiro grau exarada na ação trabalhista de nº 0010571-53.2014.5.03.0156, da Vara do Trabalho de Frutal, vinculada ao TRT da 3ª Região, em 03.07.2016, pelo Juiz do Trabalho Claudio Antônio Freitas Delli Zotti.

aumentada de até a metade quando a associação é armada ou envolve crianças ou adolescentes).

7 Concurso de crimes e concurso aparente de normas

Distingue-se o assédio sexual do crime de estupro porquanto neste haja violência ou grave ameaça, ou seja, o verbo constranger previsto em ambos os dispositivos têm diferentes conotações.

Já a contravenção penal de perturbação da tranquilidade é subsidiária em relação ao delito, só se configurando na inexistência do assédio.

No que concerne à injúria, entendemos ser possível o concurso de crimes, se o sujeito ativo assedia a vítima não apenas para satisfação da lascívia, mas também com intenção e humilhá-la.

8 Pena e ação penal

Ao artigo 216-A é cominada pena de um a dois anos de detenção, sem multa, quer alternativa ou cumulativa. Cuida-se de infração de menor potencial ofensivo, sujeita aos ditames da Lei nº 9.099/95, salvo quando a vítima é do sexo feminino e o crime é praticado nos moldes da Lei 11.340/06.

Caso haja majoração da pena, resta impossível a aplicação das medidas despenalizantes referentes às infrações de menor potencial ofensivo. Tampouco será possível a suspensão condicional do processo, pois a pena mínima fica acima de um ano de detenção. Restará apenas o acordo de não persecução penal (artigo 28-A do CPP), salvo para quem crê que o assédio sexual compreende uma grave ameaça.

A ação penal é pública incondicionada. Sobre o tema, ver capítulo que trata do artigo 225 do CP.[137]

---

137 TRF-2: "(...) Não há qualquer possibilidade das condutas delituosas aqui analisadas serem consideradas crimes militares, não sendo portanto a hipótese de competência. O crime de assédio sexual, melhor tratado no tipo penal previsto no art. 216-A do CP, possui em seu núcleo o bem jurídico da liberdade sexual, completamente divorciado da tutela específica que a Constituição e a Lei Penal Militar deram aos crimes considerados como de natureza militar. Deve ser dada a relevância ao bem jurídico protegido, que in casu não são as instituições militares. (...)» (Quinta Turma, HC nº 200302010066636 RJ 2003.02.01.006663-6, rel. Des. Alberto Nogueira, julg. em 05/08/2003).

DA EXPOSIÇÃO
DA INTIMIDADE SEXUAL

I – REGISTRO NÃO AUTORIZADO
DA INTIMIDADE SEXUAL (ARTIGO 216-B, CP)

1 Introdução

Criado pela Lei nº 13.772/2018, o artigo 216-B do CP contempla um comportamento que até então não era incriminado pela legislação brasileira. O diploma legal inovador tem origem no Projeto de Lei da Câmara dos Deputados de nº 5555/2013, que também alterou o artigo 7º, II, da Lei nº 11.340/2006.

Importa salientar que, embora buscasse combater condutas ofensivas à mulher praticadas através da rede mundial de computadores, o projeto não continha tipos penais incriminadores quando de sua apresentação, incidindo unicamente sobre a Lei Maria da Penha.

O Deputado Federal João Arruda, autor do projeto, enxergava um vácuo legislativo nessa seara, conforme consta na justificativa por ele apresentada: "(...) há uma dimensão da violência doméstica contra a mulher que ainda não foi abordada por nenhuma política pública ou legislação, que é a violação da intimidade da mulher na forma da divulgação na Internet de vídeos, áudios, imagens, dados e informações pessoais da mulher sem o seu expresso consentimento. Essa conduta é praticada por cônjuges ou ex-cônjuges que se valem da condição de coabitação ou de hospitalidade para obter tais registros, divulgando-os em redes sociais como forma de constrangimento à mulher. Esse tipo de violência se torna progressivamente mais danoso quanto mais disseminado e universalizado, do ponto de vista social e geográfico, está o acesso à Internet no Brasil".

Curiosamente, a disseminação de conteúdos sensíveis na rede mundial de computadores acabou criminalizada por outra lei (13.718/2018, que incluiu no Código Penal o artigo 218-C), embora tenha constado do projeto durante sua tramitação, após substitutivos oferecidos por parlamentares. Restou à Lei 13.772 o registro não autorizado da intimidade sexual.

Frise-se, ainda, que os debates encetados durante a tramitação do projeto chegaram a cogitar a inclusão dos crimes entre os delitos contra a honra.

Não nos parece que o *caput* do artigo 216-B tenha a honra como objeto da tutela penal, de modo que seria criado um equívoco topológico. Contudo, o seu parágrafo único não restaria mal localizado, porém passaria a exigir um especial fim de agir, qual seja, o de macular a honra da vítima. No fim, o tipo penal acabou – acertadamente, cremos – alocado entre os crimes contra a dignidade sexual.

2 Objetividade jurídica

Tutela-se a dignidade sexual da vítima, especificamente no que concerne ao seu aspecto da intimidade sexual, compreendendo o recato sobre a prática de atos sexuais e sobre a própria nudez.

Trata-se de bem jurídico disponível, como a norma deixa claro, ao afastar a tipicidade em caso de autorização da vítima.

Na figura do parágrafo único, a honra da vítima também é protegida.

O objeto material do crime é a pessoa registrada.

3 Sujeitos do delito

Sujeitos ativo e passivo do crime em tela podem ser qualquer pessoa, de modo que estamos diante de um crime comum. A conduta pode ser praticada inclusive por uma das pessoas que tem a sua imagem registrada, na qualidade de autor ou partícipe, desde que atinja outra pessoa com quem compartilha a cena.

Contudo, impõe-se fazer considerações sobre a faixa etária da vítima. Caso o registro seja de cena de sexo explícito ou pornográfica envolvendo criança ou adolescente, o crime deixa de ser o previsto no artigo 216-B e migra para o artigo 240 do Estatuto da Criança e do Adolescente. Sobre o conceito de cena de sexo explícito ou pornográfica, voltaremos ao tema adiante.

No que concerne ao parágrafo único, existe igualmente um tipo penal especial no Estatuto da Criança e do Adolescente que prevalece sobre o Código Penal: trata-se do artigo 241-C. Entretanto, o crime da Lei nº 8.069/1990 contempla unicamente as representações visuais, não as montagens de áudio ou outros registros não visuais, as quais são encontradas unicamente no artigo 216-B. Por conseguinte, se o sujeito ativo, por exemplo, realiza a adulteração de uma fotografia para incluir criança em cena de sexo explícito, o crime está no ECA (artigo 241-C); se a montagem é de áudio, ainda que a vítima seja criança ou adolescente, aplicar-se-á à hipótese a regra do Código Penal (artigo 216-B).

4 Elementos objetivos, subjetivos e normativos do tipo

Cuida-se de crime plurinuclear, consistente em um tipo misto alternativo. Os verbos incriminados são quatro: produzir, filmar, fotografar e registrar. Encontramos todos eles no artigo 240 do ECA, que, como visto, é especial em relação ao artigo 216-B. Dada a semelhança entre as normas, as definições estabelecidas no ECA devem ser reproduzidas no registro não autorizado da intimidade sexual, naquilo que for possível.

Partindo dessa constatação, atribui-se ao verbo produzir – que possui diversas definições – a acepção de coordenar ou supervisionar a atividade de registro da cena íntima. Embora a palavra possa ser conceituada genericamente como a criação ou execução de algo, cremos que a qualidade de conduta mais genérica já é atribuída ao verbo registrar, igualmente incriminado. Quando observamos o Estatuto da Criança e do Adolescente, verificamos que são punidas as condutas de fotografar e filmar, que consistem no registro imediato da imagem. Todavia, também são punidas as atividades de suporte ou gerenciamento, como a ação de dirigir. É nesse nicho que se inclui a ação de produzir. Se a palavra representasse apenas a execução de algo, existiria redundância para com o comportamento de registrar.

Filmar é o registro sequencial de imagens em película cinematográfica ou por sua conversão em arquivos digitais, conferindo às cenas captadas impressão de movimento. Fotografar é o uso da luminosidade para captação de uma imagem, com fixação em película ou transformação em arquivo digital. Registrar, ao seu turno, é qualquer outra forma de captação de imagens que não seja a filmagem ou a fotografia (por exemplo, desenho, pintura etc.). Fica evidente o caráter genérico desse verbo ao observarmos o *nomen juris* do delito.

Frise-se que o artigo 240 do ECA contempla ainda as condutas de dirigir e reproduzir, as quais não são previstas expressamente no artigo 216-B do Código Penal.

Dirigir significa o gerenciamento direto da atividade de fotografia, filmagem ou qualquer outra forma de registro visual. Aquele que dirige a atividade prevista no artigo 216-B, à evidência, é coparticipante do delito, por ele respondendo.

Reproduzir é um verbo que comporta dois significados: pode representar tanto a conduta de exibir, como também a de copiar, multiplicar. Entendemos que o artigo 240 do ECA alberga esse segundo significado, pois se mostra mais adequado à estrutura do diploma legal. Explica-se: o artigo 240 apresenta núcleos coligados à criação das cenas de sexo explícito ou pornográfico, não aqueles que demonstram formas de disseminação dessas cenas. A disseminação é punida nos artigos 241 e 241-A. Neste último dispositivo, inclusive, há as condutas de transmitir e divulgar, que são formas de exibição.

Compreendemos, assim, que, se o sujeito ativo exibe cena de sexo explícito ou pornográfica envolvendo criança ou adolescente a outrem, o delito é o do artigo 241-A do ECA, ao passo em que lhe é reservada a imputação do artigo 240 do ECA se, ao ter contato com vídeo, fotografia ou outra forma de registro de cena de criança ou adolescente em cena de sexo explícito ou pornográfica, multiplica-a, por exemplo, transformando um DVD em diversas mídias digitais. Tal qual as demais incriminações do artigo 240, é um comportamento anterior à efetiva difusão. Dessa forma, mantém-se a coerência sistêmica.

Mas a reprodução (multiplicação, cópia) desses registros produzidos não contra criança ou adolescente, mas em face de vítima adulta, caracteriza o crime do artigo 216-B do CP? A multiplicação das cenas (cópias de uma fotografia preexistente, proliferação de mídias digitais com o vídeo previamente gravado por outrem etc.) não é uma hipótese de registro. Registrar significa captar de forma original, não de forma derivada. Portanto, não há o crime de registro não autorizado da intimidade sexual, embora seja possível que represente um ato preparatório da infração penal encontrada no artigo 218-C do CP.

Invariavelmente, o crime do artigo 216-B é comissivo, embora admita a omissão imprópria. Essas ações recaem sobre cenas de nudez ou sobre atos sexuais ou libidinosos, consoante redação expressa da norma.

Nudez é o primeiro dos elementos normativos do tipo. Consiste na exposição de zonas erógenas que normalmente não são exibidas em público pelas pessoas em geral. Falamos do aspecto externo dos órgãos genitais (pênis e vagina), assim como a parte dos seios onde se encontram os mamilos e a parte das nádegas usualmente encoberta. Há nudez quando uma dessas áreas está totalmente exposta, ou quando, mesmo coberta por trajes ou outros anteparos, a transparência permite a visualização do corpo. A cena pode ser registrada de forma direta ou indireta, como a fotografia feita através da imagem refletida em um espelho.

Não há nudez nas cenas meramente sensuais, como, por exemplo, quando uma pessoa despida cobre as partes do corpo acima mencionadas com as mãos, ou quando a vítima tem sua imagem registrada em trajes íntimos (cueca, lingerie) ou em roupas de praia. Embora, nesses casos, o registro não autorizado possa ser perturbador para a vítima, é certo que nudez não há.

Ato sexual é qualquer ato praticado para a satisfação da lascívia. Normalmente envolve a interação entre duas ou mais pessoas, mas a pluralidade de participantes é desnecessária. A automasturbação, por exemplo, é um ato sexual que, se registrado sem autorização, determina a incidência da norma.

O uso da expressão "ato sexual" pelo legislador é incompreensível, pois a lei penal, em regra, dá preferência a "ato libidinoso", que tem o mesmo significado. A perplexidade aumenta quando se verifica que o legislador usou os dois termos no mesmo tipo penal, o que fulmina o aforismo romano "não se presumem na lei palavras inúteis" (*Verba cum effecta, sunt accipienda*). Aliás, ele nunca esteve tão dissociado da realidade. É bem verdade que Carlos Maximiliano já conferia relatividade ao aforismo: "Se de um trecho não se colige sentido apreciável para o caso, ou transpareça a evidência de que as palavras foram insertas por inadvertência ou engano, não se apega o julgador à letra morta, inclina-se para o que decorre do emprego de outros recursos aptos a dar o verdadeiro alcance da norma. Bem-avisados, os norte-americanos formulam a regra de Hermenêutica nestes termos: 'Deve-se atribuir, quando for possível, algum efeito a toda palavra, cláusula ou sentença'. (...)".[138] Em resumo: ato sexual e ato libidinoso são a mesma coisa e, aqui, o legislador foi efetivamente redundante.

Critica-se, também, a diversidade de expressões existentes em normas assemelhadas, ao contrário da adoção de uma redação padronizada em todas elas. Estamos falando aqui do contraste entre os tipos penais previstos nos artigos 216-B e 218-C do Código Penal, bem como daqueles inscritos nos artigos 240 e 241 a 241-C do Estatuto da Criança e do Adolescente. Enquanto o artigo 216-B contempla a cena de nudez, o ato sexual e o ato libidinoso (que é a mesma coisa que ato sexual), o artigo 218-C aborda a cena de sexo, nudez ou pornografia. Já o ECA, de elaboração mais antiga que as demais normas, fala em cena de sexo explícito ou pornográfica. No último caso, são elementos normativos do tipo conceituados pela própria lei especial, em seu artigo 241-E.

Como os artigos 216-B, ora em estudo, e o artigo 240 do ECA são análogos, o conteúdo do artigo 241-E, que complementa o artigo 240, deve ser esmiuçado, a fim de que se verifique se ambos os dispositivos possuem a mesma extensão no que tange aos elementos normativos. O artigo 218-C, por ora, não será abordado, reservando-se seu estudo para o momento adequado.

Afirma o artigo 241-E do ECA que – para os efeitos dos crimes previstos na lei especial – "a expressão 'cena de sexo explícito ou pornográfica' compreende qualquer situação que envolva criança ou adolescente em atividades sexuais explícitas, reais ou simuladas, ou exibição dos órgãos genitais de uma criança ou adolescente para fins primordialmente sexuais". A redação do dispositivo, em sua literalidade, dá a entender que a ele se subsomem: (a) o ato sexual claramente exposto, como penetrações, cenas de masturbação etc.; (b) o ato sexual simulado, como na situação em que pessoas se põem em situação de penetração e simulam os movimentos pélvicos, mas sem que haja o ato sexual de fato; (c) o ato sexual real, mas sem exibição explícita,

---

138 MAXIMILIANO, Carlos. *Hermenêutica e Aplicação do Direito*. 20. ed. Rio de Janeiro: Forense, 2011. p. 204-205.

como no exemplo em que duas pessoas efetivamente mantêm conjunção carnal e a cena é registrada, mas sem mostrar o pênis ingressando na vagina; (d) exposição dos órgãos genitais externos, ou seja, pênis e vagina, ainda que sem a consectária prática de um ato sexual real ou simulado.

Perceba-se que a redação do artigo em muito se assemelha ao artigo 2º do Protocolo Facultativo à Convenção sobre os Direitos da Criança (ONU), promulgado no Brasil pelo Decreto nº 5.007/2004 conceitua pornografia infantil como "qualquer representação, por qualquer meio, de uma criança envolvida em atividades sexuais explícitas reais ou simuladas, ou qualquer representação dos órgãos sexuais de uma criança para fins primordialmente sexuais".

Debruçando-se sobre o tema, contudo, o STJ conferiu interpretação extensiva ao artigo 241-E. No REsp nº 1.543.267/SC, a Sexta Turma decidiu que o enfoque nos genitais da vítima, ainda que cobertos por peças de roupas, bem como as poses sensuais com conotação obscena ou pornográfica, satisfariam o conceito de cena pornográfica previsto na norma. Em seu voto, a relatora, Min. Maria Thereza de Assis Moura, esclareceu que o artigo 227, § 4º, da CRFB determina punição severa ao abuso, à violência e à exploração sexual de crianças e adolescentes, insinuando, destarte, que a literalidade normativa determinaria proteção insuficiente ao objeto da tutela penal. Outrossim, asseverou que o artigo 241-E deve ser interpretado conjuntamente com o artigo 6º do ECA. Assim se pronunciou a Ministra: "A definição legal de pornografia infantil apresentada pelo artigo 241-E do Estatuto da Criança e do Adolescente não é completa e deve ser interpretada com vistas à proteção da criança e do adolescente em condição peculiar de pessoas em desenvolvimento (art. 6º do ECA), tratando-se de norma penal explicativa que contribui para a interpretação dos tipos penais abertos criados pela Lei nº 11.829/2008, como os ora em análise, sem contudo restringir-lhes o alcance".

Aderindo ao voto da relatora – houve um voto divergente – o Min. Rogério Schietti Cruz sustentou que nudez e pornografia são conceitos diferentes. Salientou que "nem a nudez, nem a sexualidade, definem algo como pornográfico", embora possam, "eventualmente, ser utilizadas como uma de muitas ferramentas para expressar a pornografia".

A interpretação parece se coadunar com a doutrina da proteção integral, que inspira o artigo 227 da CRFB. Caso se parta desse pressuposto e se acatada a interpretação do STJ como correta, verifica-se que o espectro do artigo 240 do ECA, interpretado de acordo com o artigo 241-E, é simultaneamente mais largo e mais restrito do que a abrangência do artigo 216-B do CP.

Por cena pornográfica se deve entender algo que extrapola a simples nudez, ainda que esta possa se fazer presente, bastando a obscenidade da cena registrada (como na hipótese da adolescente fotografada em trajes íntimos, com finalidade primordialmente sexual). Já o artigo 216-B, nesse ponto, é mais restrito, pois em momento algum menciona a pornografia, bastando-se na nudez propriamente dita e na prática de atos sexuais (sendo insuficiente a insinuação desses atos). Portanto, fotografar, sem autorização, uma pessoa adulta em trajes íntimos não é crime do artigo 216-B. Ou seja, neste ponto o dispositivo é mais restritivo do que o artigo previsto na lei especial.

Por outro lado, o artigo 216-B não exige a finalidade primordialmente sexual como elementar do tipo: fotografar uma pessoa nua para humilhá-la, por exemplo, não impede a caracterização do artigo 216-B, mas afasta o crime previsto no ECA.

É evidente que situações socialmente aceitas, como o registro de cenas de nudez em brincadeira intrafamiliar, mesmo sem autorização prévia, mas com a consciência de que a conduta não afetará a dignidade sexual da vítima, não caracterizam crime algum, pela inexistência de riscos proibidos.

Prosseguindo na análise do tipo penal, só haverá crime do artigo 216-B quando a cena registrada for de caráter íntimo e privado. Intimidade é o direito à manutenção de segredos pessoais, ao passo em que privacidade traduz o círculo íntimo do indivíduo, em contraposição à vida exterior, composta pelas relações sociais e atividades públicas.[139] O registro da intimidade sexual somente será criminoso, nessa toada, se importar a revelação de um segredo ou contiver a exposição de um dado privado. Exemplificando, não há crime quando alguém filma um casal que mantém relações sexuais em via pública, por faltar ao ato o caráter da privacidade.

Importa, ainda, que o registro não seja autorizado. A autorização afasta a tipicidade da conduta e pode ser expressa ou tácita. Se, por exemplo, alguém aponta a câmera fotográfica para a pessoa nua, que imediatamente começa a posar, há autorização tácita. Caso a vítima, depois de fotografada, alegue que não acreditou que o sujeito ativo a fotografaria e que jamais autorizaria a conduta, é possível o reconhecimento de erro de tipo por parte do autor, o que igualmente leva à atipicidade da conduta. Contudo, se o sujeito ativo engana a vítima, fingindo brincar de fotografá-la, quando, em verdade, está fazendo registros reais, ocorre o crime do artigo 216-B.

A capacidade da vítima para autorizar o ato também deve ser aferida. Se é certo que a questão etária desloca o crime para o artigo 240 do ECA, é igualmente cristalino que aí não se esgotam todas as incapacidades. É o que ocorre se a vítima está em estado de embriaguez que lhe afete o discernimento, entre outras possibilidades.

---

139 GILABERTE, Bruno. *Crimes Contra a Pessoa*. 2. ed. Rio de Janeiro: Freitas Bastos, 2019. p. 414.

Em havendo pluralidade de pessoas cuja intimidade sexual é registrada, a autorização dada por uma delas não afasta a necessidade de autorização das demais. Caso uma delas manifeste, de forma expressa ou tácita, o seu dissenso, em face dela existirá o delito.

Novamente comparando o tipo penal com aqueles encontrados no Estatuto da Criança e do Adolescente, no Código Penal não se pune o simples armazenamento da imagem indevidamente registrada. Se o agente obtém uma imagem, registrada de forma não autorizada, da vítima nua e a guarda consigo, não comete crime algum. Contudo, se a pessoa registrada é criança ou adolescente e essa circunstância é conhecida pelo agente, ocorre a prática do crime previsto no artigo 241-B do ECA. Aquele que repassou a imagem, todavia, será responsabilizado pelo crime do artigo 218-C do CP, caso a vítima seja adulta, ou pelo artigo 241-A do ECA, em se tratando de vítima criança ou adolescente.

O crime é sempre doloso e, diferentemente do artigo 240 do ECA, não se exige nenhum elemento subjetivo especial. A forma culposa não é punida.

5 Consumação e tentativa

A consumação do crime se dá, nos verbos fotografar e filmar, com a primeira captação da imagem. Quando usado o verbo genérico registrar, a consumação depende da forma de registro: se por desenho ou pintura, haverá consumação quando a intimidade sexual da vítima restar perceptível na imagem, não bastando os traços iniciais. O verbo produzir, atrelado aos demais, se consuma nas mesmas hipóteses.

A tentativa obviamente é possível, uma vez que o crime é plurissubsistente. Ocorrerá, entre outras hipóteses, quando o sujeito ativo acionar a máquina fotográfica, mas sem conseguir captar a imagem da vítima, que se moveu no exato momento.

Existirá crime impossível quando o registro restar inviabilizado, por exemplo, porque descobriu-se defeituoso o equipamento que seria utilizado.

6 Figura equiparada

No parágrafo único do artigo 216-B existe um delito autônomo em relação ao *caput*, embora com punibilidade equiparada. Cuida-se da conduta de realizar montagem em fotografia, vídeo, áudio ou qualquer outro registro com o fim de incluir pessoa em cena de nudez, ato sexual ou ato libidinoso de caráter íntimo.

Realizar montagem significa adulterar materialmente o suporte da imagem (película, papel fotográfico etc.) ou o arquivo digital que a contém. Caso o sujeito ativo, *v. g.*, substitua o rosto de um dos participantes de uma cena de sexo explícito pela face de outra, haverá o crime em questão. Não ocorrerá o delito, todavia, se o sujeito ativo, sem qualquer intervenção material, aproveitando-se da semelhança entre duas pessoas, apregoar que a vítima é a pessoa constante do registro, quando, de fato, não o é. Nesse caso, pode restar configurado crime contra a honra, mas não o crime sexual.

A montagem, outrossim, deve promover a inclusão da vítima na cena, seja pela modificação da pessoa originalmente retratada, seja pelo acréscimo da vítima ao registro ao lado das pessoas que ali originalmente se encontravam. Não há o crime quando a adulteração se dá sobre aspectos periféricos: o autor desenha sobre o corpo da pessoa originalmente registrada uma tatuagem igual à ostentada pela vítima; altera os aspectos do cômodo onde o registro originalmente se deu para ficar assemelhado ao quarto da vítima etc. A conduta, novamente, pode caracterizar crime contra a honra, mas não o do artigo 216-B, parágrafo único.

Mesmo se um registro for inicialmente autorizado, ele pode se tornar criminoso caso a adulteração passe a contemplar conteúdo não autorizado. Exemplificando; se a vítima autoriza o registro de sua nudez e o autor se aproveita desse arquivo para incluí-la, de forma não autorizada, em cena de sexo explícito, o crime em comento ser-lhe-á imputado.

Pouco importa se a modificação é grosseira ou é apta a iludir terceiros, pois o objeto de tutela, aqui, não é a fé pública, mas a dignidade da vítima, que pode se sentir aviltada mesmo quando patente a adulteração.

Ao contrário do *caput*, a montagem pode recair não apenas sobre imagens, mas também sobre áudios. Áudio é a captação meramente de sons (palavra oral, suspiros, gemidos etc.).

A conduta é sempre dolosa. A consumação se dá com a efetiva inserção da vítima na cena. A tentativa é possível, embora de difícil demonstração prática.

7 Concurso de crimes e concurso aparente de normas

Haverá concurso formal de crimes se diversas pessoas tiverem sua intimidade sexual registrada em uma mesma oportunidade. Por exemplo, se um casal é filmado durante o intercurso sexual, existirão dois crimes, pois duas pessoas serão violadas em sua dignidade sexual. Esse concurso formal, todavia, é perfeito.

O concurso de crimes – todavia material – também se apresentará quando a vítima suportar outro crime sexual (estupro, estupro de vulnerável, violação sexual mediante fraude etc.) e essa cena for registrada pelo autor do crime.

Se o autor capta a intimidade sexual de outrem e expõe o registro à própria vítima para humilhá-la de alguma forma (por exemplo, desdenhando do seu corpo) haverá concurso material de crimes com a injúria, prevista no artigo 140 do CP.

Nada impede que o artigo 216-B seja praticado em continuidade delitiva. Imaginemos a hipótese em que o administrador de um motel instala nos quartos câmeras escondidas para a filmagem das relações sexuais mantidas por seus clientes, acionando-as a cada vez em que o cômodo é alugado. Presentes os requisitos do artigo 71 do CP, a aplicação da pena se dará pelo sistema da exasperação ali previsto.

O registro não autorizado da intimidade sexual cede espaço ao crime do artigo 240 do ECA, com o qual se encontra em concurso aparente de normas, em virtude da técnica da especialidade.

Também pelo princípio da especialidade, prevalece sobre o crime do artigo 215-A do CP (importunação sexual).

No confronto com o artigo 218-C do Código Penal, há duas condutas que tutelam o mesmo bem jurídico em diferentes graus de afetação. Por conseguinte, aquele que representa a violação mais intensa (artigo 218-C), prevalece sobre o que afeta a tutela jurídica de forma menos intensa (artigo 216-B), caso as condutas sejam praticadas pelo mesmo agente e sobre o mesmo objeto.

Já o artigo 241-C do ECA prevalece sobre o parágrafo único do artigo 216-B, dada a especialidade da conduta.

8 Pena e ação penal

Comina-se abstratamente ao crime em tela pena de detenção, de seis meses a um ano, e multa. A infração, portanto, é de menor potencial ofensivo e admite transação penal, salvo se praticada em situação de violência doméstica ou familiar contra a mulher. Mesmo se, sobre o caso concreto, incidirem as majorantes do artigo 226 do CP, não há desnaturação da qualidade da infração penal.

A ação penal é pública incondicionada, de acordo com a literalidade do artigo 225 do CP. Para outros detalhes, remetemos o leitor ao estudo sobre este dispositivo.

DOS CRIMES SEXUAIS CONTRA VULNERÁVEIS

I – CONCEITO DE VULNERABILIDADE

O Capítulo II do Título referente aos crimes contra a dignidade sexual trata das condutas praticadas contra vulneráveis. Esse conceito não existia anteriormente à Lei nº 12.015/09, mas sim a "violência presumida", então prevista no artigo 224 do Código Penal ("Presume-se a violência, se a vítima: (a) não é maior de catorze anos; (b) é alienada ou débil mental, e o agente conhecia esta circunstância; (c) não pode, por qualquer outra causa, oferecer resistência").

Na disciplina anterior, praticado ato sexual com uma das pessoas arroladas no dispositivo sem violência "real" (efetiva) ou grave ameaça, por ficção jurídica presumia-se violenta a conduta, permitindo o enquadramento típico da relação libidinosa nos artigos 213 (estupro) ou 214 (atentado violento ao pudor) do Código Penal.

Não havia, portanto, tipificação autônoma para os crimes praticados contra vulneráveis,[140] o que foi cambiado com a reforma dos crimes sexuais, em que restou revogado o artigo 224 do CP. Hoje, esses delitos estão previstos nos artigos 217-A a 218-C do Código Penal. Ressalte-se, contudo, que o artigo 218-C não versa sobre vulneráveis, ou seja, está mal posicionado topologicamente. Nesse contexto, é mais correto afirmar que os crimes contra vulneráveis vão até o artigo 218-B do Código Penal.

Em verdade, sempre houve a preocupação legislativa em se proteger certas categorias de pessoas. Assim foi nos Códigos imperial e republicano, sendo que, no primeiro, a mulher com idade inferior a 17 anos era merecedora da tutela penal, ao passo em que, no segundo, presumia-se a violência até os dezesseis anos incompletos. O próprio Estatuto da Criança e do Adolescente (Lei nº 8.069/1990) estabeleceu salvaguardas mais intensas a pessoas menores de dezoito anos, embora não se bastando no espectro da sexualidade. O Estatuto do Idoso (Lei nº 10.741/2003), igualmente, usou a questão etária

---

140 Consoante Alessandra Greco e João Daniel Rassi, "a doutrina já entendia que os casos de violência presumida do antigo art. 224 não eram de verdadeira presunção, mas tipos penais em que a qualidade do menor integrava uma descrição típica própria." (*Crimes Contra a Dignidade Sexual*, 2.ed., p. 174).

para oferecer uma proteção diferenciada às vítimas de certos crimes, todavia com exclusão dos delitos sexuais. Um capítulo específico do Código Penal com essa preocupação, entretanto, surgiu apenas em 2009.

A definição da vulnerabilidade estabelecida no Capítulo II do Título VI não é fixa, dependendo do tipo penal a ser apreciado. No crime de estupro de vulnerável (artigo 217-A), por exemplo, o conceito recai sobre a vítima menor de quatorze anos, portadora de enfermidade ou deficiência mental que não tem o necessário discernimento para a prática do ato, ou que, por qualquer outra causa, não pode oferecer resistência. Já no artigo 218 (corrupção de menores), assim como no artigo 218-A (satisfação de lascívia mediante presença de criança ou adolescente), vulnerável é apenas o menor de quatorze anos, e, no favorecimento da prostituição ou outra forma de exploração sexual de vulnerável (artigo 218-B), é a pessoa menor de dezoito anos ou que, por enfermidade ou deficiência mental, não tem o necessário discernimento para a prática do ato.

Verifica-se, pois, a volatilidade do termo, que em nada prejudica a norma penal. Ao contrário, permite sejam adequados os tipos penais às idiossincrasias dos diversos comportamentos sexuais.

II – ESTUPRO DE VULNERÁVEL
(ARTIGO 217-A, CP)

1 Introdução

O estupro de vulnerável, anteriormente, era parte integrante dos crimes de estupro e atentado violento ao pudor, por força do disposto no artigo 224 do CP, sendo-lhe cominada a mesma pena dos tipos penais mencionados. Ou seja, a presunção de violência não modificava as margens penais estabelecidas no patamar de seis a dez anos de reclusão.[141]

Com a Lei 12.015/09, a situação se alterou: o estupro de vulnerável não apenas carreou consigo para a tipificação autônoma (artigo 217-A) parte daquilo que antes não ingressava no conceito de "violência presumida" – *in casu*, as condutas praticadas mediante violência "real" ou grave ameaça contra vulneráveis, que não se inseriam no finado artigo 224 – como também elevou penas mínima e máxima do delito, agora situadas entre oito a quinze anos de reclusão.

Não se trata de política criminal desarrazoada. Ao contrário, as especificidades dos crimes praticados contra vulneráveis impõem sejam eles cuidados em separado, sendo certo que também são condutas de maior reprovabilidade, justificando o incremento sancionador.

2 Objetividade jurídica

Novamente o objeto da tutela recai sobre a liberdade sexual, expressão já conceituada anteriormente e que constitui um dos aspectos da dignidade sexual. No artigo 217-A, o bem jurídico é afrontado seja porque a vítima é

---

141 Saliente-se que, antes da Lei nº 12.015/2009, sobre os casos de estupro e atentado violento ao pudor praticados mediante violência real incidia a majorante do artigo 9º da Lei nº 8.072/1990, mesmo naquelas hipóteses em que a vítima estava nas situações preconizadas no artigo 224 do CP (revogado). Em caso de violência presumida, opinava-se majoritariamente pela não incidência do artigo 9º, evitando-se assim o *bis in idem*. Nesse sentido, STJ (EDecl no HC nº 153.585/RJ, Quinta Turma, rel. Min. Laurita Vaz, julg. em 09.11.2010).

constrangida ao ato libidinoso, seja porque sua peculiar condição a torna incapaz de consentir. Concordamos com Rogério Greco, para quem o regular desenvolvimento sexual da vítima é inserido na objetividade jurídica, o que ganha relevo em se cuidando de vítimas em tenra idade.[142]

A questão fica tormentosa quando se aborda o tema do consentimento do ofendido e a produção de seus efeitos. A pergunta que se impõe é: a concordância do vulnerável tem o condão de afastar a tipicidade da conduta? O delineamento da matéria não tem ênfase no mentalmente enfermo ou deficiente – para os quais a atual redação legislativa encontrou uma solução adequada, ao colocá-los como vítimas apenas quando não têm o necessário discernimento para o ato –,[143] ou ainda na pessoa que não pode oferecer resistência, mas sim quanto aos menores de quatorze anos.

Não se trata de algo novo em nosso direito. À época do revogado artigo 224 do CP já se discutia a natureza da violência ficta ali contida. Consoante Odin do Brasil Americano, em obra de 1943, a presunção de violência então contida no ainda recente Código Penal, era de natureza "absoluta, *jure et de jure*, que não admite prova em contrário."[144] Prosseguia o autor (mantivemos a grafia original): "essa violência singular, que ás vezes em verdade nunca existiu, essa criação da lei – melhor se diria – foi erigida como meio de proteção pêlos delitos sexuais, contra menores de 14 anos e débeis mentais, por considerá-las ingênuas e inexperientes nos negócios do sexo, ou incapazes de atinar com o supremo resultado do ato".[145] Chrysolito de Gusmão, após criticar a expressão violência presumida (preferindo referência a "abuso de pessoas particularmente tuteladas"), citava Manzini, para quem "o verdadeiro critério da lei, límpido e positivo, é este: essa impõe a cada um ou a determinadas pessoas, um dever absoluto de abstenção de conjunção carnal

142 *Op. cit.*, p. 518.

143 Antes da Lei 12.015/09, havia questionamentos também no que tange aos "alienados ou débeis mentais" (expressões usadas no texto do artigo 224, hoje revogado). Defendendo a eficácia do consentimento dessas pessoas, com exclusão da tipicidade do comportamento, segue lição de David Alves de Souza Lima e Oswaldo Henrique Duek Marques, *verbis*: "(...) o desejo relacionado ao instinto ou à pulsão (impulso) sexual afigura-se inerente à condição humana, incluindo-se, nessa condição, consequentemente, os portadores de alienação ou debilidade mental. Tanto o instinto quanto a pulsão sexual drenam a energia psíquica para a vida do indivíduo. Por isso, mesmo os portadores de alienação ou debilidade mental devem ter a liberdade de manifestar-se em direção ao contato sexual, sob pena de afronta à natureza humana, não se podendo esquecer que a atividade sexual contribui para a saúde psíquica, quando consentida e com afeto" (*A Liberdade Sexual da Pessoa Alienada ou Débil Mental*, Boletim IBCCRIM, n° 164, jul. 2006, p. 15).

144 AMERICANO, Odin I. do Brasil. *Dos Crimes Contra os Costumes*. São Paulo: Empresa Gráfica da Revista dos Tribunais, 1943, p. 54.

145 Idem, *ibidem*, p. 55. A citação preserva a redação original da obra.

com aquelas pessoas que a própria lei tutela, e que, implicitamente, considera carnalmente invioláveis ainda que consintam."[146] Ou seja, não interessaria a maturidade ou a malícia da pessoa menor de quatorze anos, porquanto deviam seus parceiros se recusarem ao ato libidinoso por imposição legal. Referindo-se à legislação argentina, Carlos Creus também defendia a natureza absoluta da violência ficta: *"El legislador ha considerado que dicha persona está incapacitada para comprender el sentido del acceso carnal, por lo cual no puede prestar válidamente su consentimiento para él. Es una incapacidade presunta iuris et de iure, por lo cual no hay que reconorcela en cada caso concreto; para acreditar la tipicidad es suficiente la prueba de la edad real."*[147] Na mesma esteira se pronunciou Soler: *"La ley no contiene realmente una presunción de violencia, sino que prohibe in limine ciertas formas de acceso carnal por pura consideración a las condiciones del sujeto pasivo, a cuyo asentimiento o disenso no le acuerda ninguna relevancia jurídica."*[148]

Na jurisprudência brasileira são fartas as decisões sustentando a presunção *juris et de jure* de violência. Nessa linha de raciocínio, trazemos à colação decisão do STF relatada pelo Ministro Sydney Sanches, assim ementada: "DIREITO PENAL E PROCESSUAL PENAL. ESTUPRO. VÍTIMA MENOR DE 14 ANOS DE IDADE. PRESUNÇÃO DE VIOLÊNCIA (ARTIGOS 213 E 224, 'A' DO CÓDIGO PENAL). CASAMENTO DA VÍTIMA COM TERCEIRO: EXTINÇÃO DA PUNIBILIDADE (ART. 107, INC. VIII, DO CP). DEFICIÊNCIA DE DEFESA. 'HABEAS CORPUS'. (...) 5. O consentimento da ofendida, menor de 14 anos, para a conjunção carnal, e mesmo sua experiência anterior não elidem a presunção de violência, para a caracterização do estupro (artigos 213 e 224, 'a', do C. Penal). Precedente. 6. No caso, ademais, não se alega experiência anterior da vítima, nem a ocorrência de erro quanto a sua idade, mas, apenas e tão-somente, que consentiu na prática das relações sexuais, o que não basta para afastar a presunção de violência, pois a norma em questão (artigo 224, 'a', do C. Penal), visa, exatamente, a proteger a menor de 14 anos, considerando-a incapaz de consentir. (...)".[149] Nos autos, assim opinou o Procurador da República Wagner Natal Batista: "(...) cremos que se dá a norma questionada conteúdo inexistente. Ela simplesmente afasta a possibilidade de se atribuir À menor de 14 anos a possibilidade de consentimento válido, determinando em consequência que igualaria à violência real tal 'consentimento'. Sendo o direito sistema,

146 MANZINI, apud GUSMÃO, Chrysolito de. *Dos Crimes Sexuais*. 5.ed. Rio de Janeiro: Freitas Bastos, 1981. p. 121.

147 CREUS, Carlos. *Derecho Penal*. Parte especial. 6.ed. Buenos Aires: Astrea, 1998. Tomo I. p. 171-172.

148 SOLER, Sebastian. *Derecho Penal Argentino*. Buenos Aires: Tipografica Editora Argentina, 1992. v. III. p. 310.

149 STF, HC 74286/SC, Primeira Turma, rel. Min. Sydney Sanches, julg. em 22/10/1996.

as normas legais devem ser examinadas em conjunto. Sendo absolutamente incapaz a menor de 14 anos, não se pode dar relevância jurídica a sua vontade. Inexistindo ato de vontade haveria constrangimento que recebe a denominação de violência ficta. A falta de consentimento valido é a essencial circunstância que confere ao artigo 224, a presunção *juris et de jure*, buscada para ter-se como real, a violência presumida. Não há conceber que menores de 14 anos, a quem não se permite validade de atos jurídicos tenha consciência plena para validar com seu consentimento o ato em comento. É justamente a impossibilidade do menor compreender em toda sua extensão o ato praticado, que afasta o consentimento válido. Falta ao menor a maturidade, quer mental, quer física, para ter alcance e avaliar com precisão o ato violador dos costumes. Não pode falar-se, portanto, em consentimento pleno e livre, e a consequência é a violência presumida."

No entanto, não foram poucos os que passaram a defender uma presunção meramente relativa, que poderia ser afastada pelas especificidades do caso concreto. Já dizia José Henrique Pierangeli: "A fixação de uma idade como limite de validade de consentimento é de todo inaceitável, pois o amadurecimento fisiológico de uma pessoa não segue padrões fixos, variando de indivíduo para indivíduo. (...) Seguindo essa orientação, escrevemos: 'Efetivamente, a grande maioria da doutrina opta pela solução da presunção relativa, com o que se põe a salvo do Código Penal a adoção da concepção da responsabilidade penal objetiva, que o Direito Penal procura de todas as maneiras impedir.'"[150] O autor citava Macedo Soares: "Para mim, o legislador não deveria fixar limite algum, mas deixar aos peritos a verificação do desenvolvimento físico da ofendida, pois que é esse o único meio real de se conhecer se ela é imatura ou viripotente."[151] Parece-nos, nesse sentido, incontestável a contribuição de Hungria, *verbis*: "Segundo justamente opina Magalhães Noronha, a presunção estabelecida na letra a do art. 224 não é absoluta, mas relativa. É decisivo em tal sentido o elemento histórico. A supressão (propositada, como posso dar testemunho, na qualidade de membro da Comissão Revisora) da cláusula 'não se admitindo prova em contrário', do art. 293 (posteriormente art. 275) do Projeto Alcântara (que se inspirava no art. 539 do Código italiano), visou justamente a abolir a inexorabilidade da presunção. Há também a ilação da exegese sistemática: o Código não transige, em caso algum, com a responsabilidade objetiva. *Nulla poena sine culpa*."[152] Ainda que com forte carga preconceituosa, era esse também o es-

---

150 PIERANGELI, José Henrique. *Manual de Direito Penal Brasileiro*. 2.ed. São Paulo: Editora Revista dos Tribunais, 2007. p. 494-495.

151 SOARES, Macedo, *apud* PIERANGELI, José Henrique. *Op. cit.*, p. 495.

152 HUNGRIA, Nélson; LACERDA, Romão Cortes de; FRAGOSO, Heleno Cláudio. *Comentários ao Código Penal*. 5. ed. Rio de Janeiro: Forense, 1983. v. VIII. p. 230. Bem

cólio de Paulo José da Costa Jr.: "Desse modo, não se apresenta o crime se a menor mostrar-se experiente na prática sexual, se já houver praticado relações com outros indivíduos, for despudora e sem moral, corrompida, ou apresentar um péssimo comportamento."[153]

Importa dizer que geralmente a jurisprudência é refratária a esta vertente doutrinária, exceção honrosa feita a decisão proferida pelo STF no ano de 1996, rara no repertório nacional: "(...) ESTUPRO – CONFIGURAÇÃO – VIOLÊNCIA PRESUMIDA – IDADE DA VÍTIMA – NATUREZA. O estupro pressupõe o constrangimento de mulher à conjunção carnal, mediante violência ou grave ameaça – artigo 213 do Código Penal. A presunção desta última, por ser a vítima menor de 14 anos, é relativa. Confessada ou demonstrada a aquiescência da mulher e exsurgindo da prova dos autos a aparência, física e mental, de tratar-se de pessoa com idade superior aos 14 anos, impõe-se a conclusão sobre a ausência de configuração do tipo penal. Alcance dos artigos 213 e 224, alínea 'a', do Código Penal."[154]

Sempre concordamos efusivamente com a tese da presunção *juris tantum* de violência à época do revogado artigo 224 do CP. E não por alguma carga preconceituosa em relação aos adolescentes sexualmente experientes ou que revelassem maturidade suficiente para assumir os riscos de uma iniciação sexual precoce (tanto assim que nunca negamos a possibilidade de figurarem como vítimas de estupro ou atentado violento ao pudor praticados mediante violência real ou grave ameaça), mas por razões sociais – já que a evolução da sexualidade no séc. XXI é sobremaneira diferente da experimentada na primeira metade do séc. XX, época da edição do CP – e jurídicas.

No que concerne às razões jurídicas, parecia-nos complicado consagrar a inexorabilidade da menoridade sexual, não apenas em razão de possível consagração da responsabilidade objetiva, mas também por considerarmos anacrônico um jovem de doze anos ser responsabilizado por ato infracional praticado, em obediência ao Estatuto da Criança e do Adolescente, contudo ser considerado incapaz de opinar sobre a própria liberdade sexual. Afinal, o que a sexualidade tem de tão extravagante para merecer uma tutela diferenciada por parte do Estado?

Estudando a norma, Rodolfo Kronenberg Hartmann assinalou a mesma constatação: "Logo, a conclusão a que se chega é a de que é até mesmo recomendável que exista esta presunção de violência nos crimes contra os

---

verdade que o autor esposa essa opinião ao tratar do erro sobre a idade da vítima, o que não deixa menos evidente a flexibilização da presunção de violência.

153 COSTA JÚNIOR, Paulo José da. *Comentários ao Código Penal.* 7.ed. São Paulo: Saraiva, 2002. p. 739.

154 HC 73662/MG, Segunda Turma, rel. Min. Marco Aurélio, julg. em 21/05/1996.

costumes praticados contra menores de 14 anos. No entanto, esta mesma suposição deve ser relativizada, devendo se admitir que o acusado possa demonstrar que não submeteu a vítima a nenhum constrangimento físico ou moral, pois, do contrário, haveria um risco muito grave a sua liberdade em decorrência da impossibilidade de defesa desta presunção absoluta, o que não se coaduna com a atual diretriz da Constituição brasileira."[155]

Nossa posição, aliás, não se descuidava da rigorosa apreciação da *inocentia concilii* (falta de conhecimento sobre sexo e sexualidade, geradora da incapacidade de consentimento), de reconhecimento variável em relação ao momento histórico. Portanto, defendíamos que a presunção de violência se dava apenas em um primeiro momento, podendo ser afastada por prova inarredável da ausência de afetação à liberdade sexual da vítima. Víamos, aqui, o mérito de reconhecer a criança e o adolescente não apenas como objetos de proteção, mas como sujeitos de direitos – seja um direito à proteção contra a iniciação sexual precoce, ou de exercício da liberdade sexual, quando fosse o caso. Na hipótese do exercício da liberdade sexual, o foco seria o adolescente com idade entre doze e quatorze anos, pelo confronto entre o Código Penal e a idade de responsabilização infracional estabelecida no ECA.

Por se tratar de um tema interdisciplinar, a análise, obviamente, não pode se furtar aos aspectos psicológicos. Porém, transitando pela neuropsicologia e pela psicologia social, verifica-se que não há consenso sobre o tratamento correto a ser dispensado ao tema. Sabe-se, entretanto, que a abordagem da sexualidade infanto-juvenil costumeiramente se dá por um aspecto negativo (da pessoa como vítima de uma violência sexual), negligenciando-se a esfera dos direitos sexuais (afetividade, liberdade, autonomia).

Essa pluralidade de visões reforçava nossa postura mais cautelosa, recomendando a observação do caso concreto e a adoção, na prática, de uma avaliação multidisciplinar sobre suas peculiaridades, o que nem de longe impede a punição criminal. Ao contrário, o absolutismo da questão etária não permite sejam estudadas nuances e oferecidas óticas diferentes.

Perplexidades exsurgem, outrossim, da visão absolutista sobre a idade da vítima: se dois adolescentes, ambos com a idade de trezes anos e descobrindo a própria sexualidade, mantém contato de natureza sexual entre si, existiria infração penal? Trata-se de uma situação peculiar, pois, reconhecida a infração, ambos seriam simultaneamente vítimas e autores.

---

155 HARTMANN, Rodolfo Kronenberg. *Responsabilidade Penal Objetiva e Presunção de Violência*. In Revista da EMERJ, nº 21, 2003. v. 6. p. 210.

Visando a afastar possíveis injustiças, no direito estadunidense teve início a defesa da isenção criminal por proximidade etária,[156] conhecida pela denominação "Exceção Romeu e Julieta" (*Romeo and Juliet Law*). Esse "nome de fantasia" toma por base o célebre livro de Shakespeare, em que Julieta contava com treze anos e Romeu era igualmente jovem, embora a obra não revele sua idade. A isenção por proximidade etária leva em consideração as idades dos parceiros sexuais: se a diferença é pequena, ainda que um deles não possa legalmente consentir, não há crime. No Texas, por exemplo, em virtude de uma lei que entrou em vigor em 2011, a idade para o consentimento sexual é de dezessete anos. No entanto, são protegidos de eventuais acusações aqueles que possuem idade superior à da vítima em até três anos. Assim, se um dos parceiros sexuais possui quinze anos e o outro dezoito, não será este penalmente responsabilizado. Ressalte-se que os parâmetros para a aplicação da "Exceção Romeu e Julieta" e suas consequências na seara do direito penal variam de Estado para Estado (no Havaí, a diferença etária pode ser de até cinco anos; no Arizona, dois anos). Registre-se que, no caso *State v. Limon*, a Suprema Corte do Kansas julgou inconstitucional uma lei de proximidade etária que excluía relacionamentos homossexuais.

Pensamos que a aplicação da isenção por proximidade etária no Brasil pressuporia previsão legal, de modo que, hoje, não pode ser adotada.

Masson oferece uma solução ao dilema: "O estupro de vulnerável pressupõe o abuso do agente, que se aproveita do seu *status* de maior discernimento – em razão da idade ou da higidez mental – para praticar algum ato de índole sexual com pessoa fragilizada pela vulnerabilidade. Em breve síntese, um indivíduo 'não vulnerável' usufrui da hipossuficiência do vulnerável. Logo, se ambos são vulneráveis, não se caracteriza a situação de abuso que o legislador visou coibir com o art. 217-A do Código Penal. Consequentemente, não há falar em atos infracionais para os dois adolescentes (ou para as duas crianças). Caso contrário, seria inevitável concluir pelo 'estupro bilateral' quando duas crianças, cada qual com 3 anos de idade, tomam banho juntas e tocam as partes íntimas uma da outra, com a aplicação de medida de proteção, na forma prevista pelo art. 101 da Lei 8.069/1990 – Estatuto da Criança e do Adolescente.[157]

A parte final da ponderação, com o devido respeito, é esdrúxula e não se presta a corroborar a primeira parte. Duas crianças que se tocam no banho não praticam ato libidinoso pelo simples fato de que aquele ato não possui

---

156 Saliente-se que nem toda aplicação da *Romeo and Juliet Law* conduz à impossibilidade de responsabilização penal. Há Estados em que ocorre simples suavização da punição, ou câmbio na natureza da infração, de crime para contravenção, entre outros efeitos possíveis. Mas, para nós, interessa especificamente a isenção da responsabilidade penal.

157 Op. cit., p. 75-76.

qualquer conotação sexual. Trata-se de mera curiosidade sobre as estruturas corporais alheias. Quanto ao argumento de fundo, parece-nos uma tergiversação: se o adolescente de treze anos pode ser responsabilizado por ato infracional análogo a roubo, homicídio e outros crimes, por que, no que tange ao ato sexual, possui reduzido discernimento, de modo a ser incapaz de influenciar a vítima vulnerável? A hipossuficiência é apenas sexual? Por que a supervalorização da sexualidade? Embora seja elogiável o enfrentamento da questão, o resultado é pouco convincente, de modo que apenas a relativização da questão etária pode fornecer uma solução a contento.

Insta salientar que, em 2012, o STJ publicou notícia em sua página na rede de computadores informando que a 3ª Seção havia julgado caso de estupro de vulnerável, em que as vítimas eram adolescentes de doze anos, submetidas à prostituição, decidindo pela inexistência do crime, em virtude da relatividade da presunção de violência (o número do processo não foi revelado por se revestir de sigilo).

No acórdão guerreado, oriundo do TJSP, restou firmado que "a prova trazida aos autos demonstra, fartamente, que as vítimas, à época dos fatos, lamentavelmente, já estavam longe de serem inocentes, ingênuas, inconscientes e desinformadas a respeito do sexo." Em vista disso, assim relatou a Min. Maria Thereza Assis Moura: "O direito não é estático, devendo, portanto, se amoldar às mudanças sociais, ponderando-as, inclusive e principalmente, no caso em debate, pois a educação sexual dos jovens certamente não é igual, haja vista as diferenças sociais e culturais encontradas em um país de dimensões continentais. (...) Com efeito, não se pode considerar crime fato que não tenha violado, verdadeiramente, o bem jurídico tutelado – a liberdade sexual –, haja vista constar dos autos que as menores já se prostituíam havia algum tempo."[158]

Cremos parcialmente acertada a decisão, baseada na legislação vigente à época do fato, ao consagrar a presunção relativa de violência, mas divergimos da hipótese tomada por base: isso porque atos de prostituição, por si só, não se prestariam a afastar a proteção conferida aos menores de quatorze anos, não integrando o grau de maturidade a ser observado para que o consentimento da vítima ganhe eficácia, já que não indicam, necessariamente, livre exercício da sexualidade. Ao revés, pessoas submetidas ainda em tenra idade à prostituição o fazem impelidas por circunstâncias socioeconômicas, o que desnatura a validade do consentimento, a depender do caso concreto. Com isso quer se demonstrar que, mesmo em sendo aceita a tese da presunção relativa de violência, não ficariam desprotegidas crianças e adolescentes relegadas à exploração sexual.

---

158 <http://www.stj.gov.br/portal_stj/publicacao/engine.wsp?tmp.area=398&tmp.texto=105175>, acesso em 16/11/2013.

Pois bem, a parte sexual do Código Penal foi reformada e deu-se a tipificação em apartado do crime de estupro de vulnerável, no artigo 217-A. No atual delito, a lei simplesmente criminalizou a prática de atos libidinosos envolvendo pessoas com idade inferior a quatorze anos, passando a impressão de que bastaria a adequação típica formal para a constatação da atividade criminosa. Isto é, uma vez sendo submetida a pessoa menor de quatorze anos ao ato sexual, ainda que com a concordância dela, dar-se-ia o crime. Uma vez mais nos pusemos em desacordo para com tal compreensão, realizando uma análise principiológica, com leito constitucional.

A liberdade sexual é o principal bem jurídico salvaguardado pela norma penal, donde se infere que a possibilidade de a vítima decidir sobre a própria sexualidade deve ser protegida acima de tudo, desde que possua condições para tal. Imaginando que a norma penal comportaria toda e qualquer atividade libidinosa praticada com menores de quatorze anos, chegaríamos à conclusão de que tais pessoas são absolutamente incapazes de pronunciamento sobre a matéria, de sorte que inexoravelmente haveria crime praticado pelo parceiro sexual da vítima vulnerável.

Mas e se porventura o imputado conseguisse comprovar, seja lá por que modo, a maturidade psicológica e fisiológica da vítima? Em outras palavras, e se restasse comprovado ter a vítima condições de se manifestar sobre sua libido? Ainda assim prevaleceria a dicção legal, a despeito de não haver vilipêndio ao bem jurídico tutelado? Partindo desses questionamentos, defendemos na primeira edição desta obra que, nessas circunstâncias, impedir a vítima de exercer livremente sua lascívia importaria atentado à liberdade sexual, e não sua proteção.

É sabido que um dos princípios fundamentais da ciência penal é a denominada ofensividade ou lesividade, pelo qual se preconiza que "não se pode conceber a existência de qualquer crime sem ofensa ao bem jurídico (*nullum crimen sine iniuria*)".[159] Consoante Juarez Tavares, "a existência de um bem jurídico e a demonstração de sua efetiva lesão ou colocação em perigo constituem, assim, pressupostos indeclináveis do injusto penal."[160] Punir o agente simplesmente por manter relações sexuais com pessoa menor de quatorze anos é limitar a aplicabilidade do dispositivo à análise do atingimento do objeto material do delito (a pessoa menor), sem qualquer consideração ao objeto da tutela penal. Significa fazer tábula rasa da estruturação teórica do bem jurídico para privilegiar a literalidade do artigo de lei.

---

159 GOMES, Luiz Flávio; BIANCHINI, Alice; GARCÍA-PABLOS DE MOLINA, Antonio. *Direito Penal*. Introdução e princípios fundamentais. São Paulo: Editora Revista dos Tribunais, 2007. v. 1. p.464.

160 TAVARES, Juarez. *Teoria do Injusto Penal*. 2.ed. Belo Horizonte: Del Rey, 2002. p. 199.

Nem se fale que o importante na norma não é a existência ou inexistência do consentimento da vítima, mas o "dever de abstenção" do autor do fato, porquanto ainda assim não haja afetação à objetividade jurídica, sendo certo que tal raciocínio implicaria ainda a mera criminalização da violação de um dever, repudiada pelo princípio em comento.[161]

No mesmo sentido do texto se pronuncia Nucci: "A proteção conferida aos menores de 14 anos, considerados vulneráveis, continuará a despertar debate doutrinário e jurisprudencial. O nascimento de tipo penal inédito não tornará sepulta a discussão acerca do caráter relativo ou absoluto da anterior presunção de violência. Agora, subsumida na figura da vulnerabilidade, pode-se tratar da mesma como sendo absoluta ou relativa. Pode-se considerar o menor, com 13 anos, absolutamente vulnerável, a ponto de seu consentimento para a prática sexual ser completamente inoperante, ainda que tenha experiência sexual comprovada? Ou será possível considerar relativa a vulnerabilidade em alguns casos especiais, avaliando-se o grau de conscientização do menor para a prática sexual? Essa é a posição que nos parece acertada. A lei não poderá, jamais, modificar a realidade e muito menos afastar a aplicabilidade do princípio da intervenção mínima e seu correlato princípio da ofensividade."[162]

Por derradeiro, importa trazer à colação posicionamento esposado por Alessandra Orcesi Greco e por João Rassi, que, após se referirem à inclusão da idade da vítima na qualidade de elementar do tipo penal, assim se manifestam: "Não se trata, contudo, de um elemento de natureza absoluta. Como elemento do tipo, ele é normativo e, no caso específico, poderá ser interpretado de acordo com o que foi estabelecido como critério legal de menoridade no Estatuto da Criança e do Adolescente, ou seja, é considerado menor, ou criança, aquele que não atingiu 12 anos. (...) Assim, a elementar da idade da vítima não é absoluta quando se estiver diante de um menor entre 12 e 14 anos, caso em que a vulnerabilidade será constatada no caso concreto, ou seja, se houve ou não abuso na relação sexual entre o maior e o menor, que causou dano para este último, reforçando a afirmação de Roxin já acolhida de que capacidade de compreensão é matéria de fato. No entanto, em se tratando de menor de 12 anos, mantém a presunção de vulnerabilidade, *jure et de jure*, havendo tipicidade."[163]

---

161 Sobre o tema: GRECO, Luís. *Breves Reflexões Sobre os Princípios da Proteção de Bens Jurídicos e da Subsidiariedade no Direito Penal*. In Direito Penal: aspectos jurídicos controvertidos. São Paulo: Quartier Latin, 2006. p. 163.

162 NUCCI, Guilherme de Souza. *Crimes Contra a Dignidade Sexual*. Comentários à Lei 12.015, de 7 de agosto de 2009. São Paulo: Editora Revista dos Tribunais, 2009. p. 37.

163 GRECO, Alessandra Orcesi Pedro; RASSI, João Daniel. *Crimes Contra a Dignidade Sexual*. 2.ed. São Paulo: Atlas, 2011. p. 115-116.

Aqui, evidentemente, temos a argumentação exclusivamente jurídica. Todavia, como já expusemos, mesmo em se levando em conta a interdisciplinaridade, evitar o absolutismo da questão etária – que não permite contrapontos – é mais salutar, pois não impede a responsabilização penal e implica permanente abertura do espaço para considerações.

Isso não significa apregoar – nem de longe – que a iniciação sexual precoce de crianças e adolescentes deva ser tolerada. Em um mundo pós-moralista, nas palavras de Gilles Lipovetsky, o hedonismo ganha força e transforma a sexualidade em "objeto de consumo de massa".[164] Esse liberalismo sexual é salutar no ponto em que democratiza o prazer, livrando-o de amarras moralistas preconceituosas, mas impõe, de outro lado, uma maior preocupação em se proteger bens jurídicos claramente reconhecíveis, ainda mais quando as informações sexuais proliferam em redes sociais e na rede mundial de computadores, muitas vezes com abordagens descuidadas. Significa tão-somente dizer que a realidade não pode ser desconsiderada na apreciação criminal.

A discussão ganhou novo fôlego com a inserção, pela Lei nº 13.718, de um § 5º no artigo 217-A, com o seguinte teor: "As penas previstas no *caput* e nos §§ 1º, 3º e 4º deste artigo aplicam-se independentemente do consentimento da vítima ou do fato de ela ter mantido relações sexuais anteriormente ao crime". O dispositivo não menciona, mas é evidente seu direcionamento aos menores de quatorze anos. Isso porque, quando falamos dos portadores de enfermidade ou deficiência mental, só há estupro de vulnerável na ausência de discernimento; e as pessoas que não podem oferecer resistência obviamente estão incapacitadas, ainda que momentaneamente, para expressarem seu consentimento. Verifica-se, sem nenhuma dificuldade, que o legislador pretendeu tolher o debate, impondo sua visão monista sobre o tema.

Contudo, uma das defesas acerca da apreciação relativa da questão etária se baseia na ofensividade, princípio interligado à teoria do bem jurídico-penal. Entre várias funções, aquela de maior relevo cometida à teoria é a de limitar o poder punitivo, inclusive no que concerne à produção de normas incriminadoras. Em outras palavras, a teoria do bem jurídico-penal informa ao legislador que sua atividade não é livre, devendo respeitar os princípios que norteiam a matéria. O § 5º do artigo 217-A promove uma inversão dessa expectativa: ao invés de ser limitado pela teoria, o legislador promove um limite ao seu alcance, o que é insustentável. Só se cumpre a principal função da teoria do bem jurídico em sua completa exuberância se podadas as intervenções legislativas tendentes a contê-la.

---

164 LIPOVETSKY, Gilles. *A Sociedade Pós-Moralista:* o crepúsculo do dever e a ética indolor dos novos tempos democráticos. Barueri: Manole, 2005. p. 37.

Ainda assim, ao invés de defendermos a inconstitucionalidade do § 5º, optamos – como deve ser – por interpretá-lo e coaduná-lo para com a teoria. Comecemos analisando a sua péssima redação (o que, infelizmente, virou rotina): se a ideia do legislador era permitir a punição penal mesmo em face do consentimento, a segunda parte do dispositivo é desnecessária. A manutenção de relações sexuais pela vítima anteriormente ao crime só pode ser analisada como fundamento para o afastamento da responsabilização penal se houver consentimento. Inexistente a concordância para com o ato sexual, sua imposição é criminosa, haja ou não experiência na área. Por outro lado, o consentimento exarado pelo menor de quatorze anos, por si só, é indiferente, senão quando coligado a outros elementos que o dotem de eficácia. O que o legislador quis afirmar é que o consentimento da vítima não afasta o crime mesmo quando houver experiência sexual prévia. A conjunção coordenativa alternativa "ou" foi mal-empregada e deve ser lida como conjunção coordenativa aditiva "e" (consentimento e experiência sexual prévia).

A experiência sexual anterior, outrossim, não é indicativo único de flexibilização da questão etária. A prova da maturidade sexual independe dela e, mesmo quando presente, sua análise isolada é insuficiente (como no caso da criança ou adolescente submetido à prostituição, como já abordado).

O § 5º, superada essa deficiência textual, deve ser lido de forma a oferecer uma presunção de irrelevância do consentimento (já que, normalmente, este será ineficaz), mesmo se a vítima já houver se relacionado sexualmente com outras pessoas, salvo se outras circunstâncias desautorizarem essa presunção. Essa é – imaginamos – a melhor forma de compatibilizar o dispositivo para com os princípios constitucionais penais.

Fica claro, portanto, que discordamos enfaticamente da Súmula nº 593 do STJ, editada em 2017 e que possui a seguinte redação: "o crime de estupro de vulnerável se configura com a conjunção carnal ou prática de ato libidinoso com menor de 14 anos, sendo irrelevante eventual consentimento da vítima para a prática do ato, sua experiência sexual anterior ou existência de relacionamento amoroso com o agente". Aliás, ela possui as mesmas falhas do § 5º do artigo 217-A.

Essa é a posição de Paulo Queiroz e Lilian Coutinho, os quais assim argumentam: (a) "a história é um elemento essencial do direito, por isso que as presunções legais (a condição de vulnerável encerra uma presunção legal (implícita) de impossibilidade de autodefesa) têm, em princípio, valor relativo"; (b) "o legislador não pode suprimir a liberdade de alguém a pretexto de protegê-la"; (c) "não existem direitos absolutos, uma vez que a absolutização de um direito implicaria, inevitavelmente, a negação mesma do direito"; (d) "os autores que sustentam o caráter absoluto da vulnerabilidade da vítima menor de 14 anos não raro admitem o caráter relativo dos demais casos, contraditoriamente, uma vez que têm o mesmo tratamento legal, razão pela qual devem ser orientados segundo os mesmos princípios e terem uma mesma interpretação sistemática", arrematando que "o princípio da isonomia o exige"; (e) "a proteção penal não pode ter lugar quando for perfeitamente possível uma autoproteção por parte do próprio indivíduo, sob pena de violação ao princípio da lesividade"; e (f) "a iniciação sexual na adolescência não é necessariamente nociva, motivo pelo qual a presumida nocividade constitui, em verdade, um preconceito moral".[165]

Em sentido contrário, Rogério Greco: "Agora esperamos que tanto a doutrina como os Tribunais, principalmente os Superiores, não criem subterfúgios para evitar a aplicação da lei às hipóteses expressamente previstas pelo tipo penal que prevê o estupro de vulnerável".[166] O que o autor – consagrado e relevante – chama de subterfúgios, chamamos hermenêutica e princípios que a inspiram. Repudiar o debate não conduz à evolução do direito.

O objeto material da conduta é a criança ou adolescente com idade inferior a quatorze anos, ou o portador de enfermidade ou deficiência mental, ou ainda a pessoa que não pode oferecer resistência.

3 Sujeitos do delito

O sujeito ativo no crime de estupro de vulnerável pode ser qualquer pessoa, independentemente de gênero, o que impõe a classificação do delito como crime comum.

O sujeito passivo igualmente pode ser pessoa de qualquer gênero, inclusive as submetidas à prostituição ou à exploração sexual, desde que contem com idade inferior a quatorze anos, sejam portadoras de enfermidade ou deficiência mental, ou, por qualquer outro motivo, não possam oferecer resistência para o ato.

Importa dizer que a previsão da menoridade da vítima se encontra no *caput* do artigo 217-A, ao passo em que as demais situações estão descritas no § 1º.

Pessoa menor de quatorze anos é aquela que ainda não alcançou o dia em que completa tal idade. No dia do aniversário de quatorze anos, atinge o limite etário, passando a ter plena liberdade sexual (isto é, passa a ser livre para consentir, não obstante possa ser vítima do delito inscrito no artigo 213 do CP). Vemos aqui uma diferença em relação ao revogado artigo 224, "a", em que a vítima era a pessoa não maior de quatorze anos. Ou seja, a presunção da violência se dava mesmo no dia em que a vítima completava quatorze anos. Ora, não mais.

---

165 Op. cit., p. 146-147.
166 Op. cit., p. 108.

A prova da idade, em regra, se faz pela certidão de nascimento ou outro documento oficial, como carteira de identidade. Todavia, não se pode perder de vista a possível inexatidão documental – há diversos casos no Brasil de pessoas registradas com data de nascimento fictícia – ou mesmo a ausência do documento. Nesses casos, a prova deve ser buscada por outro meio. A prova pericial baseada na antropologia forense, frise-se, não é suficientemente precisa para desvendar situações limítrofes.

A segunda categoria de vítimas em potencial se refere aos portadores de enfermidade ou deficiência mental, sem discernimento para o ato. Adotou-se um critério biopsicológico na determinação da vulnerabilidade.

O Manual Diagnóstico e Estatístico de Saúde Mental (DSM-5) conceitua deficiência mental ou deficiência intelectual da seguinte forma: "Deficiência intelectual (transtorno do desenvolvimento intelectual) é um transtorno com início no período do desenvolvimento que inclui déficits funcionais, tanto intelectuais quanto adaptativos, nos domínios conceitual, social e prático. Os três critérios a seguir devem ser preenchidos: A. Déficits em funções intelectuais como raciocínio, solução de problemas, planejamento, pensamento abstrato, juízo, aprendizagem acadêmica e aprendizagem pela experiência confirmados tanto pela avaliação clínica quanto por testes de inteligência padronizados e individualizados. B. Déficits em funções adaptativas que resultam em fracasso para atingir padrões de desenvolvimento e socioculturais em relação à independência pessoal e responsabilidade social. Sem apoio continuado, os déficits de adaptação limitam o funcionamento em uma ou mais atividades diárias, como comunicação, participação social e vida independente, e em múltiplos ambientes, como em casa, na escola, no local de trabalho e na comunidade. C. Início dos déficits intelectuais e adaptativos durante o período do desenvolvimento".[167]

Adotou-se, nesse ponto, a nomenclatura já defendida pelo Código Civil (artigo 2º, II), em substituição às antigas denominações alienação e debilidade mental.

Portador de enfermidade mental é aquele que possui algum tipo de transtorno psiquiátrico ou psíquico – temporário, permanente ou acidental[168] –, que o torna incapaz de consentir validamente para com o ato sexual, ou seja, que tem a sua capacidade volitiva atingida pela enfermidade, como no caso de portadores de Mal de Alzheimer em estágio comprometedor de suas faculdades mentais, ou de esquizofrenia que lhe suprima a capacidade de entendimento ou de autodeterminação.

---

167 AMERICAN PSYCHIATRIC ASSOCIATION. *Manual Diagnóstico e Estatístico de Transtornos Mentais.* 5. ed. Porto Alegre: Artmed, 2014. p. 33.

168 PRADO, Luiz Regis. *Op. cit.*, p. 832.

Enfermidade mental é a expressão que substitui o antigo termo usado no revogado artigo 224 do CP: doença mental. Hoje, a preferência recai sobre o termo transtorno mental, relegando-se a segundo plano a ontologia e dando-se aos diversos transtornos um enfoque prático, já que, como menciona o DSM-5, é impossível "uma descrição completa dos processos patológicos subjacentes à maioria dos transtornos mentais".[169] Paulo Queiroz e Lilian Coutinho igualmente equiparam as enfermidades mentais aos transtornos mentais, salientando a necessidade de consulta à CID da Organização Mundial da Saúde (atualmente, CID11).[170]

Seja na deficiência ou na enfermidade mental, mister a incapacidade de discernimento para a prática do ato sexual.

Por derradeiro, menciona o tipo penal as pessoas que, por qualquer outra causa, não podem oferecer resistência. Aqui são vários os exemplos: a mulher em estado comatoso que é submetida à conjunção carnal por enfermeiro que ingressa sorrateiramente em seu quarto; a manutenção de ato libidinoso com vítima em estado de absoluta embriaguez, por força do uso de álcool ou qualquer outra substância; a submissão de pessoa portadora de paraplegia completa a atos sexuais, sem que esta possa oferecer resistência; o sono profundo, que faz com que a pessoa adormecida demore a perceber ser ela molestada pelo agente; os toques genitais pelo médico em vítima anestesiada etc.

Importa esteja a vítima totalmente impedida de combater o impulso sexual do autor, de modo que, na embriaguez incompleta, por exemplo, não há se falar em estupro de vulnerável.

Deve ser salientado que é irrelevante se foi o próprio agente quem conduziu a vítima à incapacidade de resistência ou se meramente se aproveitou de uma condição preexistente. Outrossim, se a incapacidade de resistência deriva de um ato de violência (*v. g.*, se a agressão perpetrada pelo agente faz com que a vítima desmaie), há estupro do artigo 213 do CP, não a figura típica do artigo 217-A.

4 Elementos objetivos, normativos e subjetivos do tipo

Consiste a conduta incriminada em "ter conjunção carnal ou praticar outro ato libidinoso com menor de 14 (catorze) anos", redação essa que, no que concerne ao núcleo do tipo fundamental, representa uma ruptura para com o modelo adotado pelo artigo 213 do CP, ao dispensar a existência de um constrangimento. O verbo "ter" significa conquistar, atrair, possuir, eliminando necessidade de uma coação, existente no estupro "genérico".

---

169 Idem, *ibidem*. XLI.
170 Op. cit., p. 142.

Não que o estupro de vulnerável não possa ser praticado mediante violência ou grave ameaça: trata-se de crime de forma livre, admitindo inclusive seja integrado por eventual constrangimento usado na conquista da prática sexual. Mas diversos outros meios executórios serão aqui admitidos, como a fraude, a induzimento, a instigação etc.

Qualquer outro entendimento caracterizaria severa desproporcionalidade, afinal, como admitirmos que o convencimento de uma criança à conjunção carnal seja punido com pena mais severa (a do artigo 217-A) do que a submissão dessa mesma criança ao sexo mediante violência (caso tipificássemos a conduta no artigo 213)? Isso significa que o estupro "genérico" somente resta configurado quando não for caso de incidência da norma em apreço, ainda que haja violência ou grave ameaça.

Nada impede que o constrangimento seja oposto a terceira pessoa, como forma de obrigar o vulnerável ao ato, fazendo com que este se submeta para encerrar a aflição suportada por outrem.

O segundo núcleo do tipo corresponde ao verbo "praticar", significando realizar, executar, fazer. As mesmas observações feitas ao verbo anterior são aqui repetidas.

O crime se caracteriza mesmo se a vítima tomar a iniciativa da relação sexual, aproveitando-se o agente da oportunidade por ela conferida (desde que, é evidente, a vítima não possa exercer livremente seu direito de consentir, como no caso da vítima absolutamente incapaz por enfermidade mental).

Verifica-se, ainda, que a conduta incriminada é comissiva, podendo ser punida também a título de omissão imprópria (caso da genitora que, para não abalar sua "tranquilidade" familiar, nada faz para impedir seja a filha molestada pelo próprio pai), mas nunca será omissiva própria (o vizinho que deixa de comunicar à autoridade pública estupro de vulnerável que ocorre com constância, deixando a vítima à mercê de seu algoz, pode eventualmente responder por omissão de socorro – artigo 135 do CP – mas nunca pelo delito sexual).

Conjunção carnal, elementar já estudada no crime de estupro (artigo 213) é a introdução do pênis na cavidade vaginal. O termo "outro ato libidinoso" se refere a qualquer outro ato de conteúdo sexual que recaia sobre o corpo da vítima, sendo desnecessário o contato físico com esta (como no caso em que o agente convence uma criança a introduzir objetos em seu canal vaginal), devendo ser respeitada a proporcionalidade da norma no que tange a atos de reduzidíssima reprovabilidade, como beliscões nas nádegas ou beijos com conteúdo sexual (esses atos podem caracterizar a importunação sexual do artigo 215-A do CP). Sobre o tema, remetemos o leitor ao que foi escrito sobre o crime de estupro.

É possível que, sob determinadas circunstâncias, se verifique erro de tipo do sujeito ativo, ao manter relações sexuais com pessoa que supunha ter quatorze anos ou mais, quando em verdade mantinha contato sexual com parceiro menor. Álvaro Mayrink da Costa, ao lecionar sobre o assunto, afirma que "na questão pertinente à exclusão da presunção de violência por erro quanto à idade da vítima, a jurisprudência brasileira caminha corretamente em direção à sua admissibilidade, pois a presunção é relativa, não absoluta",[171] sendo certo que o comentário, realizado anteriormente ao advento da Lei nº 12.015/09, não perdeu sua autoridade após a reforma.

Hungria se posiciona da seguinte forma: "Se nem mesmo a ciência pode fornecer dados positivos ou seguros para o cálculo da idade em certos períodos, e se é da experiência comum que nada mais enganoso que a avaliação da idade pela aparência da pessoa, a suposição do agente não pode deixar de ser lastreada pela dúvida (que é o princípio da sabedoria). Ora, quem age na dúvida, age por sua conta e risco, e, como dizem os italianos, *chi arrischia, vuole*. Somente circunstâncias capazes de gerar fundada e séria convicção (embora não correspondente à realidade) por parte do agente podem ser atendidas. Exemplos: uma certidão falsa de nascimento, aumentando a idade da ofendida, e por esta exibida ao agente; o fato de ser a vítima prostituta de porta aberta."[172] Fragoso sustenta a existência de dolo eventual em caso de dúvida pelo sujeito ativo.[173]

Cremos que o rigor da lição de Hungria deva ser atenuado, já que em relacionamentos interpessoais é improvável que os parceiros solicitem reciprocamente documentos comprobatórios da idade antes do primeiro conluio sexual, bastando que, no caso concreto, não seja desde logo perceptível, extreme de qualquer dúvida, a inadequação etária. Em outras palavras, a alegação defensiva não pode ser desprovida de lógica, como no caso em que o sujeito ativo, após molestar uma criança de sete anos de idade, argumenta que pensava se tratar de uma anã.

O erro de tipo também pode ser reconhecido em relação à vítima portadora de enfermidade ou deficiência mental, ou quando a vítima não pode oferecer resistência.

Qualquer que seja a hipótese em que a vítima esteja inserida, é irrelevante o expresso dissenso, uma vez que, nas situações mencionadas, há incapacidade volitiva (com a devida ressalva no que concerne aos menores de quatorze anos, como já visto).

---

171 COSTA, Álvaro Mayrink da. *Op. cit.*, p. 1425.
172 HUNGRIA, Nelson. *Op. cit.*, p. 232.
173 FRAGOSO, Heleno Cláudio. *Op. cit.*, p. 41.

O crime em comento é sempre doloso (dolo direto ou eventual), sendo certo que devem estar abrangidas pela cognição do agente todos os elementos do fato típico, inclusive no que toca à peculiar condição da vítima.

Discute-se se o delito exige um especial fim de agir, qual seja, a intenção de satisfazer a lascívia, o que entendemos ser irrelevante. Ainda que o agente não seja movido pelo instinto sexual, mas sim por um desejo sádico ou vingativo – por exemplo, o abuso sexual cometido por homem abandonado pela consorte contra a filha criança desta, apenas para trazer-lhe tal dissabor – resta caracterizado o crime de estupro de vulnerável. Em sentido contrário, Nucci.[174]

Não se pune a modalidade culposa.

5 Consumação e tentativa

Consuma-se o crime com a introdução, ainda que parcial, do pênis na cavidade vaginal da vítima (na modalidade conjunção carnal), ou com a prática do ato libidinoso diverso. Remetemos o leitor às discussões encetadas no que concerne ao crime de estupro, para evitar repetições desnecessárias.

A tentativa é possível, caracterizando-se o delito em estudo como plurissubsistente.

6 Formas qualificadas

Vetado o § 2º do artigo 217-A, que previa duas causas de aumento de pena, passamos ao estudo dos §§ 3º e 4º, que trazem as formas qualificadas pelos resultados lesão corporal de natureza grave (§ 3º) e morte (§ 4º). Como dissertado no crime de estupro (artigo 213 do CP), entendemos que os resultados qualificadores podem ser tanto dolosos, quanto culposos. Isso se deve à magnitude do acréscimo promovido na sanção penal, que, de oito a quinze anos de reclusão, no tipo fundamental, passa a ser de dez a vinte anos – em caso de lesão grave – e de doze a trinta anos – se ocorrer a morte. Remetemos o leitor ao estudo do crime previsto no artigo 213 do CP.

Em sentido contrário, por todos, se pronuncia Regis Prado: "Nas hipóteses aqui examinadas, o agente atua com o dolo de praticar a conjunção carnal ou qualquer outro ato libidinoso diverso desta última, mas acaba por causar lesão corporal de natureza grave ou mesmo a morte da vítima, a título de culpa. (...) Existe, na espécie, uma unidade complexa entre delito sexual violento (antecedente doloso) e delito culposo, funcionando este como 'condição de maior punibilidade'. (...) Registre-se que, se o agente pretende alcançar tais eventos qualificadores ou, no mínimo, assume o risco de

---

174 NUCCI, Guilherme de Souza. *Op. cit.*,p. 36.

produzir o resultado (dolo eventual), há concurso material entre o delito sexual praticado e o delito de homicídio ou de lesão corporal grave."[175]

7 Concurso de crimes e concurso aparente de normas

A discussão sobre o concurso de crimes, na hipótese em que atos libidinosos diversos são praticados contra a mesma vítima, em um mesmo contexto fático, objeto de explanação quando do estudo do estupro, permanece válida para o ilícito penal em apreço. Entendemos que, *in casu*, há tipo misto alternativo, restando evidente se tratar de crime único. Assim, se em uma mesma oportunidade um vulnerável é submetido à conjunção carnal e, em seguida, ao coito anal, não vislumbramos pluralidade de delitos.

É cristalino, todavia, que esta posição está longe de ser uníssona, pois há quem veja tanto no estupro, quanto no estupro de vulnerável, tipo misto cumulativo. Sobre o tema, recomendamos a leitura do tópico a ele referente no capítulo que trata do artigo 213.

Se os atos sexuais acontecem em contextos diversos, existirá crime continuado, se presentes os requisitos do artigo 71 do Código Penal, ou concurso material, se ausentes.

Ainda no assunto concurso de crimes, reconhece-se sem qualquer dificuldade concurso de crimes quando o estupro de vulnerável ocorre em conjunto com o crime previsto no artigo 240 da Lei nº 8.069/90 (Estatuto da Criança e do Adolescente),[176] caso a vítima seja pessoa com idade inferior a quatorze anos, por eles respondendo não apenas quem contracena ou participa da cena mantendo relações sexuais com o vulnerável, mas também todos aqueles que participam da produção. Na hipótese, há a violação a aspectos distintos da dignidade sexual da vítima: a liberdade sexual e a imagem e privacidade sexual, justificando-se o concurso. Também existirá concurso de crimes para com os artigos 241, 241-A e 241-B do ECA, caso não seja hipótese de configuração do artigo 240 do mesmo diploma.

Em relação ao artigo 241-D do ECA ("Aliciar, assediar, instigar ou constranger, por qualquer meio de comunicação, criança, com o fim de com ela praticar ato libidinoso"), entendemos restar absorvido quando ocorrer a efetiva prática sexual, em virtude da técnica da subsidiariedade. Temos, aqui, uma conduta imediatamente anterior ao estupro de vulnerável, que viola de forma menos intensa a liberdade sexual da vítima do que a subsequente. Isto

---

175 PRADO, Luiz Regis. *Op. cit.*, p. 834.

176 Artigo 240 do ECA: "Produzir, reproduzir, dirigir, fotografar, filmar ou registrar, por qualquer meio, cena de sexo explícito ou pornográfica, envolvendo criança ou adolescente. Pena - reclusão, de 4 (quatro) a 8 (oito) anos, e multa. § 1º Incorre nas mesmas penas quem agencia, facilita, recruta, coage, ou de qualquer modo intermedeia a participação de criança ou adolescente nas cenas referidas no caput deste artigo, ou ainda quem com esses contracena".

é, entre ambas as condutas há estágios diferentes de proteção de um mesmo bem jurídico, sendo certo que aquela conduta que representa um grau mais elevado de ofensividade prevalece sobre a que oferece um menor grau.

O artigo 218-B do Código Penal, que trata do favorecimento da prostituição ou outra forma de exploração sexual de vulnerável, também pode ser cumulado com o estupro de vulnerável, caso seja a vítima menor de quatorze anos ou portadora de enfermidade ou deficiência mental, sem discernimento para o ato. O cúmulo de penas será imposto apenas a quem é responsável por submeter, atrair ou induzir a vítima à prostituição ou exploração, ciente de que outra pessoa com ela manterá relações sexuais, caso se efetive o contato sexual intermediado ou explorado pelo sujeito ativo. O "cliente", por sua vez, responderá apenas por estupro de vulnerável.

Entre estupro (artigo 213) e estupro de vulnerável, quando ambos são praticados mediante violência ou grave ameaça, há relação de especialidade, sendo este mais específico (e, portanto, prevalecendo). Contudo, se for o caso de aplicação do Código Penal Militar, o estupro de vulnerável cede espaço ao vetusto estupro com presunção de violência, previsto nos artigos 232 c/c 236, I, do CPM.

8 Pena e ação penal

Ao artigo 217-A comina-se pena de oito a quinze anos de reclusão, entendendo o legislador desnecessária a fixação da pena de multa. Ocorrendo as hipóteses qualificadas dos §§ 3º e 4º, as penas passam a ser, respectivamente, de dez a vinte e de doze a trinta anos de reclusão, sem previsão de multa.

Pelo exposto, percebe-se que a Lei º 12.015/09, criadora do estupro de vulnerável, é pontualmente mais severa do que a situação jurídica anterior, que incriminava a mesma conduta como estupro ou atentado violento ao pudor com presunção de violência, com pena de seis a dez anos de reclusão.

Essa assertiva, no entanto, deve ser tomada com muita cautela, pois há fatores que alteram o resultado da análise sobre a retroatividade do artigo 217-A. Ainda no ano de 2009, logo depois do advento da Lei nº 12.015/90, o STJ proferiu decisão assim ementada: "PENAL. RECURSO ESPECIAL. ESTUPRO. AUMENTO PREVISTO NO ART. 9º DA LEI Nº 8.072/90. VIOLÊNCIA REAL E GRAVE AMEAÇA. INCIDÊNCIA. SUPERVENIÊNCIA DA LEI Nº 12.015/2009. I - Esta Corte firmou orientação de que a majorante inserta no art. 9º da Lei nº 8.072/90, nos casos de presunção de violência, consistiria em afronta ao princípio ne bis in idem. Entretanto, tratando-se de hipótese de violência real ou grave ameaça perpetrada contra criança, seria aplicável a referida causa de aumento. (Precedentes). II - Com a superveniência da Lei nº 12.015/2009 restou revogada a majorante prevista no art. 9º da Lei dos

Crimes Hediondos, não sendo mais admissível a sua aplicação para fatos posteriores à sua edição. Não obstante, remanesce a maior reprovabilidade da conduta, pois a matéria passou a ser regulada no art. 217-A do CP, que trata do estupro de vulnerável, no qual a reprimenda prevista revela-se mais rigorosa do que a do crime de estupro (art. 213 do CP). III - Tratando-se de fato anterior, cometido contra menor de 14 anos e com emprego de violência ou grave ameaça, deve retroagir o novo comando normativo (art. 217-A) por se mostrar mais benéfico ao acusado, ex vi do art. 2º, parágrafo único, do CP. Recurso parcialmente provido."[177]

A fim de esclarecer o conteúdo da decisão, repetiremos, a título didático, aquilo que já expusemos anteriormente, pois nem toda redundância é prejudicial. Antes da reforma o estupro (artigo 213 do CP) podia ser praticado mediante violência real (incidência de uma força física sobre o corpo da vítima), grave ameaça (constrangimento psicológico, consistente na promessa de um mal sério e verossímil) ou violência presumida (ficta, nos casos em que a vítima não era maior de quatorze anos, alienada ou débil mental ou quando não podia oferecer resistência). Nesse último caso, utilizava-se o disposto no antigo artigo 224 do CP, norma de natureza explicativa que conceituava a violência presumida.

O estupro também era – e ainda o é – arrolado pela Lei nº 8.072/90 como crime hediondo. E a Lei de Crimes Hediondos, ao seu turno, previa, no artigo 9º, uma causa de aumento de pena a todos os crimes nela especificados, sempre que estes fossem praticados contra as pessoas citadas no artigo 224 do CP. Ou seja, o artigo 224 do CP servia como elementar do tipo penal estupro, quando praticado mediante violência presumida, e simultaneamente como majorante dos crimes hediondos, dentre os quais o estupro. Caracterizava e incrementava a pena do mesmo delito.

Ainda que com alguma divergência, não era difícil observar o *bis in idem* existente na hipótese. Assim, boa parte da doutrina e da jurisprudência passaram a defender que a majorante da Lei dos Crimes Hediondos somente poderia ser aplicada ao estupro quando praticado mediante violência real ou grave ameaça, nunca na violência ficta.

Com a reforma promovida pela Lei nº 12.015, o artigo 224 foi expressamente revogado. O artigo 213, hoje, só admite violência ou grave ameaça como meios executórios e a violência presumida virou estupro de vulnerável (artigo 217-A). E o artigo 9º da Lei 8.072/90, que fazia menção ao artigo 224? Foi tacitamente revogado, uma vez que hoje inexiste o artigo que lhe dava eficácia normativa, complementando seu conteúdo.

Agora, suponhamos que uma pessoa tenha mantido conjunção carnal com vítima menor de quatorze anos antes da inovação legislativa. Deverá

---

177 STJ, REsp 1.102.005-SC, Quinta Turma, Rel. Min. Felix Fischer, julg. em 29/9/2009.

ser apenada de acordo com a antiga redação do artigo 213 do CP ou a conduta do agente subsumir-se-á ao atual artigo 217-A, do mesmo diploma? A resposta é: depende.

Se o agente induziu a vítima à prática sexual sem qualquer constrangimento físico ou psicológico, aplica-se a lei anterior. Se o crime foi praticado mediante violência real ou grave ameaça, impõe-se a retroatividade da lei nova.

A lei penal, como é notório, só retroage quando mais benéfica ao delinquente. Ainda sob a égide da antiga redação do Código Penal, se alguém cometesse um estupro mediante violência presumida, ficaria sujeito a uma pena de reclusão, de seis a dez anos. Pela redação atual (estupro de vulnerável), a pena é de reclusão, de oito a quinze anos. Não há dúvidas de que se trata (isoladamente considerada) de *novatio legis in pejus* (não estamos fazendo qualquer consideração acerca de concurso de crimes).

Entretanto, havendo violência ou grave ameaça, a pena, na redação anterior, deveria ser acrescida da metade (artigo 9º da Lei nº 8.072/90). Assim, as margens penais abstratas passariam a ser de nove a quinze anos. Ou seja, a redação atual se torna mais benéfica (pois o estupro de vulnerável abarca quaisquer meios executórios, inclusive a violência e a grave ameaça), justificando-se a retroação.

Observe-se, entretanto, que existem julgados entendendo pela inexistência de *bis in idem* na aplicação do artigo 9º da Lei de Crimes Hediondos aos antigos estupro e atentado violento ao pudor praticados mediante violência presumida, *verbis*: "EMENTA PENAL. PROCESSUAL PENAL. HABEAS CORPUS. ATENTADO VIOLENTO AO PUDOR. VIOLÊNCIA PRESUMIDA. VÍTIMA MENOR DE QUATORZE ANOS. AUMENTO DE PENA PREVISTO NO ART. 9º DA LEI 8.072/90. BIS IN IDEM: INOCORRÊNCIA. LEI Nº 12.015/09: REPERCUSSÃO. SUPRESSÃO DE INSTÂNCIA: MATÉRIA NÃO SUBMETIDA À INSTÂNCIA ANTECEDENTE. QUESTÃO, ADEMAIS, DE COMPETÊNCIA DO JUÍZO DA EXECUÇÃO. SÚMULA Nº 611 DO STF. 1 - Não constitui bis in idem o aumento de pena previsto no art. 9º da Lei 8.072/90, por ser a vítima do atentado violento ao pudor menor de 14 (quatorze) anos. Precedentes do STF. 2 - No estupro e no atentado violento ao pudor não é a idade da vítima que compõe o tipo, mas o emprego, para lograr a prática sexual incriminada, de grave ameaça ou de violência, o qual, na verdade, a regra de extensão do art. 224 – antes de presumi-lo existente –, equipara à incapacidade de consentir da vítima, entre outras razões, pela presunção legal extraída de não ser ela maior de quatorze anos. (...)."[178]

---

178 STF, HC 103404/SP, Primeira Turma, rel. Min. Dias Toffoli, julg. em 14/12/2010.

Adotando-se essa orientação, a pena do estupro e do atentado violento ao pudor invariavelmente seriam aumentadas em caso de crimes praticados contra as pessoas mencionadas no artigo 224 do CP. Portanto, o artigo 217-A sempre alcançaria retroatividade, uma vez que implicaria pena menor ao autor do fato.

Registre-se, ainda, a retroatividade da norma em tema de concurso de crimes. Adotando a posição majoritária na jurisprudência, que entendia serem estupro e atentado violento ao pudor crimes de espécies diferentes, estes, quando praticados em oportunidades diferentes contra as pessoas citadas no antigo artigo 224, mas em condições semelhantes de tempo, lugar, modo de execução e outras, imporiam o reconhecimento de concurso material, com consequente cúmulo de penas; entretanto, ora reconhecido que ambos os conteúdos normativos passaram a integrar o artigo 217-A do CP, impossível negar a existência de crimes da mesma espécie, que, permitindo a configuração de continuidade delitiva, resultaria provavelmente em sanção inferior.

Em síntese, a apreciação isolada do artigo 217-A, contrastando-o com a previsão antiga, dá azo a equívocos, fazendo-se mister inseri-lo no contexto em que foi verificado.

A ação penal no estupro de vulnerável é pública incondicionada. Para tanto, remetemos o leitor às notas sobre o artigo 225 do CP.

III – CORRUPÇÃO DE MENORES
(ARTIGO 218, CP)

1 Introdução

A Lei nº 12.015/09, a despeito de ter solucionado uma série de controvérsias até então existentes, teve o demérito de criar tipos penais esdrúxulos. Um deles é o atual artigo 218 do Código Penal, assim redigido: "Induzir alguém menor de 14 (catorze) anos a satisfazer a lascívia de outrem".

Não se nega a reprovabilidade da conduta. Ao contrário, trata-se de comportamento vil, merecedor de severa punição, desde que coligado a uma prática sexual ulterior. Todavia, a elaboração é infeliz.

Verifica-se, de início, que o dispositivo aparentemente cria uma exceção pluralística à teoria monista, contemplada no artigo 29 do Código Penal. Afinal, quem induz pessoa com idade inferior a 14 anos a satisfazer à lascívia de outrem, está contribuindo com a prática sexual subsequente. Se o ato sexual propriamente dito caracteriza estupro de vulnerável, o induzimento é ato de participação em sentido estrito nesse crime.

Exceções à teoria monista não são novidade nas leis penais: encontramo-las nos crimes de abortamento, na Lei de Tortura etc. O problema é que, no caso do artigo 218, caso assim reconhecida, deságua em evidente desproporcionalidade.

Comecemos pela pena cominada abstratamente ao artigo 218: 2 a 5 anos de reclusão. Em comparação, a pena fixada ao estupro de vulnerável tem limites mínimo e máximo fixados em 8 e 15 anos, respectivamente. Ou seja: se entendermos o artigo 218 como a tipificação autônoma daquilo que deveria ser considerado um ato de participação no estupro de vulnerável, a punição é consideravelmente abrandada.

Mas as perplexidades não param por aí. Vejamos o caso da omissão imprópria: a mãe de uma adolescente de 12 anos, ciente de que esta vem sendo molestada sexualmente pelo padrasto, nada faz, a fim de não colocar em risco o relacionamento afetivo mantido para com o sujeito ativo. Nesse caso, a mãe deverá ser responsabilizada pelo mesmo crime que o padrasto, qual seja, estupro de vulnerável, segundo as regras atinentes aos crimes comissivos por omissão.

Agora, se essa mesma mãe, em conluio com o padrasto e com o objetivo de satisfazer repugnante fantasia sexual deste, induz a própria filha ao ato, em tese sua conduta seria subsumida ao artigo 218 do CP. Em suma, a mãe que se omite é apenada com muito mais severidade do que aquela que age, o que não faz nenhum sentido.

Ademais, merece atenção o fato de que o artigo 218 contempla apenas o induzimento de pessoas com idade inferior a quatorze anos, restando alijada da norma a conduta praticada contra pessoa portadora de enfermidade ou deficiência mental, sem discernimento. Teríamos, portanto, o seguinte quadro: no induzimento de menores de quatorze anos, crime autônomo apenado com sanção de dois a cinco anos; no induzimento de portadores de enfermidade ou deficiência mental, participação em estupro de vulnerável, com sanção de oito a quinze anos, inicialmente (e crime hediondo).

Há, por fim, outra incongruência: a norma pune o induzimento, mas não a instigação e o auxílio, condutas que compõem as modalidades de participação. Se o sujeito ativo induz o menor de 14 anos a satisfazer a lascívia alheia, comete crime do artigo 218; se auxilia materialmente, o do artigo 217-A. Existe alguma lógica para o tratamento diferenciado?

A única solução plausível é a declaração de inconstitucionalidade em virtude da proteção deficiente estipulada no dispositivo, sendo a vedação à insuficiência um dos aspectos da proporcionalidade (que, ao seu turno, é uma derivação da individualização legislativa das penas, que tem sede na Constituição Federal). A reduzida sanção do artigo 218 não é apta a punir adequadamente aquele que pratica o comportamento ali descrito, deixando transparecer injustificável benefício a quem comete um crime grave.

Não faltam esforços, no entanto, para tentar conferir ao dispositivo uma interpretação minimamente lógica e constitucionalmente compatível. Apesar de louváveis, cremos que todos eles fracassam em atingir o objetivo esperado.

Paulo Queiroz e Lilian Coutinho defendem que o crime exige a não ocorrência do estupro de vulnerável (caso esse crime exista, na forma consumada ou tentada, o indutor responderá pelo delito do artigo 217-A, na qualidade de partícipe). Assim escrevem os autores: "Trata-se de mais um delito acessório que pressupõe a não incidência do tipo principal (estupro de vulnerável). Justamente por isso, se o sujeito beneficiado pela indução praticar conjunção carnal ou outro ato libidinoso, o respectivo indutor responderá, em princípio, como coautor ou partícipe de estupro de vulnerável (CP, art. 29)".[179] Nessa esteira, criticam: "(...) se se pretendia castigar a in-

179 Op. cit., p. 156.

dução autonomamente, isto é, ainda que não se realizem atos de execução do estupro de vulnerável (consumação ou tentativa), como de fato ocorreu, força é convir que não se trata de conduta penalmente relevante, que, por isso, não justifica a intervenção penal, inevitavelmente traumática, cirúrgica e negativa (García-Pablos)".[180]

Em suma, para essa posição, o artigo 218 do CP seria uma exceção à regra do artigo 31 do CP (participação impunível), sustentável por se tratar de tipificação autônoma. Embora reconheçamos méritos no raciocínio, ele não escapa ao problema de incriminar o induzimento, mas não a instigação e o auxílio (basicamente, por essa orientação, a instigação e o auxílio permaneceriam como atos impuníveis, porque a conduta principal – estupro de vulnerável – não ingressou nos atos executórios).

Paulo César Busato[181] e Rogério Greco[182] defendem que pratica corrupção de menores aquele que induz a vítima a satisfazer a lascívia alheia, desde que o ato de satisfação, embora possa se efetivar, não seja apto a caracterizar estupro de vulnerável. Por exemplo, podemos pensar na hipótese do *lap dance* – que inclusive dispensa que a vítima fique nua – e outras condutas sexuais que não ingressem no âmbito do artigo 217-A.

Contudo, muitos dos exemplos dados pelos autores caracterizam, pelo beneficiário, a prática de outros delitos, como importunação sexual (artigo 215-A, onde consignamos nossa posição de admitir essa prática delitiva mesmo em face de menores de 14 anos), o que mantém o caráter problemático da exceção pluralística para aquele que deveria ser considerado partícipe da conduta. No caso da importunação sexual – contemplação lasciva e o exemplo da *lap dance* são hipóteses –, a pena do artigo 218 é superior à sanção cominada ao artigo 215-A. Em outras palavras: aquele que pratica o ato libidinoso com ou contra a vítima é punido de forma mais suave do que quem se limitou a induzi-la (o atingimento do bem jurídico é desvalorado com menor intensidade do que o mero perigo).

Busato traz o exemplo da pessoa menor de quatorze anos que filma ou fotografa o próprio corpo em situação pornográfica, após ser induzido por outrem, para satisfazer a lascívia de terceiro. Sustenta que o indutor, nesse caso, não pode ser responsabilizado pelo delito do artigo 240 do ECA (ou mesmo do artigo 241 ou 241-A, em caso de difusão da imagem), pois seria uma participação em autocolocação em perigo.[183] Contudo, a autocolocação em perigo pressupõe capacidade para decidir pelo risco e, no caso, a vítima

180 Idem, *ibidem*, p. 156.
181 Op. cit., p. 905-906.
182 Op. cit., p. 118-119.
183 Op. cit., p. 906-907.

é menor de quatorze anos, de modo que não é aceitável sua conclusão pela configuração do artigo 218.

Merece registro, outrossim, que o crime anteriormente existente no artigo 218 do CP, substituído pela atual redação, também recebia o nome de corrupção de menores, mas seu conteúdo normativo era absolutamente distinto, aproximando-se, em linhas gerais, da conduta hoje inscrita no artigo 218-A (satisfação de lascívia mediante presença de criança ou adolescente), embora contando com vítimas diferentes. Seu antigo texto assim prescrevia: "Corromper ou facilitar a corrupção de pessoa maior de 14 (catorze) e menor de 18 (dezoito) anos, com ela praticando ato de libidinagem, ou induzindo-a a praticá-lo ou presenciá-lo. Pena – reclusão, de um a quatro anos". Notória a ausência de paralelismo entre as duas condutas, motivo pelo qual consideramos inadequada a manutenção do *nomen juris*.

Aliás, essa mesma denominação já fora usada na Lei nº 2.252/54 (Lei de Corrupção de Menor), hoje revogada, que, em seu artigo 1º, estabelecia: "Constitui crime, punido com a pena de reclusão de 1 (um) a 4 (quatro) anos e multa de Cr$1.000,00 (mil cruzeiros) a Cr$10.000,00 (dez mil cruzeiros), corromper ou facilitar a corrupção de pessoa menor de 18 (dezoito) anos, com ela praticando, infração penal ou induzindo-a a praticá-la." Essa conduta hoje se encontra prevista no artigo 244-B do ECA, com a seguinte redação: "Corromper ou facilitar a corrupção de menor de 18 (dezoito) anos, com ele praticando infração penal ou induzindo-o a praticá-la. Pena – reclusão, de 1 (um) a 4 (quatro) anos."

Ou seja, sob a mesma denominação são incluídas condutas completamente diferentes entre si, num evidente exemplo de descaso para com a técnica legislativa, que apenas contribui para aumentar a confusão inerente à proliferação excessiva de leis penais.

2 Objetividade jurídica

Novamente estamos diante de tipificação que promove a salvaguarda da liberdade sexual de vulneráveis (no caso, pessoa menor de quatorze anos). Na perfeita lição de Regis Prado, "a tutela penal, no caso em epígrafe, visa preservar a liberdade sexual em sentido amplo, inclusive a integridade e autonomia sexual de menores de 14 (catorze) anos", aí incluída a formação da personalidade da criança e do adolescente.[184]

3 Sujeitos do delito

Trata-se de crime comum, em virtude do que qualquer pessoa pode praticá-lo. O sujeito passivo, ao revés, só pode ser o menor de quatorze anos. Não se compreende a razão pela qual o legislador manteve alijados do polo

---

184 PRADO, Luiz Regis. *Op. cit.,* p. 837.

passivo (em que pese o anacronismo da norma) os portadores de enfermidade ou deficiência mental.

O consentimento do ofendido, em princípio, é irrelevante, dada sua incapacidade. Todavia, remetemos o leitor ao estudo sobre o crime de estupro de vulnerável, onde esposamos a posição que indica ser relativa essa incapacidade. Em caso de consentimento válido, não há crime.

A pessoa menor de quatorze anos é, ainda, o objeto material do tipo em comento.

4 Elementos objetivos, subjetivos e normativos do tipo

O verbo reitor do tipo penal é induzir, que significa incutir uma ideia até então inexistente. Não se trata de mero fomento de um desejo preexistente – situação que se amoldaria ao verbo instigar, não contemplado pela norma –, mas de fazer nascer o propósito sexual. Trata-se de conduta de forma livre, de modo que o induzimento pode se dar por vários meios, sejam eles orais, escritos, gestuais etc. Não há previsão, igualmente, para a conduta de auxiliar.

Não é necessário que o sujeito ativo deixe claro à vítima sua pretensão, podendo fazê-lo por meio de subterfúgios, como na exibição de fotos da pessoa a ter a lascívia satisfeita, seguida de eloquentes elogios, fazendo com que a vítima se torne mais inclinada a aquiescer para com a proposta sexual.

Menor de quatorze anos é a pessoa que ainda não alcançou a data em que completa essa idade, sendo certo que, no dia do aniversário da vítima, não mais haverá possibilidade de cometimento do delito ora estudado. Evidentemente, o erro de tipo quanto à idade da vítima, caso não se trate de alegação falaciosa, pode afastar o caráter criminoso da conduta.

A satisfação da lascívia é conceituada como o atendimento a um desejo sexual alheio, sendo certo que a pessoa satisfeita não pode ser quem realizou o induzimento. Essa satisfação pode se dar através da prática de atos sexuais variados, mas obrigatoriamente a vítima deve ter participação neles.

Cuida-se de crime invariavelmente doloso. A intenção do agente deve abranger tanto o propósito de induzir, como o de ver a lascívia de outrem satisfeita, ainda que seja dispensável vontade de corromper moralmente a vítima.

5 Consumação e tentativa

Modificando posição de outrora, entendemos que a consumação ocorre quando a vítima se sente efetivamente induzida.[185] A tentativa de convencimento fracassada caracterizaria tentativa criminosa.

---

185 Nesse sentido, Busato. Op. cit., p. 910.

Exigindo a prática sexual para a consumação, Alessandra Orcesi Greco e João Daniel Rassi: "O crime se consuma com o ato libidinoso praticado pelo terceiro ao qual é indicada ou entregue a vítima e, portanto, comporta tentativa".[186]

Nucci adota uma posição curiosa a respeito do tema: "Em tese, seguindo-se apenas a interpretação literal, tratar-se-ia de crime formal, ou seja, bastaria a prática da conduta para que o delito estivesse consumado. Noutros termos, seria suficiente que o agente induzisse o menor (desse a ideia), não necessitando de qualquer relacionamento sexual posterior. Mas isso feriria qualquer medida de proporcionalidade. Dar a ideia ao menor para satisfazer a lascívia de outrem é insuficiente para gerar uma pena de dois a cinco anos de reclusão. Por isso, é fundamental que o menor realmente tome medida prática, relacionando-se, conforme indução ocorrida. Sustentamos, então, ser o crime material (e não formal)."[187]

6 Concurso de crimes e concurso aparente de normas

Em relação ao artigo 227 do Código Penal, o dispositivo em estudo é especial, tendo seu alcance mais restrito em virtude de peculiaridades do sujeito passivo. Prevalece, portanto, sobre a norma mais genérica. Nada impede, entretanto, que figurem em concurso de crimes, bastando que mais de uma vítima seja induzida, sendo ao menos uma delas maior de quatorze anos.

Caso o sujeito ativo, além de induzir o menor a satisfazer a lascívia de outrem, também participe do ato, praticando com ele atos libidinosos (*ménage à trois*, sexo grupal etc.), deverá ser responsabilizado por coautoria em estupro de vulnerável (ou, eventualmente, por importunação sexual do art. 215-A), restando absorvido o artigo 218 do CP.

Também prevalecem sobre o crime do artigo 218 aqueles previstos nos artigos 240, 241 e 241-A do Estatuto da Criança e do Adolescente (Lei nº 8.069/90), em virtude do princípio da especialidade.

Uma vez mais o princípio da especialidade deverá ser invocado para determinar a prevalência do artigo 218-B sobre o delito em comento.

7 Pena e ação penal

Comina-se ao delito pena de reclusão, de dois a cinco anos, sem previsão de sanção pecuniária.

A ação penal é pública incondicionada, consoante artigo 225 do Código Penal.

---

186 GRECO, Alessandra Orcesi Pedro; RASSI, João Daniel. *Op. cit.*, p. 176.
187 NUCCI, Guilherme de Souza. *Op. cit.*

IV – SATISFAÇÃO DE LASCÍVIA MEDIANTE PRESENÇA DE CRIANÇA OU ADOLESCENTE (ARTIGO 218-A, CP)

1 Introdução

Incluído no artigo 218-A por força da Lei nº 12.015/2009, o crime de satisfação de lascívia mediante presença de criança ou adolescente é uma tentativa de aperfeiçoamento do antigo crime de corrupção de menores, outrora encontrado no artigo 218 com a seguinte redação: "Corromper ou facilitar a corrupção de pessoa maior de 14 (catorze) e menor de 18 (dezoito) anos, com ela praticando ato de libidinagem, ou induzindo-a a praticá-lo ou presenciá-lo. Pena – reclusão, de um a quatro anos."

A atual redação legislativa ("Praticar, na presença de alguém menor de 14 (catorze) anos, ou induzi-lo a presenciar, conjunção carnal ou outro ato libidinoso, a fim de satisfazer lascívia própria ou de outrem") alterou a idade da vítima, passando a contemplar apenas os menores de quatorze anos, conferindo com isso liberdade sexual plena aos adolescentes com quatorze anos ou idade superior. Ademais, não se fala mais na corrupção da moral sexual da pessoa menor, exigindo-se apenas a intenção de satisfação da lascívia na presença da vítima.

Em linhas gerais, a providência legislativa fez com que restasse indubitavelmente caracterizada a liberdade sexual plena das pessoas com idade superior a quatorze anos e inferior a dezoito, que, salvo nos casos de prostituição ou exploração sexual, podem praticar qualquer ato de excitação da libido própria ou alheia. Isso se deu com a *abolitio criminis* da conduta supostamente lesiva à moral sexual dessas pessoas.

Por outro lado, deu-se a criminalização de condutas outrora esquecidas pelo legislador. Fazer o menor de quatorze anos presenciar um ato libidinoso, até então, era conduta atípica.

2 Objetividade jurídica

O objeto da salvaguarda penal é a liberdade sexual da vítima (no caso, pessoa menor de quatorze anos), protegendo-a inclusive no que concerne à formação de sua personalidade. Consoante Galdino Siqueira, ainda tratando da redação original do artigo 218 do CP, a norma visa a "especialmente proteger a puerícia e a adolescência, fases da vida em que, em formação mental e moral, sem o preciso poder inibitório, mais emotivo, levado mais a imitar, o indivíduo necessita que se o premuna da influência deletéria da libertinagem".[188] Fato é que a exposição da vítima ainda muito jovem a atos libidinosos pode influenciar de forma negativa sua sexualidade, justificando-se a incriminação.[189]

Com as devidas ressalvas já feitas, quando do estudo do artigo 217-A do Código Penal, sobre a capacidade de consentimento do menor de quatorze anos, em regra o consentimento do ofendido não produzirá efeitos, embora admitamos que o caso concreto deva ser analisado para que se verifique a real ofensa ao bem jurídico tutelado.

O objeto material do crime é a pessoa que assiste ao ato sexual.

3 Sujeitos do delito

Tratando-se de crime comum, o delito em tela pode ser praticado por qualquer um, independentemente de qualidades pessoais.

O sujeito passivo, ao revés, só pode ser o menor de quatorze anos, excluída a data em que a vítima completa essa idade.

Caso a vítima não possua capacidade de compreensão – como na hipótese de bebês expostos a um ato sexual – não existirá o crime, pois impossível o atingimento do bem jurídico tutelado.

4 Elementos objetivos, subjetivos e normativos do tipo

O artigo 218-A traz um crime plurinuclear, elencando como núcleos o verbo "praticar" (realizar, fazer) e a locução verbal "induzi-lo a presenciar" (convencer, incutindo na vítima o propósito de presenciar o ato).

No primeiro caso, o sujeito ativo participa do ato libidinoso (coito, masturbação, exposição corporal etc.) na presença do menor de quatorze anos. Insta salientar que o ato sexual não recai sobre o corpo da vítima, pois tal

---

188 SIQUEIRA, Galdino. *Op. cit.*, p. 287-288.
189 TJSP: "Corrupção é a contaminação da vítima inexperiente dos prazeres da carne, com a revelação de conhecimentos sexuais que a viciam. Ela fere o menor no comportamento sexual, promovendo a turbação da marcha ordinária do processo psicossexual, pelas excitações excessivas e precoces, determinando sensações anormais e inoportunas que lhe viciam os costumes e avassalam a conduta" (AC- Rel. Hoeppner Dutra - RJTJSP 22/492).

circunstância poderia ensejar a caracterização de estupro de vulnerável (artigo 217-A) ou importunação sexual (artigo 215-A).

Já na segunda hipótese, o sujeito ativo incute na vítima o propósito de presenciar ato sexual praticado por outrem, ou seja, embora o agente não participe da prática libidinosa, convence o menor de quatorze anos a assisti-la (por exemplo, transmitindo um filme pornográfico para que ele assista). De toda sorte, novamente não há envolvimento direto da vítima no ato libidinoso.

Considerando que o verbo "induzir" tem acepção diferente de "instigar" (estimular uma ideia preexistente) e "auxiliar" (ajudar intelectual ou materialmente), como fica a responsabilidade penal daquele que pratica as duas últimas condutas? Por exemplo, e se o menor de quatorze anos deseja ver uma pessoa se masturbando para ele através de *web cam*, contando com o auxílio de outrem para fazer o equipamento funcionar? Nesse caso, quem presta o auxílio será considerado partícipe da conduta da pessoa que pratica o ato sexual (esta responderá pelo artigo 218-A, pois pratica ato libidinoso na presença da vítima).

A elementar que exige "presença" do menor no momento do ato sexual não deve ser interpretada como imposição de presença física. Nada impede, afinal, que o ato seja observado através de instrumentos de mídia, como televisores ou monitores. Em outras palavras, a presença virtual é suficiente para a caracterização do crime.

No que tange à idade da vítima, houve correção de lamentável equívoco na redação original do Código, que, ao exigir faixa etária de quatorze aos dezoito anos incompletos para o sujeito passivo, deixava pessoas muito jovens desprotegidas (já que a conduta não tinha como ser enquadrada no estupro ou no atentado violento ao pudor com presunção de violência) e oferecia tutela a quem dela não precisava.

A menoridade da vítima é provada através de certidão de nascimento ou outro documento apto à constatação, como carteira de identidade. Em caso de suspeita de falsidade ou de ausência de documentos, outros meios de prova serão admitidos.

O crime é doloso (dolo direto ou eventual), sendo certo que a intenção do agente deve abranger todas as elementares, inclusive no que concerne à idade da vítima (sendo cabível a alegação de erro).

Além do dolo, agrega-se ao tipo penal um especial fim de agir, consistente na satisfação da lascívia própria ou de outrem. Essa satisfação é alcançada pela presença da pessoa menor de quatorze anos. Imaginemos que um casal mantenha conjunção carnal e, próximos ao êxtase, o filho de ambos, ainda criança, entra no quarto em que a relação sexual se desenvolve. Como não querem interromper o ato, ambos prosseguem até o orgasmo, mesmo sabedores da presença da criança no local. Ainda que reprovável, a conduta não caracteriza crime do artigo 218-A, pois a presença do menor no local não se prestava à satisfação da lascívia dos parceiros sexuais. A expressão "a fim de" revela que a presença é dirigida ao prazer esperado.

Não há previsão da modalidade culposa.

5 Consumação e tentativa

No verbo praticar, o crime se consuma quando a vítima é exposta ao ato libidinoso realizado pelo sujeito ativo. No verbo induzir, o agente deve efetivamente influenciar o ânimo da vítima, dispensando-se, com o convencimento, a efetiva prática libidinosa.

A forma tentada é perfeitamente admissível, qualquer que seja a conduta praticada, cuidando-se de crime plurissubsistente.

6 Concurso de crimes e concurso aparente de normas

O artigo 218-A não se confunde com o disposto no artigo 241-D, parágrafo único, I, do Estatuto da Criança e do Adolescente ("Aliciar, assediar, instigar ou constranger, por qualquer meio de comunicação, criança, com o fim de com ela praticar ato libidinoso. Pena – reclusão, de 1 (um) a 3 (três) anos, e multa. Parágrafo único. Nas mesmas penas incorre quem: I – facilita ou induz o acesso à criança de material contendo cena de sexo explícito ou pornográfica com o fim de com ela praticar ato libidinoso."), pois neste há o desejo de envolver a criança na prática sexual, que, se consumada, pode até ensejar a caracterização de estupro de vulnerável.

Se um vulnerável é obrigado a presenciar o estupro de outra vítima enquanto aguarda que o algoz o submeta a igual violência sexual na mesma oportunidade, entendemos inexistir o crime do artigo 218-A, absorvido pelo delito de estupro de vulnerável subsequente. Isso porque o grau de corrupção experimentado pela vítima ao ser estuprada é sensivelmente aumentado, existindo graus diferentes de afetação do mesmo bem jurídico (liberdade sexual) ocorridos em um mesmo contexto fático, o que impõe o reconhecimento da técnica da subsidiariedade para resolução do concurso aparente de normas.

Todavia, contrariamente já decidiu o TJRJ, *verbis*: "APELAÇÃO CRIMINAL. ESTUPRO DE VULNERÁVEL. SATISFAÇÃO DE LASCÍVIA MEDIANTE PRESENÇA DE CRIANÇA OU ADOLESCENTE. ARTIGOS 217-A E 218-A DO CP. ALEGAÇÃO DE INSUFICIÊNCIA PROBATÓRIA. INOCORRÊNCIA. (...). Com efeito, impossível menoscabar os depoimentos das próprias vítimas - uma menina de 10 anos e um menino de 13 anos - as quais, de forma firme e contundente, desde o primeiro instante em que ouvidas, narram uma mesma e uníssona versão: de que reiteradas vezes foram atraídas pelo réu até a sua casa, abusadas sexualmente e submetidas, cada qual, a presenciar os abusos cometidos contra a outra. (...). Desprovimento do recurso."[190]

7 Pena e ação penal

Ao artigo 218-A é cominada pena de reclusão, de dois a quatro anos, sem cominação de sanção pecuniária. Como a pena mínima é inferior a quatro anos e o crime, em regra, é cometido sem violência ou grave ameaça, teoricamente é possível o acordo de não persecução penal (artigo 28-A do CPP), desde que presentes os requisitos legais.

A ação penal é pública incondicionada, por força do disposto no artigo 225 do Código Penal.

---

190 APL 01044917020118190001 RJ 0104491-70.2011.8.19.0001, Terceira Câmara Criminal, rel. Des. Suimei Meira Cavalieri, julg. em 27/11/2012.

V – FAVORECIMENTO DA PROSTITUIÇÃO OU OUTRA FORMA DE EXPLORAÇÃO SEXUAL DE VULNERÁVEL

1 Introdução

A submissão de crianças e adolescentes à prostituição ou exploração sexual passou a existir no Código Penal a partir da Lei nº 12.015/2009, porém já era incriminada de forma autônoma desde 2000, no hoje tacitamente revogado artigo 244-A do ECA ("Submeter criança ou adolescente, como tais definidos no *caput* do art. 2º desta Lei, à prostituição ou à exploração sexual. Pena – reclusão de quatro a dez anos, e multa").

A novidade foi a inclusão dos portadores de enfermidade ou deficiência mental destituídos de discernimento como vítimas em potencial. Anteriormente a 2000, a conduta praticada em face de crianças e adolescentes encontrava subsunção nas normas do Código Penal que tratam genericamente do fenômeno do lenocínio (artigos 227 a 231-A); assim ocorreu com os portadores de enfermidade ou deficiência mental até 2009. Não que a exploração sexual ou submissão à prostituição das pessoas mencionadas no artigo 218-B não seja uma forma de lenocínio. Todavia, em razão da peculiar condição da vítima, optou-se por alocar a conduta dentre os crimes praticados contra vulneráveis.

Sobre a revogação tácita do artigo 244-A, não há qualquer discussão, pois a norma posterior (artigo 218-B) versou sobre todos os aspectos da conduta anteriormente prevista no Estatuto da Criança e do Adolescente. Ou seja, ab-rogação que salta aos olhos. Contudo, a Lei nº 13.440/2017, que foi criada com o único objetivo de punir com pena acessória de perda de bens e valores aquele que explora sexualmente crianças ou adolescentes, modificou a sanção penal cominada ao artigo 244-A. Para que o leitor não ache que leu errado: o legislador modificou a pena de um crime revogado (embora tacitamente). Da mesma forma que não há crime sem a correspondente sanção penal, o preceito secundário só pode produzir efeitos se coligado a um preceito primário, que, no caso, é inexistente. Em suma, a Lei nº 13.440/2017 é natimorta, por absoluta inaptidão técnica de parlamentares envolvidos em sua tramitação. E o artigo 244-A do ECA continua revogado.

Por lenocínio, palavra oriunda do latim *lenocinium*, se entenda qualquer ato de estímulo, favorecimento ou facilitação da prostituição ou da sexualidade alheia, haja ou não intenção do agente de auferir proveito através de sua conduta. Consoante Galdino Siqueira, deve o lenocínio ser dividido em duas espécies: principal, englobando as condutas em que o sujeito ativo toma a iniciativa da corrução ou prostituição da vítima; e acessório, em que o sujeito ativo facilita ou explora a corrução ou prostituição preexistente.[191]

Evidentemente, o que se incrimina na norma não é a prostituição, já que as pessoas a ela entregues ou o fazem por pressões socioeconômicas, ou no legítimo exercício da autonomia da vontade, valendo-se do direito de dispor do próprio corpo, sem que o Estado possa tolher a atividade. Aliás, as concepções mais recentes sobre a teoria do bem jurídico-penal impedem a criminalização de modos de vida etiquetados – e muitas vezes, preconceituosamente – como imorais. Por isso, criticamos severamente os tipos penais que, sob uma aura falaciosa de proteção dos profissionais do sexo, pretendem relegar a prostituição a guetos, impedindo sejam fornecidos meios para o exercício digno do comércio carnal.

Aqui, entretanto, há uma situação especial de prostituição, porquanto a vítima tenha menor capacidade de defesa e maior exposição aos malefícios oriundos da atividade. A proteção se justifica, assim, não pela imoralidade da exploração sexual ou por qualquer outra argumentação que não seja a inadequação da condição pessoal da vítima ao tipo de trabalho a que se submete.

2 Objetividade jurídica

Tutela-se a dignidade sexual, mas não necessariamente a liberdade sexual. A pessoa com idade entre quatorze e dezoito anos incompletos já possui liberdade sexual plena. Isso fica claro quando observamos a redação dos artigos 217-A, 218 e 218-A, dedicados aos menores de quatorze anos. Assim, se o adolescente, a partir dos quatorze anos, pode se entregar a quaisquer práticas sexuais, das mais convencionais às mais bizarras, como, por exemplo, o *fisting* (inserção da mão e do antebraço na vagina ou ânus), seria estranho vedar-lhe o exercício do comércio sexual.

Buscando justificar a tutela, Busato enxerga no caráter degradante da atividade o argumento necessário para sustentar a violação à dignidade sexual da vítima.[192]

---

191 SIQUEIRA, Galdino. *Op. cit.*, p. 297.
192 Op. cit., p. 920.

Para Masson, tutela-se o "direito [da vítima] ao desenvolvimento sexual saudável, equilibrado e compatível com sua idade ou condição pessoal.[193]

Renato Marcão e Plínio Gentil aduzem que a objetividade jurídica recai sobre a vulnerabilidade da vítima, o que não pode ser aceito, uma vez que a vulnerabilidade (para os autores, relativa na idade compreendida entre quatorze e dezoito anos incompletos) não é um bem jurídico penalmente tutelável, mas uma característica do sujeito passivo. Em seguida, refletem que a vítima submetida à exploração sexual sofre "degradação da moral sexual", indicando que talvez essa moral seja o objeto da tutela, na concepção ali defendida.[194]

A liberdade sexual é apontada por Régis Prado como o bem jurídico tutelado na norma em qualquer hipótese.[195] Cremos acertada a lição apenas no que concerne aos portadores de enfermidade ou deficiência mental, pois estes só serão vítimas se não possuírem discernimento para o ato, e, quase sempre, quando a vítima é menor de quatorze anos.

Paulo Queiroz se manifesta contrariamente à incriminação: "Já vimos que se trata de (mais) um tipo inconstitucional que, a pretexto de proteger a dignidade sexual, criminaliza indiretamente a liberdade de autodeterminação sexual, já que a prostituição constitui uma das possibilidades legítimas de exercício da sexualidade num Estado (laico) de Direito."[196]

Lembremos que aquilo que se pune na norma não é o exercício da sexualidade – inclusive remunerada – pela vítima com idade entre quatorze e dezoito anos incompletos. O § 2º, I, do artigo 218-B evidencia que a pessoa que mantém relações sexuais com esse adolescente só praticará crime se a vítima for sexualmente explorada por outrem, não existindo crime na hipótese em que se prostitui por si só. Ou seja, o pano de fundo da incriminação é a exploração da atividade, não a prostituição em si. No caso da vítima com idade entre quatorze e dezoito anos incompletos, portanto, pensamos que o bem jurídico tutelado não é a liberdade sexual, a moral sexual etc., mas a sua constituição físico-psíquica, colocada em risco pela exploração que a coisifica.

Comprovada a degradação objetificante, é irrelevante o consentimento da vítima.

O objeto material do crime é a pessoa submetida à prostituição ou à exploração sexual.

---

193 Op. cit., p. 98.
194 Op. cit., p. 237.
195 Op. cit., p. 845.
196 Op. cit., p. 563

3 Sujeitos do delito

Tratando-se de crime comum, o delito em tela pode ser praticado por qualquer um, independentemente de qualidades pessoais.

O sujeito passivo pode ser o menor de dezoito anos (contrariamente aos demais tipos penais deste capítulo, nos quais o vulnerável é pessoa com idade inferior a quatorze anos), excluída a data em que a vítima completa essa idade, ou a pessoa portadora de enfermidade ou deficiência mental, desde que não tenha discernimento para o ato.

4 Elementos objetivos, subjetivos e normativos do tipo

Tem-se, no dispositivo em comento, a seguinte redação: "Submeter, induzir ou atrair à prostituição ou outra forma de exploração sexual alguém menor de 18 (dezoito) anos ou que, por enfermidade ou deficiência mental, não tem o necessário discernimento para a prática do ato, facilitá-la, impedir ou dificultar que a abandone".

São seis os verbos incriminados no tipo penal, de modo que estamos diante de um crime plurinuclear. Cuida-se, ainda, de tipo misto alternativo, pois a prática de mais de uma dessas condutas em um mesmo contexto implicará crime único.

Submeter alguém à prostituição significa impor a prática à vítima. Induzir, como já visto em outros delitos deste mesmo capítulo, é levar à vítima a ideia de se prostituir, fazer nascer esse propósito. Atrair é estimular, incentivar, oferecer vantagens para que a vítima ingresse na atividade de prostituição, conduta esta que engloba o verbo instigar. Nestes três primeiros verbos, a vítima ainda não está se prostituindo ou sendo sexualmente explorada, mas é levada a essa situação pelo sujeito ativo.

Nos demais verbos, a vítima já pratica a atividade, ou seja, são condutas que ocorrem durante a prostituição ou exploração sexual. Facilitar significa auxiliar, favorecer. Impedir o abandono significa proibir a cessação da atividade, mesmo contrariamente à vontade da vítima. E dificultar o abandono versa sobre a criação de obstáculos para que o sujeito passivo não possa exercer de forma imediata sua vontade.[197]

---

197 TJRS: "APELAÇÃO-CRIME. FAVORECIMENTO DA PROSTITUIÇÃO OU OUTRA FORMA DE EXPLORAÇÃO SEXUAL DE VULNERÁVEL. ABSOLVIÇÃO POR ATIPICIDADE DA CONDUTA. FORNECIMENTO DE PRODUTO CUJOS COMPONENTES POSSAM CAUSAR DEPENDÊNCIA QUÍMICA OU PSÍQUICA. BEBIDA ALCOÓLICA. ATIPICIDADE. ABSOLVIÇÃO. Favorecimento da prostituição ou outra forma de exploração sexual de vulnerável. O contexto probatório não evidencia a consecução das elementares típicas de atração ou facilitação por parte da acusada. Nos casos como o da espécie, necessário tomar em conta todo o contexto circunscrevente à situação fático-jurídica que se apresenta. Assim, vítima com, à época, 17 anos e 5 meses de idade, que referiu não ter sido obrigada à prostituição, bem

O termo prostituição se refere ao comércio carnal, em que uma pessoa, mediante remuneração e com habitualidade, pratica atos libidinosos com clientes indeterminados, gozando da autonomia que sua liberdade sexual lhe confere.

Para Regis Prado, "prostituição é o exercício habitual do comércio do próprio corpo para a satisfação sexual de um número indeterminado de pessoas."[198] Nucci define a prostituição como "o comércio sexual do próprio corpo, geralmente desenvolvido com habitualidade, objetivando o sustento."[199] Em seguida, o mesmo autor, ressaltando o caráter absolutamente pejorativo que se confere ao termo, adverte, com razão: "Vender sexo é somente uma questão de perspectiva; a denominação que se lhe confere, na prática, é indiferente; se considerada tal venda do ponto de vista da moralidade ou da ética, ingressa a hipocrisia: dependendo do ambiente e das circunstâncias é moralmente aceitável; do contrário, imoral."[200]

O raciocínio toma por base exemplificativa o relacionamento matrimonial em que pessoa idosa, para obtenção de prestação sexual com outra mais jovem, garante suporte financeiro a esta, mas sem envolvimento emocional, todavia sob o manto do casamento, o que passaria a ser considerado aceitável pelos padrões de moralidade vigentes. A liberdade sexual experimentada na sociedade do consumo torna tênue a linha entre o que pode ou não ser considerado um ato de prostituição, esbarrando na quase totalidade das vezes em preconceitos arraigados. Por conseguinte, urge seja desconsiderada qualquer valoração moral na definição do termo, que passa a definir unicamente a uma categoria profissional, tal qual outros tantos prestadores de serviços.

Não obstante consideremos a intenção lucrativa, ou mesmo de manutenção da própria subsistência, indissociável da atividade de prostituição, tratando-se de contraprestação pela prática de um serviço, é certo que a assertiva encontra resistência por parte de muitos autores.

Beni Carvalho, por exemplo, afirma: "Como é sabido, o fim ou intuito de lucro não concretiza, especificamente, a prostituição, que poderá existir sem essa circunstância. Ninguém ignora a existência da prostituição gratuita, resultante de perversões sexuais, de taras orgânicas, na qual a mulher não mercadeja seu corpo; entrega-se, ao contrário, sem venalidade, por depravação

---

como atestou ter ficado no local porque teria gostado não se consubstancia em quadro fático apto a ensejar a responsabilização criminal da apelante. (...) APELAÇÃO PROVIDA." (Apelação Crime Nº 70046133559, Quinta Câmara Criminal, rel. Des. Diogenes Vicente Hassan Ribeiro, julg. em 30/01/2013).

198 PRADO, Regis. *Op. cit.*, p. 846.

199 NUCCI, Guilherme de Souza. *Prostituição, Lenocínio e Tráfico de Pessoas:* aspectos constitucionais e penais. São Paulo: Editora Revista dos Tribunais, 2014. p. 62.

200 Idem, *ibidem*, p. 64.

ou morbidez dos instintos, ou, mesmo, *per carità*, como, espirituosamente, consigna Afrânio Peixoto."[201] A referência a uma mulher que se entrega a vários leitos, por si só, já demonstra tratamento discriminatório na lição, pois não há menção ao homem de vida desregrada como prostituído. Ademais, a diversidade de parceiros é algo que interessa apenas à pessoa que livremente exerce sua sexualidade. Repetimos: uma vez retirada da prostituição sua aura de imoralidade e revelada a atuação profissional de quem se entrega ao sexo, mister isso se dê mediante remuneração.

Merece destaque, embora atualmente apenas como curiosidade, a discutível menção que fazia o Código Penal de 1890 aos termos "mulher pública" e "prostituta", não apenas pela questão do gênero, mas também por tornar o estupro um crime privilegiado, quando praticado contra tais pessoas.[202] Versando sobre a hipótese, pronunciava-se Chrysolito de Gusmão: "O Código de 1890 usa as expressões mulher pública ou prostituta; essas duas expressões foram usadas, é de ver, como sinônimas, ambas significando o exercício do meretrício, seja a mercantilização do corpo praticada ou não nos prostíbulos. A meretriz, para que como tal possa a vítima ser considerada, juridicamente, deve ser conhecida como tal, não sendo, como já o dissemos, necessário que viva no prostíbulo, mas bastando que prodigalize indistintamente, promiscuamente, os concúbitos, os prazeres venéreos, ou seja, o *vulgivagae veneris exercitum*, na lapidar frase de Puttman, a quem Calogero se reporta, podendo, também, o ser a mulher casada que frequenta os locais de prostituição para com seu corpo auferir os lucros de clientes conhecidos ou desconhecidos (...)."[203]

Exploração sexual é outro termo de conceituação controversa. Parece-nos que, tal como redigido o Código Penal, a expressão ganha uma conotação de gênero, do qual o aproveitamento ou fomento da prostituição é espécie. Isso fica claro quando a norma fala em "prostituição ou outra forma de exploração sexual", inferindo-se que aquela está contida nesta. Trata-se, por conseguinte, de exercício de interpretação analógica.

Queremos crer que Paulo Queiroz chega a semelhante conclusão, ao afirmar que "a outra forma de exploração sexual a que alude o tipo é qualquer atividade semelhante à prostituição que importe em degradação da dignidade da vítima sexualmente explorada."[204]

Parecido é o escólio de Regis Prado, que, após afirmar a exploração como o ato de "dominar, abusar, tirar vantagem do ato sexual alheio", conclui pela

---

201 CARVALHO, Beni. *Op. cit.*, p. 268.
202 Antigo artigo 268, § 1º, do CP republicano.
203 GUSMÃO, Chrysolito. *Op. cit.*, p. 138.
204 QUEIROZ, Paulo. *Op. cit.*, p. 556-557.

sua conceituação como "qualquer comportamento que viole a dignidade sexual de alguém".[205]

Em face de todas essas definições, podemos citar, como exemplo de exploração sexual, a hipótese em que não há habitualidade no comércio corporal, o que descaracteriza a prostituição, mas não impede exploração sexual por parte do sujeito ativo, ainda que eventual.[206]

Tratando especificamente da exploração sexual de crianças e adolescentes, mas em dicção que pode ser estendida para vítimas diversas, Eva Faleiros, mencionada por Pierangeli e Carmo Antônio de Souza, estabelece quatro modalidades de exploração sexual,[207] a saber: (a) prostituição, compreen-

---

205 PRADO, Regis. *Op. cit.*, p. 846.

206 A respeito, aparentemente sustentando tese contrária, TJSP: "FAVORECIMENTO DA PROSTITUIÇÃO OU OUTRA FORMA DE EXPLORAÇÃO SEXUAL DE VULNERÁVEL. Conduta de pagar R$ 130,00 à ofendida, para que ela mostrasse os seios a BENEDITO. Condenação. Pretendida absolvição. Admissibilidade. Inviabilidade de se considerar os fatos narrados como forma de favorecimento à prostituição de vulnerável. Não configuração efetiva da prostituição, conceituada, conforme doutrina e jurisprudência, pelo exercício habitual do comércio carnal, para satisfação sexual de número indeterminado de pessoas. Não se vislumbra o requisito da habitualidade em um único evento libidinoso, tampouco o contingente probatório autoriza a dedução que BENEDITO agiu com o dolo de conduzir a ofendida ao universo da prostituição, disponibilizando estrutura, clientes ou facilitando de qualquer forma o exercício desta atividade. Recurso provido para decretar a absolvição fundada na atipicidade da conduta." (APL 00126657820118260320 SP 0012665-78.2011.8.26.0320, 16ª Câmara de Direito Criminal, rel. Des. Otávio de Almeida Toledo, julg. em 30/04/2013). Em seu voto, se manifestou o relator: "Ainda que exista um convite, seguido por aceitação, para que a ofendida mostrasse os seios, o quadro probatório não dá margem para a conclusão de que BENEDITO seja responsável por induzir pessoa vulnerável à prostituição, compreendida como a satisfação da lascívia de número indeterminado de pessoas, com o mínimo de habitualidade e, mais, que da mercantilização do sexo decorra alguma vantagem para terceiro, por exemplo um agenciador ou cafetão, ou seja, um verdadeiro explorador de prostitutas. Nesse sentido a jurisprudência, consoante ementa citada no voto proferido pelo eminente Desembargador Newton Neves, quando relator nos autos da apelação criminal nº 990.10.453204-3, membro desta Colenda Câmara: 'Facilitar a prostituição é prestar qualquer auxílio ao seu exercício, como promover a instalação de prostitutas, angariar-lhe clientes e até mesmo tolerar, conivente-mente, contra o próprio dever jurídico que alguém exerça a profissão (RT 483/306)'. BENEDITO não criou condições para que A.A.Z. colocasse seu corpo à disposição de um sem número de pessoas, dispostas a pagar por sexo; jamais forneceu local ou estrutura para este mister; não providenciou clientes; também deixou de incentivá-la neste sentido ou aproximá-la de terceiro capaz promover o ingresso na prostituição. A circunstância de tê-la pago para mostrar os seios não pode ter consequências exacerbadas, assim alimentando-se a crença, alheia ao panorama das provas, de que, a partir de sua proposta libidinosa, BENEDITO tivesse agido com dolo de impulsionar A.A.Z. para o universo da prostituição ou exploração sexual contumaz."

207 São as mesmas modalidades definidas no I Congresso Mundial contra a Exploração Sexual Comercial de Crianças e Adolescentes (Estocolmo, 1996).

dendo atos sexuais negociados em troca de pagamento, não necessariamente monetário; (b) turismo sexual, englobando o comércio sexual articulado em cidades turísticas, visando a satisfação de turistas nacionais ou estrangeiros; (c) pornografia, versando sobre a produção, difusão e aquisição de material pornográfico, tais como filmes, fotos etc.; (d) e o tráfico para fins sexuais, cuidando da conduta clandestina e ilícita de movimentação de pessoas por limites e fronteiras territoriais, para compelir vítimas ao exercício de uma finalidade sexual.[208]

A lição é válida, mas não se presta a esclarecer o conteúdo do tipo penal ora em estudo. Primeiramente, porque o turismo sexual pode configurar aproveitamento ou fomento da prostituição, bem como outra forma de exploração sexual, não sendo útil para divisar as duas hipóteses. No que concerne à pornografia infantil ou de adolescentes, há a caracterização dos tipos penais do Estatuto da Criança e do Adolescente (artigos 240, 241 e 241-A a 241-D da Lei nº 8.069/90). E o tráfico de pessoas é encampado pelo artigo 149-A do Código Penal, sendo certo que também ele pode servir à prostituição ou outra forma de exploração sexual, novamente inviabilizando a distinção entre as expressões. Mas resta evidenciado que a intervenção de outrem em atos de prostituição alheios se insere no conjunto de hipóteses que encerram a exploração sexual.

Vale ressaltar, ainda, a posição de Nucci sobre o tema: a exploração sexual pressupõe violência, grave ameaça ou fraude. Argumenta o autor, negando inserção da totalidade dos casos de aproveitamento ou fomento da prostituição entre as hipóteses de exploração sexual: "Não se pode negar a existência de autêntica exploração sexual de alguns setores da prostituição, em especial as pessoas prostituídas sob controle e fiscalização violenta ou ameaçadora de rufiões. Mas a generalização é contraproducente, pois invade o campo exclusivamente moral, vale dizer, a prostituição tornar-se-ia uma forma de exploração sexual somente porque deve ser reputada imoral. (...) Não é novidade para ninguém o grau de exploração sexual da imagem de inúmeras pessoas em propagandas e estabelecimentos comerciais variados. A publicidade se vale de mulheres seminuas para vender cerveja; restaurantes colocam garçonetes seminuas para atender as mesas; revistas contendo imagens de pessoas nuas (inclusive com cenas de sexo explícito) são fartamente distribuídas. Todas essas pessoas estão sendo sexualmente exploradas? (...) Insistimos em dizer que a mera referência à exploração sexual possui um conteúdo tão ambíguo quanto vazio e jamais deveria constar de tipos penais incriminadores."[209]

---

208 FALEIROS, Eva, *apud* PIERANGELI, José Henrique; SOUZA, Carmo Antônio de. *Op. cit.*, p. 85-86.

209 NUCCI, Guilherme de Souza. *Op. cit.*, p. 92-93.

Concordamos com boa parte da explanação, em que pesem pontuais discordâncias. De fato, o termo "exploração sexual" é demasiadamente vago, fulminando a necessária clareza norteadora da confecção das leis penais, o que permite vislumbrar lesão ao princípio da taxatividade. Superada essa dificuldade, defendemos também que toda forma de aproveitamento ou fomento criminoso da prostituição será uma espécie de exploração sexual, embora nem todo aproveitamento ou fomento da prostituição seja criminoso. Nesses casos, não haveria se falar em exploração sexual. Ora, se estamos debatendo crimes contra a dignidade sexual, somente podemos cogitar incriminação da conduta caso o tratamento dispensado a quem se prostitui seja indigno. Caso contrário, não existe crime, tampouco exploração sexual. Sobre o tema, remetemos o leitor ao capítulo referente aos crimes de lenocínio e tráfico de pessoas. Não concordamos, no entanto, que invariavelmente a exploração sexual pressuporá violência, física ou moral, ou fraude. Existem outras tantas formas de se atentar contra a dignidade de quem se prostitui, como a exploração em ambientes insalubres de trabalho, ou quando a vítima é vulnerável.

No que tange à menoridade da vítima, ou à sua condição de portadora de enfermidade ou deficiência mental, que lhe suprime a capacidade de discernimento, é perfeitamente aceitável a alegação de erro de tipo, desde que não seja absurda, ou seja, um mero artifício defensivo sem qualquer plausibilidade.

O crime é invariavelmente doloso, não se exigindo qualquer intenção especial do sujeito ativo (especial fim de agir). Caso o autor seja movido pela intenção de lucro (ressalte-se que não se fala aqui da vítima movida pelo *animus lucrandi*, mas do explorador da atividade), que é dispensável para a configuração delitiva, além da pena privativa de liberdade, aplica-se cumulativamente pena de multa, consoante redação do § 1º.

5 Modalidades equiparadas

O § 2º do artigo 218-B traz condutas apenadas da mesma forma que o *caput* do dispositivo.

No inciso I, pune-se o comportamento de quem "pratica conjunção carnal ou outro ato libidinoso com alguém menor de 18 (dezoito) e maior de 14 (catorze) anos na situação descrita no *caput* deste artigo".[210]

---

210 TJRS: "HABEAS CORPUS. FAVORECIMENTO DA PROSTITUIÇÃO OU OUTRA FORMA DE EXPLORAÇÃO SEXUAL DE VULNERÁVEL. PRISÃO PREVENTIVA. REQUISITOS. AUSÊNCIA DE HIPÓTESE DE CONSTRANGIMENTO ILEGAL. ORDEM DENEGADA. (...) 2. PERICULUM LIBERTATIS. Merece destaque não só a gravidade ínsita aos delitos imputados, mas também a que foi revelada pelos meios de sua execução, considerando as severas circunstâncias fáticas descritas na denúncia e nos elementos indiciários que instruem o presente writ. Os delitos imputados ao

Não havia incriminação da conduta em apreço anteriormente à Lei nº 12.015/09, ou seja, à época do hoje revogado artigo 244-A do Estatuto da Criança e do Adolescente, que tratava da exploração sexual de menores de dezoito anos. Isso restou evidenciado em julgamento ocorrido no âmbito do STJ: "PENAL. EXPLORAÇÃO SEXUAL. ART. 244-A DO ECA. RÉUS QUE SE APROVEITAM DOS SERVIÇOS PRESTADOS. VÍTIMAS JÁ INICIADAS NA PROSTITUIÇÃO. NÃO-ENQUADRAMENTO NO TIPO PENAL. EXPLORAÇÃO POR PARTE DOS AGENTES NÃO-CONFIGURADA. RECURSO ESPECIAL IMPROVIDO. 1. O Superior Tribunal de Justiça tem entendimento no sentido de que o crime previsto no art. 244-A do ECA não abrange a figura do cliente ocasional, diante da ausência de exploração sexual nos termos da definição legal. Exige-se a submissão do infante à prostituição ou à exploração sexual, o que não ocorreu no presente feito. REsp 884.333/SC, Rel. Min. GILSON DIPP, Quinta Turma, DJ 29/6/07. 2. Recurso especial improvido."[211] Em seu voto, assim se pronunciou o Ministro Arnaldo Esteves de Lima: "Esta Corte tem entendimento no sentido de que o crime previsto no art. 244-A do ECA não abrange a figura do cliente ocasional, diante da ausência de exploração sexual nos termos da definição legal. Exige-se a submissão do infante à prostituição ou à exploração sexual, o que não ocorreu no presente feito. Da análise dos autos, verifica-se que as adolescentes estavam em um ponto de ônibus, e após certificarem os réus que se tratavam de garotas de programa, as convidaram para ir até um motel, o que foi prontamente aceito. Houve o pagamento de R$ 80,00 para duas adolescentes e R$ 60,00 para uma outra. Assim, não há falar em exploração sexual diante da ausência da figura do explorador, também conhecido como 'cafetão', bem como do conhecimento desse fato pelos ora recorridos. Não houve a configuração da prática do delito previsto no art. 244-A do ECA." A lacuna existente foi colmatada com a reforma dos crimes sexuais.

O núcleo do tipo penal é revelado no verbo praticar (realizar, fazer, perpetrar). Mantém-se conjunção carnal (coito vaginal) ou qualquer outro ato

---

paciente revestem-se de extrema gravidade, considerando que, em tese, se valia, de forma reiterada, dos agenciadores para, mediante pagamento, satisfazer sua lascívia com menores de idade. Conforme veiculado na denúncia, o acusado teria, em tese, mantido conjunção carnal com três adolescentes/vítimas, e, dos elementos de prova existentes nos autos, percebe-se claramente que as práticas delitivas se repetiram por várias vezes contra as menores. Segregação cautelar decretada para a garantia da ordem pública, especialmente para acautelamento do meio social. Fundamento que encontra amparo na jurisprudência do STF e do STJ quando apoiado em elementos concretos. (...)" (HC 70056679251 RS, Oitava Câmara Criminal, rel. Des. Dálvio Leite Dias Teixeira, julg. em 06/11/2013).

211 REsp 820018/MS, Quinta Turma, rel. Min. Arnaldo Esteves de Lima, julg. em 05/05/2009.

libidinoso (coito oral, anal, masturbação etc.) com pessoa com idade superior a quatorze anos – bastando que a vítima tenha acabado de completar tal idade – e inferior a dezoito anos – nesse caso, a data em que a vítima completa a maioridade é excluída do tipo penal, sendo desprezadas as frações de hora. Todavia, como já visto, a pessoa com idade igual ou superior a quatorze anos, em princípio, possui liberdade sexual plena, razão pela qual o delito só é configurado se a vítima se prostituir ou se estiver submetida à exploração sexual.[212] Vejamos: se o turista pede a um "agenciador" que leve adolescente submetida à prostituição, com idade de quinze anos, ao seu quarto de hotel, a fim de com ela praticar atos libidinosos, o que efetivamente ocorre, o "agenciador" responde pelo *caput* do artigo 218-B. Já o cliente será responsabilizado pelo § 2º, I, do mesmo dispositivo. Saliente-se que, se a vítima gerencia a própria prostituição, isto é, se não é sexualmente explorada, não se encontrando nas situações do *caput* deste artigo caso, mesmo possuindo a idade estabelecida na norma, não haverá infração penal no comportamento de seus clientes.

Não foram incluídos no dispositivo os menores de quatorze anos, tampouco os portadores de enfermidade ou deficiência mental destituídos de discernimento. Isso porque, caso sejam praticados atos libidinosos com essas pessoas, o crime será de estupro de vulnerável (artigo 217-A, CP).

Já no inciso II do mesmo parágrafo, são criminalmente responsabilizados "o proprietário, o gerente ou o responsável pelo local em que se verifiquem as práticas referidas no *caput* deste artigo". Cuida-se de dispositivo absurdamente mal redigido, pelo simples fato de que não descreve nenhuma conduta. Em momento algum o inciso delineia os limites do comportamento incriminado, bastando-se na menção aos agentes.

É possível, contudo, extrairmos o objetivo da norma: punir aqueles que, tendo conhecimento de que no estabelecimento crianças ou adolescentes são sexualmente explorados ou submetidos à prostituição, permitem seu prosseguimento, seja promovendo a manutenção do local, seja se omitindo.

---

212 O TJRS já entendeu que a mera oferta de dinheiro para induzir a vítima aos atos sexuais não é suficiente para a caracterização do crime em testilha: "APELAÇÃO. CRIMES CONTRA A DIGNIDADE SEXUAL. ESTUPRO DE VULNERÁVEL. FAVORECIMENTO À PROSTITUIÇÃO OU OUTRA FORMA DE EXPLORAÇÃO SEXUAL DE VULNERÁVEL. CONTRAVENÇÃO PENAL. SERVIR BEBIDA ALCÓOLICA A MENOR. (...) 5. FAVORECIMENTO À PROSTITUIÇÃO OU OUTRA FORMA DE EXPLORAÇÃO SEXUAL DE VULNERÁVEL. DECRETO ABSOLUTÓRIO. No caso concreto, muito embora inequívoco pela prova oral colhida a promessa de pagamento pelo réu para que M. M. D. mantivesse relação sexual consigo, não há notícias de que a menor tenha sofrido atos de manipulação da vontade por terceiro para o exercício de prostituição ou exploração sexual, ou de que o acusado tenha se aproveitado dessa situação peculiar da ofendida para com ela praticar atos libidinosos. (...)"(ACR 70044767440 RS, Oitava Câmara Criminal, rel. Des. Dálvio Leite Dias Teixeira, julg. em 07/11/2012).

Em verdade, aqui temos conduta assemelhada (mas nem de longe idêntica) ao artigo 229 do CP, de modo que cometem o delito o proprietário do imóvel alugado, onde ocorrem as práticas descritas no *caput*; o gerente da boate em que as vítimas são expostas a potenciais clientes; o dono de hotel que tolera a prática do turismo sexual com crianças ou adolescentes nas dependências do estabelecimento etc.

Caso essas pessoas participem diretamente da exploração sexual, responderão pelo delito insculpido no *caput*.

6 Efeito da sentença condenatória

Merece destaque, ainda, o disposto no § 3º do mesmo artigo, assim redigido: "Na hipótese do inciso II do § 2º, constitui efeito obrigatório da condenação a cassação da licença de localização e de funcionamento do estabelecimento."

Cuida-se de efeito secundário obrigatório da sentença condenatória, de natureza extrapenal, nos mesmos moldes do disposto no artigo 91 do CP. Portanto, não é necessário que haja fundamentação para que se possibilite a providência.

Evidentemente, o estabelecimento empresarial mencionado é regularmente constituído. A norma, assim, não alcança os imóveis particulares ou os estabelecimentos que funcionam ao arrepio da fiscalização pública, simplesmente pela inexistência de licenças a cassar.

7 Consumação e tentativa

Nos três primeiros verbos, o crime se consuma com a inequívoca constatação de que a vítima está inserida na prostituição ou é submetida à exploração sexual, ainda que não haja a prática efetiva de qualquer ato libidinoso. No mesmo sentido, Regis Prado.[213]

Nas condutas de impedir ou dificultar o abandono, o crime se consuma quando o agente efetivamente impõe obstáculos à decisão da vítima, ainda que, no caso do verbo dificultar, eventualmente a vítima consiga deixar a condição em que se encontra.

A tentativa é admissível, tratando-se de crime plurissubsistente.

8 Concurso de crimes e concurso aparente de normas

A pluralidade de vítimas menores de 18 anos ou portadoras de enfermidade ou deficiência mental, sem discernimento para o ato, importará concurso de crimes, pois o bem jurídico tutelado é de natureza individual. Assim, para cada violação à objetividade jurídica, existirá um crime.

---

213 PRADO, Luiz Regis. *Op. cit.*, p. 847.

Quando cotejado o crime em estudo com outros crimes sexuais, verificamos ser possível, em muitos casos o concurso de crimes. Por exemplo, o artigo 218-B pode coexistir com o artigo 217-A em concurso material, como no caso em que o sujeito ativo explora sexualmente uma criança, entregando-a à prática de relações sexuais com clientes (nessa hipótese, o explorador será partícipe do estupro de vulnerável praticado pelo cliente).

Igualmente, reputamos possível o concurso material com os crimes do ECA, como no caso em que um adolescente submetido à exploração sexual regular eventualmente ainda se preste a sessões de fotos e filmagens de cenas de sexo explícito.

No que tange ao artigo 218 do CP, caso superada sua inconstitucionalidade – que defendemos no tópico referente a este delito – entendemos ser absorvido pelo artigo 218-B, já que o induzimento à prática de atos sexuais é inerente à exploração sexual.

O artigo 228 do CP será absorvido pelo 218-A, pela aplicação da técnica da especialidade. Quanto ao artigo 229 do CP, embora seja uma modalidade especial da conduta incriminada no artigo 228, também restará absorvido pelo 218-B. Contudo, em havendo mais de uma vítima, esses artigos poderão existir em concurso de crimes com o favorecimento da prostituição ou outra forma de exploração sexual de criança ou adolescente, bastando que as demais pessoas atingidas sejam adultas e possuam discernimento para o ato.

Por derradeiro, repita-se a revogação tácita do artigo 244-A pela norma em comento, em lamentável falha legislativa, já que um mínimo de atenção à feitura das leis possibilitaria a revogação expressa.

9 Lei dos Crimes Hediondos

O artigo 218-B é crime hediondo, em qualquer uma de suas modalidades (*caput*, § 1º e § 2º), de acordo com o inciso VIII do artigo 1º da Lei nº 8.072/90, inserido no diploma legal especial pela Lei nº 12.978 de 2014. Trata-se de norma irretroativa.

10 Pena e ação penal

Comina-se ao crime de favorecimento da prostituição ou outra forma de exploração sexual de vulnerável pena de reclusão, de quatro a dez anos, à qual se adita a pena de multa em caso de intenção lucrativa (§ 1º).

A ação é pública incondicionada, de acordo com o disposto no artigo 225 do CP.

VI – PRESCRIÇÃO NOS CRIMES CONTRA A DIGNIDADE SEXUAL DE CRIANÇAS OU ADOLESCENTES

A Lei nº 12.650, de 2012, inovou o regramento da prescrição no Brasil, modificando o teor do artigo 111 do Código Penal. O dispositivo, que trata do termo inicial do prazo prescricional, prevê, como regra, o início de seu cômputo com a consumação do crime (I). Em caso de crime tentado, o prazo começa a correr com a prática do último ato executório (II). Apenas dois incisos traziam exceções à regra: nos crimes permanentes, o termo inicial é a data da cessação da permanência (III); e, nas hipóteses de bigamia e de falsificação ou alteração de registro civil, quando o fato se tornou conhecido (IV).[214]

A mencionada lei inseriu no artigo 111 o inciso V, assim redigido: "Art. 111 - A prescrição, antes de transitar em julgado a sentença final, começa a correr: (...) V - nos crimes contra a dignidade sexual de crianças e adolescentes, previstos neste Código ou em legislação especial, da data em que a vítima completar 18 (dezoito) anos, salvo se a esse tempo já houver sido proposta a ação penal." Ou seja, temos mais uma exceção positivada.

De início, cumpre ressaltar que o novo marco inicial do prazo prescricional não se aplica apenas aos crimes contra a dignidade sexual de crianças e adolescentes do Código Penal. Ou seja, o inciso V não cobre apenas o Capítulo II do Título VI da Parte Especial. Ao se referir a crimes "previstos neste Código ou em legislação especial", fica claro que a alteração alcança todos os crimes praticados contra crianças ou adolescentes que tenham a dignidade sexual como bem jurídico tutelado, como, por exemplo, os crimes previstos nos artigos 240 a 241-D do ECA.

Com a recente normatização, que, por importar tratamento mais severo ao autor do crime, deve ser considerada irretroativa, a prescrição só começa a correr nos crimes mencionados quando a vítima completa dezoito anos.

---

214 Evidentemente, tratamos aqui apenas das situações previstas no artigo 111 do CP. Deixamos propositalmente de abordar casos tratados unicamente pela doutrina e jurisprudência (crimes habituais, por exemplo) ou versados em leis especiais.

Cuida-se de regra protetiva da criança e do adolescente, que, muitas vezes, por medo, vergonha ou falta de apoio familiar, se sentem tolhidos em revelar a ocorrência do crime sexual. Ou, mesmo, por conta da natural imaturidade, não compreendem o caráter do ato do qual são vítimas.[215]

Estende-se, portanto, a oportunidade de agir, com a consequente notícia do fato criminoso, a período posterior ao da maioridade. Nessa toada, suponhamos que determinada criança, contando com oito anos de idade, seja molestada sexualmente por um parente de dezoito anos, não revelando o fato aos pais, por se sentir envergonhada. Caracterizado o crime de estupro de vulnerável, percebemos que o prazo da prescrição da pretensão punitiva pela pena em abstrato é fixado em vinte anos. No entanto, como o autor possui idade entre dezoito e vinte e um anos, o prazo é reduzido da metade (dez anos). Ao completar dezoito anos de idade, a vítima, ora mais segura, decide por noticiar o crime. Adotada a consumação do delito como termo inicial, como previa originalmente o artigo 111 do CP, constatar-se-ia a extinção da punibilidade do agente. Contudo, pela nova regra, apenas na data do aniversário de dezoito anos da vítima o prazo tem início. Ou seja, não se perde a oportunidade de responsabilizar criminalmente o autor ainda por sua conduta.

O problema surge quando analisamos a parte final do dispositivo: "salvo se a esse tempo já houver sido proposta a ação penal". Caso haja propositura da ação contra o autor do crime antes de a vítima completar dezoito anos, a exceção prevista no inciso V deixa de valer. Nesse caso, já não se justifica a proteção intensificada ditada pelo dispositivo.

Todavia, em sendo proposta a ação penal, qual será o termo inicial do prazo prescricional? Vamos tomar o crime do artigo 218-A como exemplo. As pessoas envolvidas são as mesmas do exemplo anterior, ou seja, a vítima é uma criança de oito anos de idade e o autor, pessoa com dezoito anos. A pena de quatro anos, cominada como limite máximo ao citado delito, tem prazo prescricional de oito anos. Como o autor é menor de vinte e um anos, o prazo é reduzido para quatro anos. Ao completar quatorze anos, a vítima revela o ocorrido e o fato é levado ao conhecimento do Ministério Público, que oferece denúncia contra o autor. Dias depois, a denúncia é recebida pelo magistrado. Nesse caso, quando se considera iniciado o curso do prazo prescricional? São três as orientações possíveis: (a) com a consumação do crime (respeitando-se, assim, o preceituado no artigo 111, I, CP);[216] (b) com

215 MARTINELLI, João Paulo Orsini; DE BEM, Leonardo Schmitt. Op. cit., p. 1290.

216 Nesse sentido, Guilherme de Souza Nucci (*Curso de Direito Penal*. 2. ed. Rio de Janeiro: Forense, 2018. v. 1. p. 1006).

a propositura da ação pelo Ministério Público; e (c) com o recebimento da denúncia pelo Magistrado (em analogia ao disposto no artigo 117, I, CP).[217]

Filiamo-nos à segunda posição. A data da consumação do crime tem um embasamento teórico sedutor, fundado na negação à exceção. Ora, se o início do prazo prescricional aos dezoito anos completados pela vítima é uma exceção à regra, sua negação gera o restabelecimento da regra. Essa posição, no entanto, tem um problema prático, que ilustraremos com base no exemplo dado: se o Ministério Público denunciasse o autor do crime do artigo 218-A tão logo cientificado pela vítima, o crime já estaria prescrito. Isso porque o prazo estaria em curso desde a data da consumação do crime, ou seja, seis anos antes. Por conseguinte, o Ministério Público se veria obrigado a esperar para oferecer a ação penal somente depois que a vítima completasse dezoito anos, garantindo a inexistência da extinção da punibilidade, o que soa absurdo. Além disso, é uma orientação apenas aparentemente correta, pois a parte final do inciso V não privilegia a regra, mas sim estabelece outra exceção: o início do prazo prescricional a partir da propositura da ação penal.

Não verificamos pertinência também na terceira posição, que faz uma analogia com o disposto no artigo 117, I, do CP. Esse dispositivo, entretanto, não é uma regra de início, mas de reinício da contagem do prazo após sua interrupção (ou seja, pressupõe que a contagem já tenha se iniciado). Parece-nos mais fácil reconhecer que o artigo 111, V, estabeleceu uma regra diferenciada para o termo inicial. Nem se diga, que entre a propositura da ação penal e o recebimento da denúncia, o tempo decorrido é exíguo e isso não justificaria a ocorrência de uma causa interruptiva logo na sequência, pois a peça não será necessariamente recebida pelo magistrado.

A interpretação literal do artigo 111, V, por conseguinte, parece-nos mais plausível.

---

217 Essa é a posição adotada por Rogério Sanches Cunha (*Código Penal Para Concursos*. 6. ed. Salvador: Jus Podivm, 2013. p. 225).

VII – DIVULGAÇÃO DE CENA DE ESTUPRO OU DE CENA DE ESTUPRO DE VULNERÁVEL, DE CENA DE SEXO OU DE PORNOGRAFIA (ARTIGO 218-C, CP)

1 Introdução

Tipo penal criado pela Lei nº 13.718/2018, a "divulgação de cena de estupro ou cena de estupro de vulnerável, de cena de sexo ou de pornografia" foi alocada entre os crimes contra vulneráveis, mas apenas de forma tênue neles resvala (especificamente, nas condutas de propagação ou prévias à propagação de cena de estupro de vulnerável ou de indução ou apologia ao estupro de vulnerável). Em sua máxima amplitude, dirige-se com muito mais frequência aos não vulneráveis.

Percebe-se, assim, que o legislador se equivocou na determinação topológica conferida ao dispositivo, que poderia figurar junto ao artigo 216-B do CP. Certo é que este artigo foi criado por lei posterior (Lei nº 13.772/2018). Todavia, ainda que o artigo 218-C assumisse a numeração de artigo 216-B e o atual artigo 216-B fosse aposto no (hoje inexistente) artigo 216-C, a sistemática seria mais interessante do que a opção legislativa que veio à lume.

Temos, aqui, mais um produto da contemporaneidade, umbilicalmente ligado à evolução das tecnologias de comunicação e da informática. Decerto, o registro fotográfico ou áudio visual (ou outras formas de registro) de cenas de estupro ou estupro de vulnerável, ou de cenas de sexo, nudez ou pornográficas é algo que antecede a expansão da rede mundial de computadores. Na cultura pop, por exemplo, o filme Pulp Fiction já apresentava esse cenário.

Contudo, a disseminação dessas cenas era tímida, não constituindo uma preocupação social. O acesso facilitado à Internet e os programas de trocas de arquivos daí derivados (como, ainda na década de 90, o mIRC), no entanto, mudaram esse panorama, tornando o acesso a essas cenas cada vez mais comum.

Com os *smartphones* e os aplicativos de mensagens instantâneas, bem como com a maior capacidade de armazenamento de dispositivos informáticos, viu-se a necessidade de criminalização da exposição dessas imagens. Aparelhos de telefonia celular perdidos, contas na "nuvem" acessadas por hackers, a prática do *sexting* como forma de se alcançar o prazer, a facilidade de acesso a câmeras que captam imagens em alta resolução por criminosos sexuais e outras tantas situações fizeram com que a rede mundial de computadores se tornasse um celeiro inesgotável de arquivos contendo imagens com o teor mencionado na norma penal ora em estudo.

Em suma, boa parte das condutas previstas no artigo 218-C exigiam criminalização específica há tempos, ainda mais em se considerando a severidade da consequente lesão à intimidade sexual. O tipo penal, todavia, é mais abrangente do que o necessário, incriminando de forma autônoma e incompreensível, por exemplo, a divulgação de cena de apologia ou indução à prática de estupro ou estupro de vulnerável, comportamentos que já eram objeto dos tipos penais previstos nos artigos 286 e 287 do CP, o que cria uma dicotomia sem sentido.

2 Objetividade jurídica

Protege-se de forma primária a dignidade sexual da vítima, quase sempre em dois dos seus aspectos: intimidade e privacidade no exercício da sexualidade.

Secundariamente, a honra – objetiva ou subjetiva – da vítima também pode ser erigida à qualidade de bem jurídico tutelado. Frise-se que antes do advento do artigo 218-C, a divulgação não autorizada de cenas sexuais, pornográficas ou de nudez era interpretada como crime contra a honra,[218] de modo que reputação, dignidade e decoro também constituem a objetividade jurídica.

No que concerne à paz pública, somos refratários à sua alocação como bem jurídico penalmente tutelável nas condutas de divulgar cena de estupro, estupro de vulnerável, ou que contenha apologia ou indução à prática de estupro ou estupro de vulnerável, ainda que a incriminação dessas práticas tenha por objetivo impedir o estímulo ao crime (conclusão a que se chega ao percebermos que, para a proteção da imagem e da privacidade da vítima, bastaria a proibição de divulgação de cenas de nudez, de sexo ou pornográficas).

Apesar de boa parte da doutrina nacional silenciar sobre o tema, conceitos dotados de alta indeterminação – como o ora em apreço – não se prestam a figurar legitimamente como bens jurídico-penais, pois não cumprem

---

218 Nesse sentido, STJ, Ag. REsp. nº 1.261.381, rel. Min. Reynaldo Soares da Fonseca, julg. em 12.06.2018.

a função limitadora da teoria do bem jurídico. São, como denominamos, bens jurídicos "ocos". Como bem afirmam Martinelli e Schmitt de Bem, a suposta proteção à paz pública, "definição sonora e vazia de conteúdo", nada mais é do que a concretização da "tutela antecipada de bens jurídicos individuais de uma quantidade indeterminada ou indeterminável de pessoas".[219]

Como se pretende, no tipo penal, evitar o estímulo à prática de estupros e estupros de vulneráveis, é correto afirmar que a tutela jurídica se dá sobre a liberdade sexual, embora de forma antecipada, voltada a pessoas indeterminadas e no contexto do perigo abstrato.

O consentimento do ofendido opera efeito descriminalizante no que concerne aos comportamentos que envolvam cena de sexo, nudez ou pornografia.

Ainda que improvável, o consentimento para a divulgação de registros pode existir quanto às cenas de estupro e estupro de vulnerável. Contudo, não operará efeito descriminalizante. Explica-se: o crime anterior obviamente é praticado de forma não consentida ou com pessoa incapaz de expressar seu consentimento de forma válida; todavia, não se confunde com a divulgação posterior do registro, que pode ser autorizada. Suponhamos que uma mulher faça uso de substâncias psicotrópicas, restando entorpecida e incapaz de oferecer qualquer tipo de resistência, chegando mesmo ao estado de inconsciência. Pessoa do seu relacionamento, com quem flerta, se aproveita da situação para com ela praticar conjunção carnal, registrando o ato em vídeo. Essa pessoa pratica estupro de vulnerável. Ao retomar a consciência, a vítima não apenas não se sente aviltada para com o ato, como também autoriza o autor a divulgar a cena. Em que pese a disposição válida da proteção à imagem e privacidade, a pessoa filmada não pode dispensar a proteção à liberdade sexual, porquanto voltada a pessoas indeterminadas. Essa remanesce. Ou seja, a divulgação será criminosa.

No que concerne à apologia ou indução ao estupro ou estupro de vulnerável, não há se falar em consentimento, pelos mesmos motivos anteriormente expostos.

O objeto material da conduta é a cena que registra a conduta sexual criminosa ou a intimidade ou privacidade sexual de alguém.

3 Sujeitos do crime

Não há a exigência de qualquer qualidade especial para que uma pessoa figure como sujeito ativo do crime em estudo.

O sujeito passivo é a pessoa que tem a sua intimidade, privacidade ou liberdade sexual atingida, independentemente de qualidades especiais.

---

219 Op. cit., p. 171.

Ressalte-se, todavia, que se houver a divulgação de registro de criança ou adolescente em cena de sexo explícito ou pornográfica, o crime passa a ser o do artigo 241 ou o do artigo 241-A, ambos do ECA.

4 Elementos objetivos, subjetivos e normativos do tipo

Uma vez mais estamos diante de um crime plurinuclear, consistente em tipo misto alternativo. São núcleos do tipo penal os seguintes verbos ou locuções verbais: oferecer, trocar, disponibilizar, transmitir, vender, expor à venda, distribuir, publicar e divulgar.

Oferecer significa dispor-se a entregar alguma coisa a alguém. Trocar é dar algo a alguém com a expectativa de receber outra coisa como contrapartida. Disponibilizar é possibilitar o acesso a algo, inclusive através de redes *peer-to-peer* (P2P). Transmitir é difundir por canais de transmissão de imagens, como *streaming*. Vender é a cessão mediante pagamento ou promessa de pagamento. Expor à venda, conduta imediatamente anterior ao verbo vender, significa divulgar a possibilidade de entrega em troca de pagamento ou promessa de pagamento. Distribuir é entregar de qualquer forma, ainda que gratuitamente. Publicar consiste em expor ao público, por qualquer meio (salvo a hipótese de transmissão, tipificada de forma específica). Divulgar é qualquer outra forma de exposição, ou seja, é a conduta genérica que, inclusive, dá nome ao tipo penal.

Importa salientar que não existe crime na obtenção ou armazenamento dos registros sexuais. Acerca do assunto, assim nos manifestamos em artigo publicado em veículo digital: "Se pessoas querem trocar imagens eróticas entre si, não há vedação legal sequer para o armazenamento, ao contrário do que acontece quando há crianças ou adolescentes envolvidos. Pune-se, no art. 218-C, um comportamento posterior: após a obtenção da imagem, que pode se dar por qualquer meio, sua difusão desautorizada".[220] Essa lógica não se aplica quando a vítima é pessoa menor de dezoito anos, situação que determinará a incidência do artigo 241-B do ECA, em que as condutas incriminadas são "adquirir, possuir ou armazenar".

A obtenção clandestina do registro, ainda, pode configurar crime do artigo 154-A do CP, dependendo das circunstâncias do fato, mas não o delito do artigo 218-C, como no caso em que uma pessoa instala uma vulnerabilidade em computador alheio, valendo-se desse expediente para ter acesso remoto à máquina, o que lhe permite a ter acesso às fotos da vítima nua (imprescindível a presença das elementares do artigo 154-A). Se essa conduta

220 GILABERTE, Bruno. Lei nº 13.718/2018: importunação sexual e pornografia de vingança. In: *Canal Ciências Criminais*. Disponível em: https://canalcienciascriminais.com.br/importunacao-sexual-vinganca/. Publicado em: 25.09.2018. Acesso em: 27.05.2020.

é praticada unicamente com o objetivo de conseguir as imagens da vítima para posterior divulgação, o artigo 154-A será absorvido pelo 218-C, por ocasião da difusão da cena. Contudo, em sendo um fim em si mesma, existirá concurso material de crimes.

Após especificar os comportamentos proibidos, a norma generaliza os meios de divulgação ("qualquer meio"), deixando evidente – pensamos que de forma desnecessária – a inclusão dos meios de comunicação de massa, sistemas de informática e sistemas de telemática. Comunicação de massa é aquela direcionada a pessoas indeterminadas, apta a atingir um grande público, como o sinal de televisão. Informática é o sistema que envolve o uso de computadores, *softwares*, sistemas de redes e outros recursos digitais para coleta, armazenamento, processamento e transmissão de dados. Telemática é a fusão entre serviços de telecomunicações e informática.

As condutas recaem sobre fotografias e filmes (conceitos já estudados no âmbito do artigo 216-B), bem como qualquer outra forma de registro audiovisual (registro que estimula audição e visão simultaneamente). Ao especificar o registro audiovisual, a norma alijou de seu contexto representações unicamente visuais, como desenhos, gravuras, pinturas e afins, imagens que servem para caracterizar o crime previsto no artigo 216-B, mas não o delito ora em estudo. A única representação exclusivamente visual admitida neste crime é a fotografia. A mera captação de sons (registro de áudio) também é insuficiente.

Necessariamente, a cena registrada deve contemplar um estupro ou um estupro de vulnerável; a apologia ou indução ao estupro ou estupro de vulnerável; ou a nudez, a prática sexual ou uma representação pornográfica envolvendo pessoa que não autorizou o registro.

Cena de estupro é aquela que contém a prática do crime previsto no artigo 213 do CP, ao passo em que cena de estupro de vulnerável versa sobre o delito do artigo 217-A, CP. Não é necessário que a cena mostre detalhes do ato sexual ou mesmo que exponha a nudez de quem quer que seja, bastando que haja o estupro. Por exemplo, se o sujeito ativo obriga a vítima a fazer sexo oral nele e a filmagem mostra o autor apenas de costas, mas restando claro que introduziu seu pênis na boca do sujeito passivo, já há o registro de cena de estupro.

Cena de apologia ou indução ao estupro ou estupro de vulnerável é aquela que não registra o crime propriamente dito, mas é capaz de estimular essas práticas. Como exemplos, podemos citar o crime simulado, ou mesmo o discurso em mídia audiovisual defendendo a violência sexual como forma de "curar" a homossexualidade. Parece-nos, aqui, que as cenas divulgadas devem seguir a mesma estrutura dispensada aos crimes previstos nos artigos 286 e 287 do CP.

Os crimes de incitação ao crime e apologia a crime ou criminoso estão previstos entre os crimes contra a paz pública, assim como a associação criminosa e a constituição de milícia privada.

Consoante Bento de Faria, incitação (artigo 286 do CP) "é expressiva da influência de alguém sobre o espírito e a determinação de outros, fato esse punível, como delito autônomo, quando tem por objetivo impelir à prática de um ou mais crimes"; apologia (artigo 287 do CP), "como forma indireta da incitação, é a manifestação do pensamento consistente no elogio de um fato criminoso ou de seu autor, peita publicamente para aprovar, louvar, ou exaltar o crime ou o seu praticante, ou ambos".[221]

Para a existência dos delitos dos artigos 286 e 287, é necessária a reunião dos seguintes pressupostos: (a) publicidade, ou seja, não são estímulos a pessoas determinadas (o que configuraria ato de participação em sentido estrito no crime estimulado, unicamente); (b) dolo de conduzir as pessoas estimuladas a uma prática criminosa (não se trata de uma mera manifestação reprovável ou da previsão de um acontecimento futuro); (c) estímulo sério e idôneo, contemplando a determinação do crime que se pretende ver praticado ("é preciso que ela se refira a fato ou crime determinado, ainda que não faça especificações quanto a modo de execução, autor, vítima e outros aspectos – não homicídios em geral, mas um certo homicídio").[222]

Pratica o crime do artigo 218-C, portanto, aquela pessoa que divulga uma cena com conteúdo produzido nos moldes acima citados. Nesse sentido, parece-nos que a palavra induzir foi empregada no tipo penal com o sentido de incitar.

Perceba-se, por conseguinte, que o crime em comento nada mais é do que uma forma especial de incitação ou apologia, em que delitos específicos foram selecionados para figurarem como elementares. Não se trata do único exemplo existente em nosso ordenamento jurídico: a Lei de Genocídio (Lei nº 2.889/1956) incrimina a incitação direta e pública ao genocídio (artigo 3º); a Lei de Preconceito, ao seu turno (Lei nº 7.716/1989), também prevê a incitação ou induzimento ao preconceito (artigo 20), bem como condutas envolvendo ornamentos, símbolos, emblemas, distintivos ou propaganda com a finalidade de divulgar (leia-se estimular) o nazismo.

A cena divulgada pode ser produzida pelo próprio autor da divulgação ou por terceiros. E se o autor, em um ato público e presencial, registrado em vídeo, estimula a prática de estupro, para, na sequência, disponibilizar esse vídeo em suas redes sociais? Não vislumbramos, na hipótese, concurso

---

221 FARIA, Bento de. *Código Penal Brasileiro Comentado*. 3. ed. Rio de Janeiro: Distribuidora Record Editora, 1961. v. VII. p. 5-8.

222 VASCONCELOS, Carlos Eduardo de Oliveira. Dos Crimes Contra a Paz Pública. In: *Curso de Direito Penal:* parte especial. Salvador: Jus Podivm, 2013. v. 2. p. 644.

de crimes, mas condutas praticadas em unidade contextual, de modo que o crime do artigo 218-C absorverá aquele previsto no artigo 286. Contudo, se uma pessoa registra em meio audiovisual o estímulo feito por outrem em um ato público e presencial e, sem a participação deste, divulga a cena, a pessoa cuja imagem foi registrada responderá unicamente pelo crime do artigo 286 do CP (pois o ato era presencial e não a exposição de uma mídia audiovisual); aquela que divulgou a cena, pelo artigo 218-C.

Frise-se que o crime do artigo 218-C não pressupõe que o crime estimulado seja reproduzido por terceiros, que, se assim o fizerem, poderão ser responsabilizados pelos delitos dos artigos 213 e 217-A.

No que tange ao conflito intertemporal de normas, a divulgação de cena de estupro ou de estupro de vulnerável, anteriormente à Lei nº 13.718/2018, quando praticada para macular a honra da vítima, caracterizava difamação ou, dependendo da hipótese, injúria (embora haja posição impondo os crimes dos artigos 139 e 140 do CP em concurso, do que discordamos).[223] A norma atual é mais severa do que a situação jurídico-penal anterior, apresentando-se como irretroativa. Quando praticada para estimular práticas criminosas de estupro ou estupro de vulnerável, dava-se o crime do artigo 287 do CP, apenado de forma mais suave. Aqui também temos a irretroatividade do artigo 218-C. A conclusão é a mesma no que concerne aos crimes dos artigos 286 e 287 em comparação com a atual conduta de divulgar cena de apologia ou indução ao estupro ou estupro de vulnerável.

Prossegue o artigo 218-C cuidando da cena de sexo, de nudez e de pornografia. Cena de sexo é aquela que, no artigo 241-E do ECA, recebe a denominação de cena de sexo explícito. É o ato sexual propriamente dito (penetração, masturbação etc.). Cena de nudez é a que envolve exposição de zonas erógenas que normalmente não são exibidas em público pelas pessoas em geral (aspecto externo dos órgãos genitais, assim como a parte dos seios onde se encontram os mamilos e a parte das nádegas usualmente encoberta). Esse conceito foi delineado com maior precisão quando do estudo do artigo 216-B do CP, ao qual remetemos o leitor. Até esse ponto, há correlação entre os artigos 216-B e 218-C. Contudo, neste também são mencionadas as cenas pornográficas, olvidadas naquele. Esse conceito se alinha com o artigo 241-E

---

223 STJ, Ag. REsp. nº 1.261.381, rel. Min. Reynaldo Soares da Fonseca, julg. em 12.06.2018. Em sentido contrário, nossa posição: "Honra objetiva e subjetiva, como já visto, são aspectos de um mesmo bem jurídico (honra, genericamente considerada). Aliás, nas ofensas à honra objetiva, haverá também uma lesão à honra subjetiva, sobressaindo, contudo, o aspecto externo ada honra. Isso significa que calúnia e difamação representam um grau de afetação mais elevado do mesmo bem jurídico tutelado na injúria. Essa diversidade de tutelas de uma mesma objetividade jurídica exposta a diferentes graus de risco é o que caracteriza a subsidiariedade" (GILABERTE, Bruno. *Crimes Contra a Pessoa*. 2. ed. Rio de Janeiro: Freitas Bastos, 2019. p. 311.

do ECA, contemplando cenas de caráter primordialmente sexual, ainda que não haja nudez (por exemplo, foco da imagem na vagina de uma mulher, embora coberta por calcinha, evidenciando a intenção de excitar a libido).

Caso a pessoa tenha o registro de sua imagem autorizadamente divulgado, inexistirá o crime, pouco importando que essa autorização seja expressa ou tácita, ainda que deva ser reconhecida como válida (não pode ser dada por pessoa incapaz de consentir, ainda que temporariamente, ou obtida mediante coação ou fraude). Se a cena contemplar duas ou mais pessoas, só pode ser legitimamente divulgada caso todas autorizem o ato.

Não é necessário que a primeira divulgação do registro seja criminosa para que as outras possam assim ser consideradas. Se, por exemplo, a vítima usa um aplicativo de mensagens para encaminhar ao namorado a foto em que aparece nua, esse envio original (denominado *sexting*, fusão das palavras em *sex* e *texting*) obviamente não é criminoso, pois realizado pelo titular do bem jurídico tutelado. Contudo, se esse namorado repassa a foto a terceiros de forma não autorizada, surge o delito.

Em vista daquilo que já foi estudado, trabalhemos com o seguinte exemplo, consignado em artigo de nossa lavra, publicado em meio digital: "(...) a mulher repassa ao namorado uma foto em que aparece nua e esse namorado, sem autorização, divulga a foto em um grupo de WhatsApp. Vários dos participantes desse grupo armazenam a foto consigo e um deles confere nova publicidade, publicando-a em um site de fotos eróticas. O namorado, ao obter a foto, não comete crime algum, mas sim ao repassá-la; os integrantes do grupo de WhatsApp que armazenaram a foto, igualmente não cometem crime, desde que não tenham estimulado a divulgação (se estimularam, são partícipes da conduta do namorado), mas aquele que expôs a foto a pessoas indeterminadas, comete o crime do art. 218-C. Pensamos, inclusive, que os administradores do site, desde que tenham ciência de que a foto ali se encontra publicada de forma não autorizada, cometem o mesmo delito".[224] Na conduta dos administradores, se dolosa, podemos encontrar os verbos disponibilizar, expor à venda e outros.

A conduta é dolosa, não existindo previsão da modalidade culposa. Não se exige nenhuma finalidade especial, de modo que a motivação para o ato, quando muito, caracterizará aumento de pena, de acordo com o § 1º.

5 Causas de aumento da pena

O § 1º do artigo 218-C determina o aumento da pena em um terço a dois terços se o crime é praticado (a) por quem mantém relação íntima de afeto com a vítima; (b) por quem manteve relação íntima de afeto com a vítima; ou (c) com a finalidade de vingança ou humilhação. São majorantes

---

224 Op. cit., acesso em 27.05.2020.

alternativas, o que significa a possibilidade de incremento da sanção quando, por exemplo, o sujeito ativo divulga fotos da namorada nua para terceiros, com o fim de se vangloriar pela conquista.

Relação íntima de afeto é uma expressão que já fora usada na Lei Maria da Penha (Lei nº 11.340/2006, artigo 5º, III). Todavia, no diploma especial, agrega-se o convívio, ainda existente ou já findo, independentemente de coabitação, o que não foi reproduzido na majorante em estudo. Ainda assim, a exigência de afetividade exclui do âmbito normativo as relações fugazes, como no caso do sexo casual.

Na obra *Crimes Contra a Pessoa*, defendemos que apenas relações de fundo sentimental e sexual, que apresentem alguma constância, se mostram aptas a caracterizar a relação íntima de afeto, rejeitando, portanto, a inserção de amizades ou relações de parentesco no conceito. Isso se deve à agregação da intimidade à afetividade. Ainda que o grau de determinação terminológica não seja dos melhores, a intimidade é aquela de conotação sexual. Quisesse a norma cuidar das amizades, bastaria a menção à afetividade.[225] É a posição igualmente esposada por André Nicolitt, Mayara Nicolitt Abdala e Laís Damasceno Silva.[226] Saliente-se que relacionamentos extraconjugais não desautorizam o reconhecimento da afetividade e da intimidade, dependendo das circunstâncias do caso concreto.

Embora o STJ possua decisão, no âmbito da Lei 11.340/2006, insinuando que a relação entre mãe e filha é uma relação íntima de afeto,[227] parece-nos algo completamente divorciado da melhor interpretação, inclusive no que concerne à Lei Maria da Penha, pois, nesse diploma, há um dispositivo específico cuidando das relações de parentesco (artigo 5º, II). Ou seja, se o artigo 218-C for praticado por quem mantenha com a vítima uma relação de ascendência, descendência ou colateralidade, não se aplica o § 1º, mas o artigo 226, II (aumento de 1/2). Tal conclusão, ressalte-se, cria uma situação inusitada: se a mídia audiovisual é exposta pelo ex-marido, por exemplo, a pena pode ficar mais suave ou mais gravosa do que na exposição feita pelo pai ou pelo irmão, pois a majoração prevista no § 1º do art. 218-C começa em 1/3 (inferior ao aumento de pena do art. 226, II) e termina em 2/3 (patamar superior).

A relação íntima de afeto pode estar em curso ou ser uma relação finda. Independentemente de sua continuidade ou não, a incidência da causa de aumento da pena é possível. Contudo, no que concerne à relação que já se

---

225 Op. cit., p. 57.
226 NICOLITT, André; ABDALA, Mayara Nicolitt; SILVA, Laís Damasceno. *Violência doméstica*: estudos e comentários à Lei Maria da Penha. Belo Horizonte: Editora D'Plácido, 2018. p. 93.
227 HC nº 277.561/AL, rel. Min. Jorge Mussi, julg. em 06.11.2014.

encerrou, pensamos ser necessária a existência de um nexo de pertinência dela para com a divulgação.

Frise-se que a Lei nº 11.340, recentemente, foi alterada pela Lei nº 13.772/2018, com a inclusão da violação da intimidade (por exemplo, artigos 154-A, 216-B e 218-C do CP) entre as hipóteses de violência doméstica e familiar contra a mulher (artigo 7º, II), na qualidade de violência psicológica.

A finalidade de vingança ou humilhação caracteriza aquilo que se convencionou chamar de "pornografia da vingança" (*revenge porn*). Dispensa a relação íntima de afeto, mas normalmente é em seu contexto que ocorre. Vingança significa a vontade de punir alguém por um dissabor previamente experimentado pelo sujeito ativo ou por terceiros. Esse dissabor não precisa ser causado por um ato injusto da vítima. Aliás, sequer precisa representar uma vingança contra a vítima, como no caso em que, para se vingar de uma pessoa, o autor expõe fotos de seu cônjuge nu. Humilhação, ao seu turno, é o propósito de atingir a pessoa exposta em sua reputação ou em seus sentimentos íntimos de dignidade ou decoro. Corresponde ao que outrora caracterizava crime contra a honra.

Caso haja concurso entre as majorantes previstas no artigo 218-C, § 1º, e aquelas previstas nos artigos 226 e 234 do CP, aplica-se a regra prevista no artigo 68, parágrafo único, do CP.

6 Exclusão de ilicitude (tipicidade)

O § 2º contempla atividades em que o crime do artigo 218-A deixa de existir, mesmo quando praticadas as condutas descritas no *caput*. São elas as atividades: (a) jornalística; (b) científica; (c) cultural; e (d) acadêmica. Nesses casos, a divulgação é livre, desde que haja autorização da pessoa cuja imagem é registrada ou se adotado recurso que impossibilite a identificação da vítima.

Quanto à autorização, trata-se de referência irrelevante no que concerne à cena de sexo, nudez ou pornográfica, pois o *caput* já deixa claro que o consentimento afasta o crime. Inclusive, o afastamento é da tipicidade da conduta, não de sua antijuridicidade, como equivocadamente faz supor o legislador.

A norma menciona, de forma abrangente, a autorização (que deve ser prévia à publicação) dada por maiores de dezoito como capaz de evitar a caracterização do crime, olvidando-se que portadores de deficiência ou enfermidade mental, sem discernimento, não podem validamente consentir para com a divulgação, ainda que adultos. No que tange aos menores de dezoito anos, ao seu turno, o § 2º não se aplica, pois a divulgação das cenas encontra subsunção no ECA, não no artigo 218-C do CP.

A publicação de caráter jornalístico, científico, cultural ou acadêmico, em muitos casos, significa exercício regular de um direito. Portanto, ainda que não autorizada, os cuidados adotados para preservar a identidade da vítima excluem o crime (para alguns, existiria exclusão da antijuridicidade;[228] para outros, da tipicidade, por ausência de tipicidade material ou de antinormatividade[229]). Consoante Paulo Queiroz e Lilian Coutinho, a norma tem o objetivo de garantir as liberdades expressão, de manifestação do pensamento, de criação e de informação.[230]

7 Consumação e tentativa

O verbo oferecer se consuma com a simples oferta, sem que seja necessária a entrega do objeto, cuidando-se, aqui, de crime formal, ou seja, que se consuma de forma anterior à efetiva divulgação da cena. É o que ocorre também nos verbos disponibilizar e expor à venda. Já nas condutas de trocar, transmitir, vender, distribuir, publicar e divulgar exige-se a efetiva difusão da cena. A troca se consuma quando o objeto é repassado a outrem, assim como a venda e a distribuição. A transmissão exige a efetiva exibição, o que ocorre também na publicação e na divulgação.

Há permanência nas condutas de expor à venda, disponibilizar e transmitir. Os demais verbos são instantâneos.

A tentativa é teoricamente possível, embora de difícil caracterização na prática, como na hipótese em que folhetos contendo fotos impressas da vítima são apreendidos antes de sua distribuição.

8 Concurso de crimes e concurso aparente de normas

Caso o autor divulgue filmagem, fotografia ou registro audiovisual que contenha a captação da imagem de duas ou mais pessoas, de forma desautorizada, haverá concurso formal imperfeito ou impróprio, pois há pluralidade de bens jurídicos ofendidos (o que determina o concurso de crimes), pluralidade de fins (desígnios autônomos, ou seja, a vontade dirigida às ofensas plúrimas) e unidade de ação. A ação recorrente pode importar crime continuado ou concurso material, dependendo das circunstâncias do caso concreto.

As ofensas à honra (artigos 138 a 140 do CP) são absorvidas pelo artigo 218-C, assim como os crimes dos artigos 286 e 287 do CP (princípio da especialidade). É o que ocorre também com o crime do artigo 216-B do CP (princípio da subsidiariedade) e com o artigo 154-A do CP (consunção),

---

228 Artigo 23, III, CP.
229 GOMES, Luiz Flávio; MOLINA, Antonio García-Pablos de. *Direito Penal*. São Paulo: Editora Revista dos Tribunais, 2007. v. 2. p. 364-365.
230 Op. cit., p. 178.

desde que a conduta se dirija à obtenção das cenas que posteriormente serão difundidas.

Os artigos 241 e 241-A do ECA, uma vez reconhecidos, determinam o afastamento do artigo 218-C. Assim, se ocorre a divulgação de cena de estupro de vulnerável, de cena de sexo, de nudez ou pornográfica envolvendo criança ou adolescente, o crime será um dos tipos penais previstos na Lei 8.069/1990. Se a vítima é portadora de enfermidade ou deficiência mental, ou se sua imagem foi registrada em um momento em que não poderia oferecer resistência, a divulgação determina subsunção da conduta ao Código Penal.

Nada impede o concurso formal entre os crimes dos artigos 184 e 218-C, ambos do CP, embora, na prática, sua ocorrência seja improvável. Imaginemos que um fotógrafo realize trabalho de nu artístico com certa modelo, mas, a pedido desta, opte pela não divulgação do resultado da obra, consistente em um livro com as mencionadas fotografias, embora adote cautelas quanto à proteção do direito autoral (como registro na Biblioteca Nacional). Todavia, o sujeito ativo, após conseguir clandestinamente as imagens, decide divulgá-las de forma não autorizada. Haverá dois crimes, um deles tendo a modelo como vítima, em virtude da exposição de sua intimidade sexual, o outro vitimando o autor da obra, lesionado em seus direitos autorais. Todavia, se a obra foi publicada de forma autorizada, sua reprodução e distribuição ilegais não caracterizam o crime sexual, apenas o delito do artigo 184 do CP.

Também é possível o concurso, todavia material, entre a divulgação de cena de estupro ou de estupro de vulnerável e os artigos 213 e 217-A, CP. Essa possibilidade se mantém em relação aos demais crimes sexuais, como violação sexual mediante fraude, assédio sexual e importunação sexual. Contudo, o concurso não se dará com a primeira parte do artigo 218-A (divulgação de cena de estupro), mas com sua parte final (divulgação de cena de sexo, nudez ou pornográfica).

9 Pena e ação penal

Comina-se ao crime do artigo 218-C pena de reclusão, de um a cinco anos. Não há previsão de multa. Admite-se, portanto, a suspensão condicional do processo (artigo 89 da Lei nº 9.099/1995), salvo se houver a incidência de uma causa de aumento da pena. Nessa hipótese, teoricamente é possível o acordo de não persecução penal (artigo 28-A do CPP), se presentes os seus requisitos.

A ação penal é pública incondicionada, de acordo com o disposto no artigo 225 do CP.

VIII – DO RAPTO

O rapto, em todas as suas modalidades (rapto violento, fraudulento ou consensual), anteriormente previsto nos artigos 219 e 220 do Código Penal, foi revogado pela Lei nº 11.106/2005, assim como a causa de diminuição da pena alocada no artigo 221 e a norma referente ao concurso de crimes do artigo 222. O conteúdo normativo do artigo 219, com exceção do termo "mulher honesta", foi deslocado para o crime de sequestro ou cárcere privado, qualificando este delito (artigo 148, § 1º, V, CP). Quanto ao rapto consensual, ocorreu *abolitio criminis*.

DISPOSIÇÕES GERAIS

I – INTRODUÇÃO

As normas contidas no Capítulo IV (Disposições Gerais) são aplicáveis aos crimes praticados contra a liberdade sexual, à exposição da intimidade sexual e aos crimes contra vulneráveis – respectivamente, Capítulos I, I-A e II do Título VI –, trazendo normas referentes à ação penal concernente a tais delitos e a causas de aumento da sanção penal.

Insta salientar que, originalmente, o capítulo continha ainda as formas qualificadas pelos resultados lesão corporal grave e morte, nos crimes contra a liberdade sexual (artigo 223), e as hipóteses de violência presumida (artigo 224). Como já visto, houve revogação de ambos os dispositivos pela Lei nº 12.015/2009, subsistindo o capítulo com apenas dois artigos.

II – AÇÃO PENAL

O artigo 225 do Código Penal estabelece a espécie de ação penal reservada aos crimes dos artigos 213 a 218-C do Código Penal). Nesses delitos, necessariamente, ela é pública incondicionada, mas nem sempre foi assim. É importante que conheçamos as diversas previsões legais, revogadas ou não, para a resolução do conflito intertemporal de normas, pois o tema ação penal é híbrido (ou seja, possui conteúdo de direito material e processual) e, por conseguinte, segue os princípios penais sobre a (ir)retroatividade normativa (artigo 5º, XL, CRFB).

Originalmente, a regra era a da ação penal privada,[231] visando a evitar o chamado *strepitus judicii*,[232] isto é, o alarde processual sobre fatos que en-

---

231 Segundo Chrysolito de Gusmão, historicamente havia duas orientações sobre a natureza da ação penal nos crimes sexuais. Uma delas propondo a natureza pública (especialmente à época do Direito Romano), outra, a privada, sendo certo que posteriormente surgiu uma terceira teoria, propugnando a natureza privada permeada por situações peculiares, que cambiariam a natureza da ação penal. A opção pela ação privada como regra foi merecedora de ácida crítica pelo autor: "Diz-se, como fundamento principal, que a punição, em tais casos, pode levar a consequências mais graves, arrastando à baila da publicidade fatos fundamente danosos à honra da família, que, assim, sofrerá um duplo e atroz malefício – o do próprio delito e o do escândalo em torno do mesmo. Mas, por dolorosa e atroz que seja essa duplicidade de consequências maléficas, que nenhum homem e, muito menos, nenhum estudioso, dotado de sã organização moral e mediana clarividência mental, poderá deixar de avaliar no seu justo e devido valor, certa e indubitavelmente mais doloroso, deplorável como ainda ilógico e impolítico, penalogicamente, é que se dilatem essas consequências pondo em perigo potencial toda a coletividade, uma multidão de outras tantas famílias, e de outros tantos entes semelhantemente mais ou menos indefesos, aos quais, com tal fazer, se leva o alarma e o desassossego dos crimes impunes. E o que dizer quando se estiver diante dum reincidente ou de um indivíduo mórbido ou anormalmente constituído, duma vítima de hipersexualidade epilética, dum caso em que haja demonstrado muito maior temibilidade usando da violência real ou presumida, como na fraude, ou ainda dum caso de sadismo que não leve à morte ou ao perigo de vida? Como não pasmar que na época atual, em que a Criminologia assumiu todo seu esplendor, casos de tal natureza, de tal gravidade e de consequências tão danosas para a tranquilidade pública estejam sujeitos ao critério particular de cada indivíduo, que, explicavelmente, arrastado por um justo egoísmo, não pode ter a grandeza dum gesto de altruísmo em benefício da sociedade, a esta entregando a punição defensiva e preventiva do delinquente?!" (*op. cit.*, p. 284-285).

232 Sobre o tema, embora tratando genericamente da representação do ofendido na ação pública condicionada, Eugênio Pacelli de Oliveira: "Trata-se da proteção da vítima de

volvem a intimidade das vítimas de crimes sexuais. Argumentava-se que a consectária exposição da vítima poderia prolongar seu sofrimento, incrementando os danos suportados.[233] Excepcionalmente, a ação era pública, ora condicionada (se a vítima ou seus pais não podiam prover às despesas do processo sem privar-se de recursos indispensáveis à manutenção própria ou da família), ora incondicionada (se o crime era cometido com abuso do poder familiar, ou da qualidade de padrasto, tutor ou curador).[234]

---

determinados crimes contra os deletérios efeitos que, eventualmente, podem vir a ser causados pela só divulgação pública do fato. Por isso, em razão do que a doutrina convencionou chamar de *strepitus iudicii* (escândalo provocado pelo ajuizamento da ação penal), reserva-se a ela o juízo de oportunidade e conveniência da instauração da ação penal, com o objetivo de evitar a produção de novos danos em seu patrimônio – moral, social, psicológico etc. – diante de possível repercussão negativa trazida pelo conhecimento generalizado do fato criminoso. Há outra explicação, de ordem mais pragmática: se o ofendido não se dispuser a confirmar a lesão em juízo, a ação penal dificilmente chegará a bom termo" (*Curso de Processo Penal*. 9. ed. Rio de Janeiro: Lumen Juris, 2008. p. 108). Consoante Fernando de Almeida Pedroso, o *strepitus judicii* é "a repercussão do fato face ao caráter publicístico da ação e processo penais", que "poderá ser mais prejudicial à vítima do crime do que a repercussão penal de seu autor" (Ação Penal Pública Condicionada, in *Revista Justitia*, v. 100, p. 64)

233 De acordo com Antônio García-Pablos de Molina, "las personas que sufren estos delitos – en particular, el de violación – son más intensamente victimizadas. La violación es ono de los hechos criminales más traumatizantes, genera de forma inmediata síntomas de transtorno de estrés postraumático, y, a menudo, secuelas psicológicas a largo plazo" (*Tratado de Criminología*. 3. ed. Valencia: Tirant Lo Blanch, 2003. p. 143). Versando agora sobre o fenômeno da vitimização secundária, afirma o autor: "Una vez cometido el delito, todas las miradas se dirigen hacia el delincuente. El castigo del hecho y la resocialización del autor polarizan en torno a su persona todos los esfuerzos del Estado. (...) Por el contrario, la víctima inocente del delito sólo inspira, en el mejor de los casos, conpasión, a menudo desconfianza, recelo, sospechas... Sus derechos no son objetode um reconocimiento legal tan solemne como los del acusado. La sociedad olvida sus padecimientos, los propios órganos e instancias del control penal, con su indiferencia burocrática, incrementan y perpetúan los efectos nocivos derivados del delito (victimización secundaria)" (op. cit., p. 145). Tratando especificamente sobre a vitimização secundária do ofendido nos delitos sexuais, assevera: "Suele ser reacia a la denuncia de los hechos y a la colaboración con el sistema legal (por temor a la publicidad de los mismos, o a posibles represalias del autor, o consciente de las deficultades probatorias) y su comprensible suscetibilidad y desconfianza hacen que interprete como hostiles incluso trámites y diligencias rutinarias de la Policía o la oficina judicial. (...) Cada actuación procesal retrotrae a la víctima en el tempo al drama que padeció y se ve obligada a revivir" (op. cit., p. 147-148).

234 Art. 225 - Nos crimes definidos nos capítulos anteriores, somente se procede mediante queixa. § 1º - Procede-se, entretanto, mediante ação pública: I - se a vítima ou seus pais não podem prover às despesas do processo, sem privar-se de recursos indispensáveis à manutenção própria ou da família; II - se o crime é cometido com abuso do pátrio poder, ou da qualidade de padrasto, tutor ou curador. § 2º - No caso do nº I do parágrafo anterior, a ação do Ministério Público depende de representação.

Apesar de não expressas, ainda havia duas hipóteses em que os crimes sexuais eram processados mediante ação pública incondicionada: delito qualificado pelos resultados lesão corporal grave ou morte (antigo artigo 223 do Código Penal, já revogado); e estupro praticado mediante violência real (Súmula nº 608 do STF).

No que concerne aos crimes qualificados, como o estupro com resultado lesão corporal grave ou o atentado violento ao pudor com resultado morte, o artigo 223 do Código Penal estava inserido no Capítulo IV (Disposições Gerais) do Título IV (Crimes Contra os Costumes) da Parte Especial, mesma posição topológica do artigo 225, que tratava (e ainda trata) da ação penal. Este artigo, ao seu turno, falava que "nos crimes definidos nos capítulos anteriores" a ação era privada. Ou seja, sua abrangência não abarcava o artigo 223 do CP. Ademais, deve ser registrado que os delitos sexuais qualificados pelo resultado constituem crimes complexos, dando azo à aplicação do artigo 101 do Código Penal. Este dispositivo determina que, quando uma das figuras penais que forma o crime complexo for de ação pública (na situação em comento, lesão corporal qualificada ou homicídio), o crime complexo como um todo também o será.

A doutrina do crime complexo também serviu de justificativa para a edição da Súmula 608 do STF. Diz o enunciado, *verbis*: "No crime de estupro, praticado mediante violência real, a ação penal é pública incondicionada." O texto, aprovado em sessão plenária ocorrida em 17 de outubro de 1984, versava sobre a dicotomia entre crimes complexos em sentido estrito e em sentido amplo. Aqueles são tipos penais formados pela fusão de circunstâncias que, isoladamente, também constituem infrações penais, como os delitos de roubo, extorsão mediante sequestro, injúria real etc. O artigo 159 do Código Penal, aliás, talvez seja o exemplo mais explícito, ao aliar o crime patrimonial de extorsão (artigo 158, CP) com o sequestro ou cárcere privado como meio executório (artigo 148, CP), dando origem a um delito novo. Já os crimes complexos em sentido amplo são formados por elementares que, por si só, constituem tipo penal diverso, mas às quais são agregadas circunstâncias que dão origem a um crime novo. Nessa categoria encontraríamos o estupro, que é formado por um constrangimento ilegal, associado a um propósito sexual.

Importa consignar, contudo, que a classificação não é largamente aceita, sendo costumeiras as críticas. Nesse diapasão já se manifestou Paulo Queiroz: "É bem verdade que o estupro (simples) não é complexo ou composto, visto que, embora o constrangimento ilegal constitua crime autônomo, o ato sexual, por si só, não o é. E o crime complexo, como é sabido, é aquele resultante da fusão de dois ou mais tipos".[235]

---

[235] QUEIROZ, Paulo de Souza. *Ação Penal no Atual Crime de Estupro*. Disponível em http://pauloqueiroz.net/acao-penal-no-atual-crime-de-estupro. Acesso em 30/09/2013.

Nem se fale no estupro, quando praticado mediante violência real, como crime complexo em sentido estrito, por envolver lesão corporal, ainda que leve. Nessa hipótese, a lesão, no contexto criminoso, se torna tão banal que é absorvida pelo crime de estupro. Assim, não pode se prestar à caracterização do crime complexo *stricto sensu*. Por todos, tratando especificamente do crime de estupro, mas ainda sob a égide de sua antiga redação, se pronunciou Carlos Alberto Marchi de Queiróz: "Hipocrisia querer divisar na hediondez do estupro um constrangimento ilegal seguido de vias de fato ou de lesões corporais. Crime político cometido contra a mulher há milênios, elaborado exclusivamente por homens, nada tem de complexo, visto que o sujeito ativo, quando orientado em direção à violação, jamais elabora juízos de valor em torno de eventuais constrangimentos ilegais ou lesões corporais, já que sua finalidade, última, é invadir a intimidade da mulher."[236]

Entrementes, o STF abraçou os argumentos guerreados pela doutrina, editando a Súmula 608 e aplicando ao caso a regra inscrita no artigo 101 do Código Penal.[237]

Com a edição da Lei nº 9.099/1995, surgiu nova polêmica acerca da Súmula 608 do STF. Isso porque, como alguns defendiam ser a lesão corporal leve parte integrante do "crime complexo" estupro, e considerando que este delito, de acordo com o artigo 88 da referida lei, passara a exigir representação do ofendido ou de seu representante legal, a mesma alteração aproveitaria o enunciado. Por conseguinte, em caso de estupro praticado mediante violência real, também seria exigível a condição de procedibilidade.

No entanto, tal posicionamento foi combatido pela maioria, como José Henrique Pierangeli, em trecho a seguir transcrito: "As pessoas que assim pensam se esquecem que o crime complexo é composto por dois ou mais

---

236 QUEIROZ, Carlos Alberto Marchi de. *Estupro: um crime falsamente complexo*. São Paulo: Boletim IBCCRIM, 1994. n.24, p. 07.

237 Assim já foi dito no TJSP: "A partir do instante em que fixou a Suprema Corte que: 'no crime de estupro praticado mediante violência real, a ação é pública incondicionada', tendo-o feito, aliás, fundada em precedentes que cogitavam, sempre, da ocorrência de lesão corporal, não importa mais saber se, em casos com tais características, aplica-se o art. 101 ou o art. 225 do CP. Havendo ferimentos suportados pela vítima de estupro, hoje a ação penal é pública incondicionada: e assim continuará sendo ao menos enquanto não retificada a Súmula 608, e a despeito dos razoabilíssimos argumentos contrários para os casos de lesões leves. E, na verdade, não se mostra desarrazoada a construção pretoriana que, nesses casos de estupro com ferimentos, entende aplicável o artigo 101 do CP, uma vez que também não se mostra sem razão a conceituação do delito praticado com tais características, como crime complexo. Afinal, compondo-se a infração da soma de duas outras distintas (o constrangimento ilegal e a lesão corporal), a resultante, que é o estupro, bem pode ser havida como delito complexo, autorizador da ação penal pública incondicionada prevista no art. 101, já que para os dois delitos componentes a ação é também pública independente de representação" (TJSP – Rev. – Voto vencido: Cangaçu de Almeida – RT 657/271).

delitos, que formam uma única realidade, um todo inseparável, indissociável, porque o seu conteúdo decorre da natureza intrínseca do fato na norma configurado (Antolisei). Os que pensam deste modo confundem crime progressivo com crime complexo, o que, a nosso ver, nenhuma modificação traz. Portanto, o advento das Leis 9.099/95 e 10.259/2001 nada mudou quanto à situação já estabilizada".[238]

Veio a Lei nº 12.015/2009 e o artigo 225 sofreu alterações. A regra da ação privada foi abolida. Em seu lugar, os crimes contra a liberdade sexual passaram a ser processados mediante ação pública condicionada à representação do ofendido. O parágrafo único do artigo 225, no entanto, dispunha que a ação penal seria pública incondicionada quando o crime fosse praticado contra vítima menor de dezoito anos ou pessoa vulnerável.

O legislador de então, ao cuidar da questão etária de forma ampla (dezoito anos) e mencionar a vulnerabilidade em apartado, buscou abranger todas as situações legalmente previstas, inclusive a enfermidade ou deficiência mental e a pessoa que, qualquer que seja o motivo, não pode oferecer resistência. Quanto à última categoria de pessoas, no entanto, o dispositivo merecia ressalvas.

A impossibilidade de resistência pode ser prolongada (como na hipótese de uma pessoa em estado comatoso profundo) ou transitória (por exemplo, na embriaguez completa, que causa desfalecimento temporário). Em sendo transitória, parecia-nos razoável a manutenção da regra, ou seja, ação pública condicionada. Afinal, dada a preocupação para com o *strepitus judicii*, qual seria a razão para se negar proteção semelhante à intimidade da vítima? Ainda que ela se apresentasse durante um período com sua capacidade cognitiva obnubilada, em curto espaço de tempo já se tornaria apta a avaliar a conveniência de suprir a condição de procedibilidade. Portanto, como defendíamos, ficava claro que a exceção da ação pública incondicionada somente teria aplicação aos casos de incapacidade prolongada.

Não por outro motivo, o STJ assim decidiu: "(...) 5. De acordo com o art. 225 do Código Penal, o crime de estupro, em qualquer de suas formas, é, em regra, de ação penal pública condicionada à representação, sendo, apenas em duas hipóteses, de ação penal pública incondicionada, quais sejam, vítima menor de 18 anos ou pessoa vulnerável. (...) 7. A interpretação que deve ser dada ao referido dispositivo legal é a de que, em relação à vítima possuidora de incapacidade permanente de oferecer resistência à prática dos atos libidinosos, a ação penal seria sempre incondicionada. Mas, em se tratando de pessoa incapaz de oferecer resistência apenas na ocasião da ocorrência dos atos libidinosos, a ação penal permanece condicionada à representação da vítima, da qual não pode ser retirada a escolha de evitar o *strepitus*

---

238 PIERANGELI, José Henrique. *Op. cit.*, p. 498.

judicii. 8. Com este entendimento, afasta-se a interpretação no sentido de que qualquer crime de estupro de vulnerável seria de ação penal pública incondicionada, preservando-se o sentido da redação do *caput* do art. 225 do Código Penal".[239]

Sustentávamos, ademais, que no estupro qualificado pelos resultados lesão corporal grave ou morte, a regra inserta no artigo 101 do Código Penal se mantinha aplicável, determinando a natureza pública incondicionada da ação penal.[240] Luiz Flávio Gomes, entretanto, também defendia o processamento do crime qualificado mediante ação condicionada: "Antes do advento da Lei 12.015/09, que entrou em vigor no dia 10.08.09 e que alterou a disciplina jurídica dos crimes sexuais (crimes contra a dignidade sexual), o delito de estupro com resultado morte ou lesão corporal grave era de ação penal pública incondicionada (podia e devia o Ministério Público atuar sem nenhuma manifestação da vítima). No atual art. 213 do CP o legislador fez a fusão de dois delitos, antes contemplados nos arts. 213 e 214 do CP (estupro + atentado violento ao pudor). As formas qualificadas do estupro (resultado morte ou lesão corporal grave) passaram a compor o mesmo art. 213. Antes, achavam-se no art. 223 (que foi revogado). Anteriormente, por isso mesmo, a ação penal era pública incondicionada (o art. 223 tinha disciplina jurídica autônoma, no que se relaciona com a ação penal). Por força do atual art. 213 c.c. o art. 225, a ação penal no caso de estupro com resultado morte ou lesão corporal grave passou a ser pública condicionada, como regra. (...)".[241] Percebe-se que o autor sustentou sua argumentação na posição topológica do antigo artigo 223, mas nenhuma referência fez ao crime complexo, razão maior para a mantença, à época, da ação pública incondicionada.

No tocante à Súmula 608 do STF, embora discutível a técnica que levou à edição, decidiu o próprio STF que ela se mantinha íntegra.[242] Defendendo,

---

239 HC nº 276.510/RJ, Sexta Turma, rel. Min. Sebastião Reis Júnior, julg. em 11.11.2014.

240 Não foi essa a interpretação dada pela Procuradoria-Geral da República na ADI nº 4301, que pugnava pela declaração de inconstitucionalidade da redação do artigo 225 do Código Penal. Na exordial, defendia-se que o dispositivo ofenderia os princípios da dignidade da pessoa humana e da proporcionalidade, no aspecto vedação à proteção deficiente, pois a exigência de uma condição de procedibilidade tolheria a atuação do Ministério Público no oferecimento da ação penal, o que poderia resultar em impunidade do estuprador que lesionou gravemente ou provocou a morte da vítima. Fica claro, portanto, que a Procuradoria entendia ser o estupro qualificado pelo resultado um crime de ação pública condicionada. Não fosse assim, não haveria razão para buscar a impugnação da norma.

241 GOMES, Luiz Flávio. *Estupro com Lesão Corporal Grave ou Morte*: A Ação Penal é Pública Condicionada. Disponível em <www.lfg.com.br>. Acesso em 11.10.2013.

242 STF, Primeira Turma, HC 125.360/RJ, rel. Min. Marco Aurélio, red. p/ o ac. Min. Alexandre de Moraes, julg. em 27.02.2018. No STJ, encontrávamos decisões defendendo a integridade da Súmula (HC 232.064/TO, rel. Min. Marco Aurelio Bellizze,

contudo, a superação da Súmula, escrevia Válter Kenji Ishida: "Analisando caso ocorrido em 24.04.2006, onde a representação ocorreu apenas em 19.02.2009, o Min. Sebastião Reis Júnior do Superior Tribunal de Justiça, prolatando decisão não técnica, mas decorrente de política criminal rigorosa, entendeu que ainda vigora nesse caso, a Súmula 608, sendo caso de ação penal pública incondicionada. (...) A menção 'não técnica' se justifica porquanto como acima mencionamos, acompanhado de outros autores, tratar-se-ia de hipótese de transição da ação penal pública incondicionada para a condicionada. Isso porque a Súmula 608 estaria 'tacitamente revogada' (ressaltando que esta não tem o caráter de lei) em razão de sua construção histórica. O fato do crime de estupro com violência, inexistindo a falta de condição financeira, ser de ação penal privada, fez com que nossa Corte Maior alterasse esse entendimento justamente para evitar a impunidade. (...) Supõe-se que alterado esse panorama, com o advento da ação penal pública condicionada, tal Súmula perderia razão de existir, passando a ser regra nesse tipo de caso, a ação penal pública condicionada."[243]

A Lei nº 13.718/2018 foi publicada em 25.09.2018 e entrou em vigor na mesma data, passando a reger apenas os casos praticados sob sua égide. Como já asseverado, os dispositivos sobre ação penal, em que pese o nítido conteúdo processual, são também normas de direito material, porquanto interfiram em vários institutos de Direito Penal, como nas causas de extinção da punibilidade (mormente na decadência e na perempção). Assim, se submetem às regras de aplicabilidade inscritas no artigo 5º, XL, da Constituição Federal.

Anteriormente à Lei nº 12.015/2009, a regra era a ação penal privada, que, se cotejada com as hipóteses de ação pública, se mantém válida para os crimes praticados anteriormente a 07.08.2009 (data em que entrou em vigor a Lei nº 12.015). Isso se aplica, por exemplo, ao crime de estupro com violência presumida praticado em 2008, que prescreve apenas em 2024 (sem considerar as causas impeditivas e interruptivas da prescrição). A situação é a mesma para os crimes de ação pública condicionada praticados antes da vigência da Lei nº 12.015 e que, com essa lei, passaram a ser de ação condicionada.

Para os crimes praticados durante a vigência da Lei nº 12.015, mas anteriormente à Lei nº 13.718, e que eram processados mediante ação pública

---

julg. em 21.03.2013) e decisões a rejeitando (REsp 1227746/RS, rel. Min. Gilson Dipp, Quinta Turma, julg. em 02.08.2011.

243 ISHIDA, Válter Kenji. *A ação penal no crime de estupro com violência real e a Súmula 608 do Supremo Tribunal Federal.* Disponível em <www.cartaforense.com.br/conteudo/artigos/a-acao-penal-no-crime-de-estupro-com-violencia-real-e-a-sumula-608-do-supremo-tribunal-federalcr/11004>. Acesso em 19.09.2013.

condicionada, essa regra se mantém, por ser mais benéfica. Nada mudou para os delitos que já eram de ação pública incondicionada.

A opção legislativa pela regra da ação pública incondicionada a todos os crimes sexuais foi motivo de críticas doutrinárias. Rogério Sanches escreveu: "O Estado, em crimes dessa natureza, não pode colocar seus interesses punitivos acima dos interesses da vítima. Em se tratando de pessoa capaz – que não é considerada, portanto, vulnerável –, a ação penal deveria permanecer condicionada à representação da vítima, da qual não pode ser retirada a escolha de evitar o *strepitus judicii*. (...) Há quem defenda a alteração promovida pela Lei 13.718/18 sob o argumento de que quando a ação era privada – e, depois, pública condicionada –, as vítimas – mulheres em especial – passavam por constrangimentos e muitas vezes deixavam de comunicar o crime e de buscar a punição do agressor por meio de represálias, principalmente nas situações em que os fatos ocorriam no âmbito familiar. Isso fazia com que se multiplicassem os casos de impunidade diante da extinção da punibilidade pela decadência. Argumenta-se que, diante de todo o avanço havido ao longo de décadas em relação ao papel social da mulher – o que, aliás, possibilitou um imenso incremento no sistema de proteção de mulheres vítimas de violência –, não há sentido na manutenção de uma regra que dificulta o ajuizamento da ação penal. Mas, a rigor, os mencionados avanços serviriam mesmo para justificar a manutenção da regra que confere à vítima maior poder de decidir se deseja ou não processar o agressor e se submeter ao constrangimento característico de um processo dessa natureza. Ora, justamente porque se identifica a tomada de consciência a respeito da igualdade entre homens e mulheres é que se deve pressupor que a mulher vítima de um crime sexual tem, como o homem, plenas condições de decidir sobre os seus interesses. O argumento que agora trazem para estabelecer que a ação penal seja pública incondicionada serviria para algumas décadas atrás. Hoje o raciocínio deveria ser exatamente inverso".[244]

Apesar de aderirmos ao raciocínio (mudando nossa concepção original) e lamentarmos a submissão forçada da vítima a processos de vitimização secundária e terciária, compreendemos também que não há qualquer inconstitucionalidade a ser combatida, sequer sob o argumento da dignidade da pessoa humana. Trata-se de uma legítima opção político-criminal, indicativa da tendência de endurecer o tratamento dispensado a criminosos sexuais, concordemos com ela ou não.

---

244 SANCHES, Rogério. *Atualização Legislativa*: Lei 13.718/2018. Disponível em: https://www.editorajuspodivm.com.br/cdn/arquivos/a717a7b72e63e04daed4a6ff7491c46b.pdf. Acesso em: 28.05.2020.

III – CAUSAS DE AUMENTO DA PENA

As majorantes previstas no artigo 226 apresentam diferentes patamares de incremento da sanção penal. No inciso I, a pena é aumentada da quarta parte, ao passo em que, no II, o aumento é da metade. Já no inciso IV, criado pela Lei nº 13.718/2018, aumenta-se a sanção penal em um terço a dois terços.

O dispositivo, frise-se, sofreu sucessivas alterações legais. Em sua redação original, existiam três incisos, todos eles elevando a sanção na quarta parte. A Lei nº 11.106/2005 revogou – corretamente – o inciso III, que aumentava a pena quando o agente era casado (algo totalmente irrelevante, pois calcado apenas em padrões de moralidade vetustos, pois, se o agente fosse casado, não poderia casar com a vítima para reparar o dano por ele causado e, com isso, extinguir sua punibilidade, com base no também revogado inciso VII do artigo 107 do CP). A mesma lei aumentou as hipóteses de incidência do inciso II e o patamar de aumento da pena. Importa salientar que a Lei 13.718/2018 reproduziu esse dispositivo em seu texto de forma totalmente desnecessária, pois não o alterou em nenhum ponto, mantendo a redação anterior. De útil, a Lei nº 13.718 criou o inciso IV, que cuida dos estupros coletivo e corretivo. A Lei nº 12.015/2019 não alterou o conteúdo do artigo.

A primeira causa de aumento da pena se refere ao crime cometido em concurso de duas ou mais pessoas. Restam alijados do âmbito normativo o estupro e o estupro de vulnerável, para os quais é reservada uma majorante específica, prevista no inciso IV, "a", o que se deu somente com o advento da Lei nº 13.718. Antes desse diploma, também os artigos 213 e 217-A eram abrangidos pela majorante, que prevalece quando consideramos o conflito intertemporal de normas (a atual previsão legislativa é mais severa para esses dois crimes).

Justifica-se a norma pela maior facilidade encontrada pelos agentes na prática do delito, determinada por uma menor resistência da vítima, o que pode ser oriundo de diversos fatores.

Acerca da abrangência do dispositivo, sempre houve discussões. Para Hungria, "deve entender-se, que a coparticipação, aqui, é para a execução do crime (contra: Magalhães Noronha)." Sustenta o autor que o inciso não fala indistintamente no concurso de duas ou mais pessoas para o crime, mas sim no delito cometido, ou seja, executado, em pluralidade de agentes.[245]

Na mesma esteira é o pronunciamento de Bitencourt, *verbis*: "Incorre em grave equívoco quem afirma que, no Código Penal, 'comete crime quem de qualquer forma concorre para ele'. Na realidade, essa assertiva não é verdadeira e o legislador não pode ser acusado desse paradoxo, pois em nenhum momento incidiu nesse erro crasso. Nem mesmo implicitamente afirmou que 'comete crime quem de qualquer modo concorre para ele'. Na verdade, o texto legal afirma que 'quem de qualquer modo concorre para o crime' incide nas penas a ele cominadas, o que são coisas muito diferentes. A *contrario sensu*, com efeito, está afirmando, implicitamente, que não o comete quem de qualquer modo concorre para o crime. (...) Enfim, todos os que concorrem, moral ou materialmente, para o crime são punidos pelo Código Penal (art. 29, *caput*), mas a majorante somente se configurará no crime sexual cometido em concurso de duas ou mais pessoas, que, necessariamente, devem encontrar-se no local do crime."[246]

Não é outro o texto de Rogério Greco: "A primeira hipótese, contida no inciso I do art. 226 do estatuto repressivo prevê um aumento de quarta parte da pena se o crime for cometido com o concurso de duas ou mais pessoas. Entendemos que a mencionada majorante somente poderá ser aplicada se os agentes praticarem, conjuntamente, atos de execução tendentes à prática do delito sexual. A presença de duas ou mais pessoas é motivo de maior facilidade no cometimento do delito, diminuindo ou, mesmo, anulando a possibilidade de resistência da vítima." [247]

A mesma posição é seguida por Paulo José da Costa Jr, para quem a solução é "mais consentânea com o direito penal liberal".[248]

Tratando sobre o Código republicano de 1890, que em seu artigo 268, § 2º, estabelecia aumento de pena na quarta parte para o crime de estupro quando praticado por duas ou mais pessoas, manifestou-se Chrysolito de Gusmão: "A expressão do Código não é precisa, de modo a poderem surgir dúvidas sobre se o legislador se refere à simples cumplicidade ou antes à coautoria, propriamente, à cooperação imediata. A razão que ditou, porém, essa preceituação convence-nos que a segunda hipótese é a mais jurídica e mais constante com os princípios imperantes nas legislações em que tal preceito se inspirou, quais sejam o art. 334 do Código italiano, art. 317 do Código belga, e art. 333 do Código francês. (...) O Código teve em vista

---

245 HUNGRIA, Nelson. *Op. cit.*, p. 240.
246 BITENCOURT, Cezar Roberto. *Op. cit.*, p. 53.
247 GRECO, Rogério, *Op. cit.*, p. 563.
248 COSTA JR., Paulo José da. *Op. cit.*, p. 741.

coibir com penalidades mais graves essa criminalidade selvagem e brutal do estupro praticado com o imediato auxílio de várias pessoas e cujos gravíssimos aspectos são evidentes."[249]

Em outra vertente, agora admitindo o concurso de pessoas em qualquer fase do *iter criminis* como apto a elevar a pena, encontramos a posição de Magalhães Noronha, para quem "a reunião de delinquentes pode verificar-se em qualquer fase do crime, condição apenas sendo a de haver ações que, de qualquer modo, concorram para ele." Prossegue o autor em sua argumentação: "Nossa análise provém de que a lei empregou a expressão crime e que este é um todo unitário. Crime nunca foi nem nunca será sinônimo de ação física ou material, pois, ao lado desta (núcleo do tipo), outros elementos se apresentam para constituí-lo ou integrá-lo. Não é apenas na execução que se pode dar o concurso."[250]

No mesmo diapasão, Fragoso: "Não se exige a presença de todos em atos de execução, bastando que os partícipes hajam, de qualquer forma, concorrido para o crime (...). (...) Ainda que se admita como razão de ser da agravante o maior perigo e a maior eficiência na ação criminosa (que, aliás, independe da presença de todos os partícipes na execução), ou a maior imoralidade, é evidente que a interpretação teleológica não permite passar sobre o texto da lei. O legislador sabe expressar-se, e se pretendesse exigir a presença de todos em atos de execução, poderia empregar uma fórmula semelhante à do art. 146, § 1º, CP."[251]

Também argumentando com base na redação do artigo 146, § 1º, do CP, temos as lições de Mirabete[252] e Regis Prado.[253] Defendendo ainda a dispensabilidade de concurso durante a execução do crime, por todos, Damásio de Jesus[254] e Luiza Nagib Eluf.[255]

Curiosa, ainda, é a posição esposada por Pierangeli e Carmo Antônio de Souza. Argumentam os autores: "A doutrina bifurca-se quanto à exigência ou não da presença de todos os agentes no local e nos atos executórios do delito. (...) Para nós, deve-se estabelecer uma distinção. Quando o delito é cometido mediante violência, a presença é indispensável, porque é exatamente o concurso que dificulta ou impede a defesa da vítima. Não fosse essa a realidade, qual seria a razão da doutrina considerar como fatores determinantes da elevação da pena, exatamente a maior eficiência para a prática do

---

249 GUSMÃO, Chrysolito de. *Op. cit.*, p. 336-337.
250 NORONHA, E. Magalhães. *Op. cit.*, p. 202-203.
251 FRAGOSO, Heleno Cláudio. *Op. cit.*, p. 44.
252 MIRABETE, Julio Fabbrini. *Op. cit.*, p. 453.
253 PRADO, Luiz Regis. *Op. cit.*, p. 854.
254 JESUS, Damásio E. de. *Op. cit.*, p. 147.
255 ELUF, Luiza Nagib. *Op. cit.*, p. 111.

delito, a menor possibilidade de defesa do sujeito passivo, o mais acentuado alarma social, e etc.? A causa de aumento não incide quando o delito é praticado mediante fraude e também em todas as hipóteses em que não existe constrangimento."[256]

Pensamos que a discussão ganha novos contornos com a previsão do estupro coletivo, que possui uma redação diferente daquela estipulada para o artigo 226, I. O inciso IV, "a", não fala em cometer, mas em praticar o crime "mediante concurso". Não dá para defender, com coerência, que o inciso I se aplica apenas na fase de execução e o inciso IV, "a", em qualquer hipótese de concurso. Ambas as hipóteses possuem, em verdade, a mesma abrangência (o que garante a coerência sistemática), diferindo apenas no *quantum* de aumento da pena, dada a gravidade peculiar dos crimes de estupro. Como compatibilizá-las?

A simples existência de concurso de pessoas não apresenta a situação de maior reprovabilidade exigida para a incidência de uma majorante. Por exemplo, no que avulta em reprovabilidade a ocorrência de participação em sentido estrito mais remota? O autor de um estupro ou de um assédio sexual age de forma mais reprovável porque foi remotamente instigado por alguém? Ademais, as majorantes não podem escapar a uma racionalidade normativa, com limitação do poder punitivo. Frise-se que a teoria do bem jurídico-penal limita a atividade incriminadora. Se a atividade de criar crimes não é livre, por que o aumento de sanções penais seria?

Importa, pois, buscar uma justificativa racional para a norma, que, no caso, é a redução da capacidade defensiva da vítima. Contudo, igualmente não se pode ignorar a redação conferida pelo legislador à norma, subvertendo-a arbitrariamente. Quando o legislador menciona o concurso de pessoas no inciso IV, "a", evidentemente ele não se refere unicamente à execução do crime.

Pensamos, assim, que aqui devem ser consideradas todas as hipóteses de autoria e coautoria inerentes ao concurso de pessoas, mas com esteio na teoria do domínio do fato, desde que, concretamente, se demonstre a redução da capacidade defensiva da vítima. Preserva-se, assim, a autoridade da atividade legislativa e limita-se o alcance da norma, evitando-se punições incrementadas desarrazoadas. Supera-se, outrossim, as distinções puramente literais herdadas da teoria objetivo-formal sobre a posição de autor.

A segunda causa de aumento da pena (inciso II) eleva a sanção penal de metade se o agente é ascendente, padrasto ou madrasta, tio, irmão, cônjuge, companheiro, tutor, curador, preceptor ou empregador da vítima ou por qualquer outro título tem autoridade sobre ela. A justificativa para a norma reside no dever de proteção, guarda, vigilância ou respeito que recai sobre as

---

256 PIERANGELI, José Henrique; SOUZA, Carmo Antônio de. *Op. cit.*, p. 101.

pessoas mencionadas, por elas violado, bem como na maior vulnerabilidade da vítima face a tais agentes.

No parentesco em linha reta, apenas os ascendentes (pais, avós, bisa-vós etc.) terão sua pena elevada, restando alijados os descendentes. Não importa se a relação de parentesco é oriunda de consanguinidade ou adoção. Padrasto e madrasta – embora não sejam ascendentes – não foram esquecidos pelo dispositivo, até porque os casos que os envolvem são assustadoramente corriqueiros.

Em relação ao parentesco colateral, figuram como autores de condutas de maior reprovabilidade os tios (ficaram excluídos do âmbito da norma os sobrinhos) e irmãos, haja consanguinidade ou não.

Tutor é quem representa pessoa menor de dezoito anos em seus atos da vida civil, estando a hipótese disciplinada nos artigos 1.728 a 1.734 do Código Civil. Curador é quem representa qualquer outro incapaz (um deficiente mental, por exemplo) nos atos da vida civil (artigo 1.767 do Código Civil). Preceptor é quem de qualquer forma educa a vítima, repassando-lhe instruções ou preceitos. Empregador é quem firma contrato de trabalho com a vítima. Já a cláusula genérica revelada ao final, consoante Hungria, trata tanto da autoridade de direito (ex.: carcereiro em relação ao preso) quanto da autoridade de fato (chefe de família que *sponte sua* retira uma criança do abandono e a leva informalmente para sua casa).[257] Verifica-se aqui o uso da técnica de interpretação analógica.

Surgem, na sequência, as majorantes referentes ao estupro (inciso IV). A palavra estupro, aqui, é usada como gênero (tal qual o legislador o faz no artigo 128, II, CP), do qual são espécies o estupro propriamente dito e o estupro de vulnerável. O inciso, todavia, não é aplicável aos demais crimes sexuais, que se bastam nos incisos I e II.

Estupro coletivo ("a") é aquele praticado mediante concurso de duas ou mais pessoas. Já expusemos, por ocasião do estudo do inciso I, nossa opinião sobre o tema: cuida-se de majorante referente às hipóteses de autoria e coautoria determinadas pela teoria do domínio do fato, desde que o concurso represente redução da capacidade defensiva da vítima.

O estupro corretivo ("b") visa a controlar o comportamento social ou sexual da vítima. Comportamento social é uma referência à posição social ocupada pela vítima, considerada inadequada pelo sujeito ativo. Trata-se de expressão coligada, por exemplo, à identidade de gênero (como no caso da vítima transgênero); comportamento sexual, ao seu turno, versa sobre a orientação sexual da vítima (como na situação em que o pai violenta a própria filha que se revelou homossexual, sob a abjeta intenção de "fazê-la gostar de homem"). Ressalte-se que a identificação do gênero de uma pessoa

---

257 HUNGRIA, Nelson. *Op. cit.*, p. 243.

não guarda relação com a sua sexualidade. O transgênero pode ser heterossexual, homossexual, bissexual ou assexual. Portanto, agiu bem o legislador ao tratar em apartado o comportamento social e o sexual.

Rogério Greco usa como exemplos de controle do comportamento social (a) a hipótese em que o sujeito ativo, machista, estupra uma mulher porque a vítima costuma frequentar livremente bares, festas etc.; e (b) o caso do traficante de drogas que estupra a vítima porque esta começou a namorar com um policial militar.[258] Concordamos com o primeiro exemplo: na cabeça do agente, aquela mulher, livre, ocupa uma posição social reservada aos homens e, portanto, precisa ser submetida a um homem, inclusive sexualmente, para compreender seu real lugar na sociedade patriarcal por ele defendida. O autor busca "corrigir" o comportamento social da vítima. Contudo, discordamos do segundo exemplo. Aqui o estupro não é corretivo, mas meramente punitivo. O traficante não estupra a vítima porque esta ocupa uma posição por ele considerada socialmente inadequada, almejando "colocá-la no seu lugar", mas sim por repúdio à profissão do namorado por ela escolhido. Em outras palavras: não se pode confundir o estupro meramente punitivo com o corretivo (embora esse, intrinsecamente, também contenha uma punição). Todo estupro corretivo é, em certa dose, punitivo, mas nem todo estupro punitivo é corretivo.

E como fica o confronto entre a majorante e o crime de tortura-castigo, previsto no artigo 1º, II, da Lei nº 9.455/1997? Cremos que o estupro majorado prevalece, pois é uma forma mais específica de provocar grave sofrimento físico ou moral e por versar – ainda que secundariamente – sobre uma forma de imposição de castigo (corretivo, é verdade). A aplicação simultânea de ambos os dispositivos, pensamos, acarretaria *bis in idem*.

---

258 Op. cit., p. 165-166.

DO LENOCÍNIO E DO TRÁFICO DE PESSOA PARA FIM DE PROSTITUIÇÃO OU OUTRA FORA DE EXPLORAÇÃO SEXUAL

I – INTRODUÇÃO

Já conceituamos o lenocínio por ocasião do estudo do artigo 218-B do Código Penal como qualquer ato de estímulo, favorecimento ou facilitação da prostituição ou da sexualidade alheia, haja ou não intenção do agente de auferir proveito através de sua conduta, reiterando o posicionamento de Galdino Siqueira, para quem deve o lenocínio ser dividido em duas espécies: principal, englobando as condutas em que o sujeito ativo toma a iniciativa da corrução ou prostituição da vítima; e acessório, em que o sujeito ativo facilita ou explora a corrução ou prostituição preexistente.[259]

O ponto central da definição de lenocínio reside na intermediação de atos sexuais para a satisfação de um desejo sexual alheio (e não do próprio sujeito ativo), com o que excluímos de plano qualquer resquício criminoso na conduta de quem se prostitui ou é sexualmente explorado: a prostituição nada mais é do que um aspecto da liberdade sexual, que confere à pessoa autonomia inclusive para comercializar o próprio corpo, sequer podendo ser taxada de atividade imoral.

Tornou-se lugar comum afirmar que a prostituição é uma das atividades mais antigas do mundo, embora muitas vezes se confunda a tradição poligâmica ou ritualística de certos povos com atos de prostituição.[260] De toda sorte, sempre foi ela tratada como tabu, com a pecha de "mal necessário". Dizia Santo Tomás: "Eliminais as mulheres públicas do seio da sociedade e a devassidão a perturbará com desordens de toda espécie. São as prostitutas, numa cidade, a mesma coisa que uma cloaca num palácio: suprimi a cloaca e o palácio tornar-se-á um lugar sujo e infecto."[261] Embora já se faça distante a época da assertiva, não houve mudança radical no tratamento dispensado à prostituição. Ainda que haja um maior esforço do poder público em sepultar

---

259 SIQUEIRA, Galdino. *Op. cit.*, p. 297.

260 Consoante Luiza Nagib Eluf, dizer que a prostituição é a profissão mais antiga do mundo é um jargão utilizado para "reforçar a necessidade de se manter a prática e justificar uma condição injusta imposta às mulheres", após o que conclui a autora: a prostituição tem a mesma idade do patriarcado (*op. cit.*, p. 120).

261 *De regimine principium, apud* ELUF, Luiza Nagib. *Op. cit.*, p. 122.

preconceitos há muito enraizados, como através do cuidado previdenciário conferido à atividade, a estrada é longa e tortuosa. Mas deve ser percorrida.

Na legislação brasileira, o Código imperial (1830) não trouxe qualquer previsão sobre o lenocínio, lacuna que acabou suprida pelo Código republicano (1890).[262] O Código Penal de 1940 estendeu a tutela a hipóteses não previstas no diploma anterior. Ademais, o capítulo referente a estes crimes, antes denominado apenas "Do Lenocínio", passou a "Do Lenocínio e do Tráfico de Mulheres" pela Lei nº 11.106/05 e, posteriormente, a "Do Lenocínio e do Tráfico de Pessoa para Prostituição ou Outra Forma de Exploração Sexual", com o advento da Lei nº 12.015/09. Embora a Lei nº 13.344/2016 tenha revogado os crimes referentes ao tráfico de pessoas para finalidade sexual (incluindo-os entre os casos de tráfico de pessoas do artigo 149-A do CP), o legislador manteve a denominação do capítulo, ora em descompasso para com os delitos ali previstos.

Repete-se: o que se incrimina no capítulo ora em comento não é a prostituição, já que as pessoas a ela entregues ou o fazem por pressões socioeconômicas, ou no legítimo exercício da autonomia da vontade, valendo-se do direito de dispor do próprio corpo, sem que o Estado possa tolher a atividade. Pune-se a interferência na prostituição ou na sexualidade alheia. Criticamos severamente, pois, os tipos penais que, sob uma aura falaciosa de proteção dos profissionais do sexo, pretendem relegar a prostituição a guetos, impedindo sejam fornecidos meios para o exercício digno do comércio carnal.

Portanto, não comungamos da opinião de Hungria, que, para fomentar o debate, ora trazemos à colação: "Talvez se afigura, *prima facie*, que nos países, como o nosso, em que não se proíbe a prostituição em si mesma, seja injustificável a repressão aos lenões, pois, se tal ou qual fato é permitido

---

262 "Art. 277. Excitar, favorecer, ou facilitar a prostituição de alguem para satisfazer desejos deshonestos ou paixões lascivas de outrem. Pena – de prisão cellular por um a dous annos. Paragrapho unico. Si este crime for commettido por ascendente em relação á descendente, por tutor, curador ou pessoa encarregada da educação ou guarda de algum menor com relação a este; pelo marido com relação á sua propria mulher. Pena – de prisão cellular por dous a quatro annos. Além desta pena, e da de interdicção em que incorrerão, se imporá mais: Ao pae e mãe a perda de todos os direitos que a lei lhe concede sobre a pessoa e bens do descendente prostituido; Ao tutor ou curador, a immediata destituição desse munus; A' pessoa encarregada da educação do menor, a privação do direito de ensinar, dirigir ou ter parte em qualquer estabelecimento de instrucção e educação; Ao marido, a perda do poder marital, tendo logar a acção criminal, que prescreverá em tres mezes, por queixa contra elle dada sómente pela mulher." "Art. 278. Induzir mulheres, quer abusando de sua fraqueza ou miseria, quer constragendo-as por intimidações ou ameaças, a empregarem-se no tratico da prostituição; prestar-lhes, por conta propria ou de outrem, sob sua ou alheia responsabilidade, assistencia, habitação e auxilios para auferir, directa ou indirectamente, lucros desta especulação. Penas – de prisão cellular por um a dous annos e multa de 500$ a 1:000$000."

ou penalmente indiferente, não se deveriam, coerentemente, incriminar os que lhe são famulativos ou acessórios (*accessorium sequitur suum principale*). Este raciocínio, porém, estaria abstraindo que a política criminal muitas vezes desatende à lógica, para seguir critérios de oportunidade e conveniência. A prostituição é tolerada como uma fatalidade da vida social, mas a ordem jurídica faltaria à sua finalidade se deixasse de reprimir aqueles que, de qualquer modo, contribuem para maior fomento e extensão dessa chaga social."[263] O autor parte do pressuposto que a prostituição é um mal que deve ser tolerado, pois o instinto sexual, "que jamais se apaziguou na fórmula social da monogamia, e reclama satisfação antes mesmo que o homem atinja a idade civil do casamento ou a suficiente aptidão para assumir os encargos da formação de um lar", caso não satisfeito pelo meretrício, orientaria a "imoralidade para o recesso dos lares", fazendo "referver a libido para a prática de todos os crimes sociais".[264] Ou seja, o lenocínio, por apoiar a reprovável (mas tolerada) imoralidade, reflete igual reprovabilidade, sendo merecedor de reprimenda penal.

Ora, em assumindo como verdadeiro o escólio, estaríamos admitindo que no homem não há espaço para a ética sexual e que os desejos sexuais, por irrefreáveis, justificariam, ou ao menos atenuariam, toda sorte de comportamento desviante, cabendo às mulheres (deve ser notado que não há menção ao homem como prostituído ou à mulher buscando a satisfação de um desejo sexual, restando mantidos os gêneros nas posições que lhe são impostas pela sociedade patriarcal) o papel de pacificadoras, através do sexo contratado. A prostituição, portanto, seria indesejada, mas útil às famílias, ainda que pelo sacrifício feminino em prol do regozijo masculino, devendo ser mantida a atividade às escondidas, pois os bons costumes não aceitariam a ostensividade. A repulsa ao fomento da prostituição, entretanto, passa ao largo daqueles que se beneficiam dos atos sexuais alheios, como se a intermediação e a contratação dos serviços não estivessem do mesmo lado da moeda na questão social, pois todos devem dar vazão aos impulsos primitivos para que não seja conspurcada a paz domiciliar.

A partir do momento em que expulsamos da seara da prostituição todo o preconceito que a orbita e passamos a tê-la não apenas como tolerada, mas sim como uma atividade normal, merecedora de direitos e da tutela do Estado, passamos a perceber que àqueles que se prostituem – sejam homens ou mulheres – devem ser conferidos os meios para a captação de clientes – novamente homens ou mulheres – e para a execução dos serviços, ainda que pela intermediação de terceiros. Se, ao tratarmos das diversas espécies de lenocínio, estamos falando em crimes contra a dignidade sexual, parece-nos

---

263 HUNGRIA, Nelson. *Op. cit.*, p. 259-260.
264 Idem, *ibidem*, p. 260.

que a repressão criminal somente pode advir daquelas condutas que impõem tratamento indigno a quem negocia a própria sexualidade, como nos casos de condições insalubres de trabalho, ou no uso de fraude, violência ou intimidação. No mais, pensamos, o lenocínio se mostra incapaz de vilipendiar a salvaguarda pretendida após a reforma promovida pela Lei nº 12.015/09.

II – MEDIAÇÃO PARA SERVIR À LASCÍVIA DE OUTREM (ARTIGO 227, CP)

1 Introdução

Sob tal rubrica encontramos um dos delitos mais estapafúrdios do Código Penal, que deveria ser obliterado de qualquer texto legal que se pretenda em consonância para com a evolução dos costumes. Ao contrário, além de ser mantido após a reforma promovida pela Lei nº 12.015/09, ainda ganhou um paralelo no artigo 218 do CP. Sobre ele se manifesta Paulo Queiroz, *verbis*: "Trata-se de um tipo que, além de desnecessário, é manifestamente inconstitucional. Com efeito, se as relações sexuais entre indivíduos adultos (e indivíduos sexualmente capazes) são legítimas, legítimas hão de ser também, consequentemente, toda e qualquer mediação para tanto."[265]

Saliente-se que o artigo 227 do CP não versa sobre prostituição ou exploração sexual, abordando apenas a intervenção na vontade alheia, comportamento que sequer apresenta fagulhas de ofensividade. Não resvala no bem jurídico tutelado (dignidade sexual). Assim, não há como deixar de se defender a inconstitucionalidade – ao menos – do tipo fundamental do crime em apreço. Corroborando o entendimento, consignamos a doutrina de Nucci: "Esse tipo penal incriminador, que se encontra sob a égide do capítulo do lenocínio e do tráfico de pessoa para prostituição ou outra forma de exploração sexual, é a vitrine da inoperância legislativa. Não diz respeito a lenocínio (prestação de apoio, assistência ou incentivo à vida voluptuosa de outrem, dela tirando proveito, em típica atividade de rufião, cafetão ou proxeneta). Ora, induzir (dar a ideia) a qualquer pessoa para satisfazer o prazer sexual de outra pessoa, sem lucro, sem intermediação, sem comércio sexual, é considerado crime. E o que é pior: o singelo induzimento é tipificado, sem que, em tese, se demande qualquer resultado naturalístico. Praticamente, se aplicado literalmente, seria a punição das más ações, dos pecados, das imoralidades hipócritas. O que interessa ao bem jurídico dignidade sexual se

---

265 QUEIROZ, Paulo. *Op. cit.*, p. 565.

alguém dá a ideia a outrem para ter uma relação sexual? Se são adultos e capazes, absolutamente nada. Aliás, mesmo que se trate de maior de 14 e menor de 18, pois já existe consentimento sexual válido nessa idade."[266]

2 Objetividade jurídica

Afirma Magalhães Noronha que o objeto da tutela penal no presente artigo é a "disciplina da vida sexual", que deve ser exercitada "de acordo com os bons costumes, a moralidade pública e a organização da família."[267] No mesmo sentido se pronuncia Paulo José da Costa Jr.[268]

Versando sobre o dispositivo posteriormente à edição da Lei nº 12.015/09, Rogério Greco sustenta que "a moral sexual, e num sentido mais amplo, a dignidade sexual são os bens juridicamente protegidos pelo tipo penal".[269]

Consideramos todas as posições equivocadas: disciplina da vida sexual é algo completamente vago, escorando seu conceito em lugares-comuns como "bons costumes" e "moralidade pública", expressões isentas de parâmetros objetivos, mas carregadas de subjetividade e consequentes preconceitos, não se prestando à conformação da objetividade jurídica de qualquer tipo penal; o mesmo se diga da "moral sexual", termo de definição fluida, violadora do nível mínimo de determinação exigido pela taxatividade que restringe o poder punitivo.

O princípio da ofensividade (lesividade) refuta essas tutelas, razão pela qual há se buscar um caminho diverso, o qual pode ser encontrado, sem qualquer dificuldade, na denominação dada ao capítulo em que se insere o artigo 227 do CP: o bem jurídico tutelado é exclusivamente a dignidade sexual. Como tal, somente as condutas que importarem tratamento indigno dispensado à vítima serão de fato criminosas, o que é improvável quando se toma por base o *caput* do artigo 227 ou mesmo seu § 1º.

Deixando de lado a claríssima inconstitucionalidade do dispositivo, considerando que a vítima é convencida pelo sujeito ativo a satisfazer a lascívia de outrem (salvo no que tange ao § 2º), percebe-se que seu consentimento integra o tipo penal, de modo que sua existência, em tese, não afasta o (absurdo) caráter criminoso da conduta.

O objeto material da conduta é a pessoa induzida.

3 Sujeitos do delito

Cuidando-se de crime comum, qualquer pessoa pode figurar no polo ativo da conduta, sendo certo que, se for ascendente, descendente, cônjuge

---

266 NUCCI, Guilherme de Souza. *Op. cit.*, p. 184.
267 NORONHA, E. Magalhães. *Op. cit.*, p. 216.
268 COSTA JR., Paulo José da. *Op. cit.*, p. 744
269 GRECO, Rogério. *Op. cit.*, p. 568.

ou companheiro, irmão, tutor ou curador da vítima, ou pessoa a quem a vítima esteja confiada para fins de educação, de tratamento ou de guarda, incide a forma qualificada do § 1º.

Igualmente, o sujeito passivo pode ser qualquer pessoa, até mesmo aquela já "corrompida",[270] independentemente do gênero ao qual pertença.[271] Caso seja pessoa maior de quatorze e menor de dezoito anos, também incidirá a forma qualificada do § 1º.

4 Elementos objetivos, subjetivos e normativos do tipo

Induzir é o verbo incriminado no artigo 227 do CP, significando a interferência na vontade de outrem, de modo a fazer nascer o desejo de satisfazer a lascívia alheia. O induzimento pode consistir em súplicas, promessas, argumentação ou qualquer outro meio apto a convencer a vítima, salvo os violentos, fraudulentos ou intimidadores, que caracterizarão a modalidade qualificada do § 2º.[272] Não são incriminados os verbos instigar e auxiliar.

Satisfazer a lascívia significa aplacar o desejo sexual de outrem, dispensando contato corporal, como no caso em que a vítima, despida, dança para o parceiro, mas sem tocá-lo.

No que concerne a quem se beneficia da prestação sexual, deve ser pessoa ou grupo de pessoas determinado, já que a prática de atos sexuais com pessoas indeterminadas conduz ao reconhecimento da prostituição, hipótese em que o induzimento caracterizaria a conduta delineada no artigo 228 do CP. Insta salientar que o beneficiário da prática sexual não comete crime algum. Apenas a pessoa que realiza o induzimento da vítima é responsabilizada.[273]

270 TJSP: "A meretriz não pode ser havida como vítima do delito previsto no art. 227 do CP, pois não é induzida, mas se presta, voluntariamente, à lascívia de outrem" (RT 487/347).

271 Em sentido contrário, defendendo que a pessoa prostituída não pode ser vítima do delito, por todos, Hungria: "Pouco importa que a vítima seja pessoa já orientada no caminho do mal, desde que não francamente prostituída, pois, nesse caso, como é claro, não há necessidade de induzimento, violência ou fraude para que se preste à lascívia de outrem" (*Op. cit.*, p. 274).

272 TJSP: "Não constitui induzimento visando a satisfazer a lascívia de outrem a conduta do réu, servindo de intermediário da proposta desonesta feita por aquele à vítima" (RT 297/139).

273 TJSC: "PENAL. APELAÇÃO CRIMINAL. CRIME DE MEDIAÇÃO PARA SERVIR A LASCÍVIA DE OUTREM (CP, ART. 227, § 1º). SENTENÇA CONDENATÓRIA. RECURSO DA DEFESA. PRELIMINARES. INÉPCIA DA DENÚNCIA. NARRATIVA QUE EVIDENCIA FATO TÍPICO. AUSÊNCIA DE JUSTA CAUSA. PROVAS EXTRAÍDAS UNILATERALMENTE PELO PAI DA VÍTIMA. EXISTÊNCIA DE LASTRO PROBATÓRIO MÍNIMO. NULIDADE DA PROVA NÃO EVIDENCIADA. HARMONIA COM AS DECLARAÇÕES DA VÍTIMA. AUSÊNCIA DE CONTRAPROVA POR PARTE DO RÉU (CPP, ART. 156). MÉRITO. JOVEM QUE TRAVA DIÁLOGOS COM ADOLESCENTE

Merece destaque o fato de que a vítima deve ser efetivamente convencida pelo sujeito ativo a satisfazer a concupiscência de outrem, ou seja, deve ela apresentar certa relutância, de modo a ser persuadida ao ato. Nesse sentido é a opinião de Odin do Brasil Americano: "Pode-se tirar então, a consequência de que se não houve relutância ou reação da vítima, ou oposição, não pode ter havido naturalmente, indução, mas simples convite, o que não é a mesma cousa."[274] Consoante Paulo Queiroz, "não há o crime, evidentemente, quando o agente se limita a apresentar um casal, visando a aproximá-los e possibilitar um *affair*."[275]

Trata-se de crime invariavelmente doloso, ao qual se adita um especial fim de agir, consistente na intenção de ver satisfeita a lascívia alheia. Nesse sentido, Magalhães Noronha, que exemplifica: "Se, por exemplo, um indivíduo combina com mulher de se entregar aos desejos de outrem, para então, simulando ser seu esposo, obter desse terceiro, atemorizado, gorda maquia, não haverá o crime em apreço, já porque a mulher é totalmente corrompida, já porque o fim não foi satisfazer a luxúria de outrem, mas obter vantagem econômica, havendo lugar a extorsão."[276]

5 Formas qualificadas

No § 1º do artigo 227, a pena do delito passa a ser de dois a cinco anos de reclusão se a vítima é maior de quatorze e menor de dezoito anos, ou se o agente é seu ascendente, descendente, cônjuge ou companheiro, irmão, tutor ou curador ou pessoa a quem esteja confiada para fins de educação, de tratamento ou de guarda.

Já no § 2º, as margens da sanção penal passam a ser de dois a oito anos de reclusão se o crime for cometido com emprego de violência, grave ameaça ou fraude, além de eventual cúmulo material com a pena estipulada para delito derivado do ato de violência.

DE 13 ANOS SEXUALMENTE INEXPERIENTE COM OBJETIVO DE PRATICAR ATOS HOMOSSEXUAIS. RESISTÊNCIA À IDÉIA. SIMULAÇÃO DA EXISTÊNCIA DE FIGURA FEMININA PARA PRÁTICA DE CONGRESSO CARNAL CONJUNTO. IMPUTAÇÃO DA EXISTÊNCIA DE LASCÍVIA DE OUTREM. INEXISTÊNCIA. SENTENÇA REFORMADA. (...) O réu que, após reiteradas e frustradas tentativas de convencer adolescente inexperiente a praticar atos homossexuais para satisfazer a própria lascívia, simula, por meio do programa de conversação via rede mundial de computadores, a existência de pessoa do sexo feminino para realização de contubérnio, com o nítido propósito de manter congresso carnal a sós com a vítima, não responde pela prática do crime previsto no art. 227, § 1º, do Código Penal. (...)" (APR 20130535053 SC 2013.053505-3, Primeira Câmara Criminal, rel. Des. Carlos Alberto Civinski, julg. em 04/11/2013).

274 AMERICANO, Odin J. do Brasil. *Op. cit.*, p. 193.

275 QUEIROZ, Paulo. *Op. cit.*, p. 566.

276 NORONHA, Magalhães. *Op. cit.*, p. 219

A indução de pessoa com idade entre quatorze e dezoito anos incompletos, assim como o *caput* do artigo 227, não deveria jamais constituir crime, quanto mais uma modalidade qualificada, que sequer admite suspensão condicional do processo. Nessa hipótese, a vítima tem liberdade sexual plena (não está alocada no impreciso conceito de "vulnerável"), consistindo em verdadeiro absurdo incriminar a conduta de quem apenas estimula o exercício de sua sexualidade, que, uma vez satisfeita, representará nada mais do que a afirmação do seu livre arbítrio.

Superada essa (insuperável) perplexidade, justifica-se a qualificadora pela imaturidade da vítima, mais propensa a concordar para com a proposta sem sopesar as consequências futuras de seu ato. Caso a pessoa induzida seja menor de quatorze anos, verificar-se-á o crime do artigo 218 do CP.

O mesmo se diga das qualidades especiais do sujeito ativo enumeradas na norma, que lhes conferem maior capacidade de influenciar na decisão da vítima, reduzindo a probabilidade de uma resposta negativa. Trata-se de um rol taxativo, não restando qualificado o delito, por exemplo, quando o tio induz o sobrinho. Incidirão na forma qualificada, no entanto, educadores, preceptores, enfermeiros, médicos, guardas penitenciários e outras pessoas que possam eventualmente cuidar da educação, tratamento ou guarda da vítima.

As qualificadoras do § 2º, ao contrário do dispositivo anterior, que consideramos anacrônico, avultam em reprovabilidade, merecendo tratamento penal. São os casos de crime praticado mediante violência, grave ameaça ou fraude. Cumpre assinalar, desde logo, que a redação do artigo 227 não é das mais felizes, já que, ao passo em que no tipo fundamental faz referência ao induzimento, na forma qualificada menciona o constrangimento como meio executório, passando a impressão de que é possível um "convencimento coativo", uma verdadeira contradição. Sobre o tema, manifesta espanto Nucci: "Por outro lado, qualquer violência, física ou moral, deve ser combatida, mas o § 2º precisa ser reformado para constar como tipo autônomo, com outro verbo. Afinal, como se pode dar a ideia a alguém para fazer algo, com emprego de violência? O mesmo se diga de induzir, ameaçando ou com fraude. Parece-nos atitudes incompatíveis, pois o verbo é simplório, não tendo alcance suficiente para alavancar-se com ameaças ou fraudes."[277]

Em verdade, a canhestra redação do § 2º desde logo afasta o induzimento, focando-se apenas nos atos de execução nele mencionados.

Violência, ou *vis corporalis*, é a incidência de uma força física contra o corpo da vítima, ainda que com ela não tenha contato o autor (como no caso do lançamento de objetos); grave ameaça, ou *vis compulsiva*, é a intimidação, a coação psicológica, consistindo na promessa verossímil de severo mal

---

277 NUCCI, Guilherme de Souza. *Op. cit.*, p. 184.

contra bem jurídico relevante. Já a fraude é o engodo; é o artifício, o ardil ou qualquer outro meio apto a ludibriar a vítima, viciando sua vontade.

Impõe-se um esclarecimento: tais meios executórios se referem à intenção de levar a vítima a satisfazer a lascívia de outrem. Não são opostos por quem com a vítima mantém relação sexual, hipótese que caracteriza crime de estupro (ou talvez de violação sexual mediante fraude), restando punido o intermediador pelo mesmo delito, em virtude da regra insculpida no artigo 29 do CP (obviamente, caso essa circunstância integre seu dolo). De igual sorte, se uma pessoa se vale de constrangimento para a submissão da vítima aos desejos sexuais de terceiro e se este terceiro, sabendo que a vítima foi coagida (por exemplo, porque contratou a pessoa para a prática da violência ou da intimidação), ainda assim mantém relações sexuais com ela, novamente teremos estupro em concurso de pessoas.

Sobre o concurso, aliás, adverte Hungria, em lição da qual discordamos: "De modo geral, pode dizer-se que a participação em crime sexual de outrem, posto que não se trate de auxílio prestado ao próprio ato consumativo do crime, deve ser considerada ou reconhecida como 'mediação para servir à lascívia alheia' (simples ou qualificada)."[278]

A mediação para servir à lascívia de outrem, na forma qualificada pelo uso de violência, será cumulada com crime de lesão corporal ou outro delito decorrente do meio executório eleito pelo agente.

6 Consumação e tentativa

Consuma-se o crime com o convencimento da vítima, embora exista posição exigindo a efetiva prática do ato sexual,[279] a qual é majoritária na doutrina. Nesse sentido se pronuncia Regis Prado, em lição ora consignada: "Consuma-se o delito quando a vítima vem efetivamente a praticar os atos libidinosos com o destinatário do lenocínio, independentemente de que este venha a alcançar o 'gozo genésico' (delito de resultado)."[280] Na mesma linha de raciocínio, Hungria: "O crime consuma-se desde que a vítima efetivamente se preste ou seja submetida à lascívia do *tertius*. Não basta o emprego dos meios para induzir, coagir ou fraudar a vítima; se, por um motivo

---

278 HUNGRIA, Nelson. *Op. cit.*, p. 273-274.

279 TJSP: "O crime descrito na denúncia deve ser enquadrado no art. 227 §§ 1º e 3º do Código Penal (mediação para servir à lascívia de outrem, com a qualificadora da idade das vítimas, entre 14 e 18 anos). Deve-se acrescentar que não há prova de que esse crime (de mediação para servir à lascívia de outrem) se consumou. A apelante exerceu influência sobre as vítimas, procurando promover encontros amorosos. Mas a ação ficou na esfera da tentativa, pois não há certeza sobre o resultado prático da ação desenvolvida" (AC 123.614/0, rel. Des. Luiz Betanho).

280 PRADO, Regis. *Op. cit.*, p. 862.

qualquer, independente da vontade do agente, não vem a realizar-se a satisfação da lascívia alheia, o que pode ocorrer é a simples tentativa."[281]

Em sentido contrário, por todos, Paulo Queiroz: "Se a vítima efetivamente praticar algum ato visando a satisfazer a lascívia de alguém, tal configurará exaurimento de crime já consumado. Advirta-se que esse não é o entendimento (majoritário) da doutrina, que o considera crime material. Mas o delito de fato é formal, e não material, porque o tipo fala de induzir a satisfazer a lascívia, e não satisfazer a lascívia, motivo pelo qual, para consumá-lo, basta a simples indução à satisfação da lascívia, pouco importando se tal resultado vem a realizar concretamente."[282]

A mediação para servir à lascívia de outrem, ao contrário de outros crimes do presente capítulo, não exige o requisito da habitualidade. Assim, não há qualquer discussão sobre a admissibilidade da tentativa, plenamente possível em se tratando de crime plurissubsistente.

7 Concurso de crimes e concurso aparente de normas

O artigo 227 do CP, como visto anteriormente, em sua forma qualificada do § 2º, pode perfeitamente figurar em cúmulo material de penas com crimes decorrentes dos atos de violência usados em sua execução, como a lesão corporal. Isso se dá em razão de expressa previsão normativa no preceito secundário do dispositivo em comento.

Em razão da especialidade, a mediação cede espaço aos crimes dos artigos 218 do CP e 228 do mesmo diploma. Naquele a vítima é pessoa vulnerável e, neste, o tipo penal versa sobre prostituição e exploração sexual (embora, em sua estrutura mínima, não deixe de contemplar o induzimento de alguém a satisfazer a lascívia de outrem).

Se o agente induz a vítima a satisfazer a própria lascívia, a conduta não é criminosa. No entanto, se a pessoa induzida for criança, pode restar configurado o crime do artigo 241-D, *caput* ou inc. II, do ECA.

8 Pena e ação penal

A pena para o tipo básico do artigo 227 do CP é de reclusão, de um a três anos, de modo que é possível a suspensão condicional do processo, nos moldes do artigo 89 da Lei nº 9.099/95.

Na forma qualificada do § 1º, a pena é de reclusão, de dois a cinco anos. Cabível o acordo de não persecução penal (artigo 28-A, CPP).

---

281 HUNGRIA, Nelson. *Op. cit.*, p. 275.
282 QUEIROZ, Paulo. *Op. cit.*, p. 566.

No § 2º, reclusão, de dois a oito anos, além da pena correspondente à violência. Caso o crime seja praticado mediante violência ou grave ameaça, não é possível o acordo de não persecução penal. Na fraude, o acordo é possível.

Havendo finalidade lucrativa (não de quem satisfaz a lascívia de outrem, mas de quem realiza a mediação), agrega-se à sanção penal a pena de multa.

A ação penal é pública incondicionada.

III – FAVORECIMENTO DA PROSTITUIÇÃO OU OUTRA FORMA DE EXPLORAÇÃO SEXUAL (ARTIGO 228, CP)

1 Introdução

Cuida o artigo 228 do Código Penal do crime outrora conhecido como "favorecimento da prostituição", que, com o advento da Lei nº 12.015/09, recebeu um complemento em seu *nomen juris*, passando a ser chamado de "favorecimento da prostituição ou outra forma de exploração sexual". Tem-se, no tipo penal, a seguinte redação: "Induzir ou atrair alguém à prostituição ou outra forma de exploração sexual, facilitá-la, impedir ou dificultar que alguém a abandone. Pena – reclusão, de 2 (dois) a 5 (cinco) anos, e multa." Com a nova lei, também se incluiu o verbo "dificultar" no tipo penal, antes inexistente.

Como já nos manifestamos anteriormente, reputamos indevida a criminalização de atividades acessórias à prostituição. A prostituição autônoma, ou seja, desde que não haja intervenção de outrem é aceita; mais do que isso, criam-se regulamentos previdenciários (Lei nº 8.212/91, sendo certo que o código de contribuinte dos profissionais do sexo é o 1007), ficando plenamente caracterizada a inserção dos atos de prostituição como atividade reconhecida pelo Estado. Todavia, essa mesma atividade resta taxada de imoral, trazendo a reboque a "reprovabilidade" dos atos de fomento ou intermediação da sexualidade alheia.

O discurso da defesa da moralidade, por si só, não se coaduna para com um direito penal que reconhece na proteção de bens jurídicos sua principal missão e busca, com isso, limitar o poder punitivo. Nos crimes sexuais, como já exaustivamente versado, não há outra tutela possível além da dignidade sexual e seus aspectos, um conceito que se desprende da moralidade vazia e, não raro, irrealista.

A marginalização social de profissionais do sexo não contribui em nada para a proteção à sua dignidade. Ao revés, é determinante para toda sorte de indignidades, a começar pela estigmatização de quem adere à prática. A busca pela dignidade, assim, passa pelo reconhecimento de que profissionais do sexo merecem a mesma proteção jurídica ofertada a outros tantos trabalhadores e espraia-se à conclusão de que devem existir condições para o seu livre exercício, inclusive com a permissão das atividades auxiliares, ainda que isso importe lucro para a pessoa que se imiscui no comércio corporal alheio. Afinal, se estamos tratando de crimes contra a dignidade sexual, não subsiste qualquer vestígio de conduta criminosa naquelas ações ou omissões que não imponham tratamento indigno para a vítima.

Em que pese a adesão de parcela relevante da doutrina aos ideais de reformulação dos crimes de lenocínio, este horizonte ainda parece distante. Essa constatação, no entanto, não impede a correta interpretação dos tipos penais, de modo a coaduná-los para com a teoria do bem jurídico-penal e, em última análise, com a Constituição Federal.

A incriminação do favorecimento da prostituição remonta às legislações penais mais remotas. O Direito romano já punia o *lenocinium quaestuarium*, ou seja, a exploração lucrativa da prostituição, ao passo em que os mesmos exploradores eram sancionados com a pena de morte da Grécia antiga. A incriminação se manteve na Idade Média e alcançou Portugal nas Ordenações Afonsinas, que produziam seus efeitos em território brasileiro (inclusive com pena de degredo dos alcoviteiros para o Brasil). Curiosamente, no entanto, o Código imperial de 1830 não cuidou do lenocínio, o qual só voltou a figurar em nossa legislação no Código republicano de 1890 (artigos 277 e 278), recebendo elaboração mais detalhada a partir da atual codificação.

2 Objetividade jurídica

O bem jurídico tutelado no artigo 228 do Código Penal, segundo pensamos, é exclusivamente a dignidade sexual de quem se prostitui ou é sexualmente explorado. Destarte, somente as condutas que importarem tratamento indigno dispensado à vítima serão de fato criminosas, o que é improvável quando se toma por base o *caput* do artigo 228 ou mesmo seu § 1º. Delmanto vai além, colocando a liberdade sexual também como objeto de salvaguarda do tipo penal,[283] o que não é incorreto, pensamos, se levarmos em consideração as modalidades qualificadas do § 2º.

Lecionando sobre a legislação argentina vigente à época de sua obra (1945), manifestava opinião diversa Carlos Fontán Balestra: *"El bien jurídico tutelado por la norma que nos ocupa es, a nuestro juicio, la honestidad individual, al par que la moral familiar y pública."*[284] Mesmo na doutrina mais recente encontramos quem encampe parcialmente tal posicionamento,

---

283 DELMANTO, Celso; DELMANTO, Roberto; DELMANTO JÚNIOR, Roberto; DELMANTO, Fabio M. de Almeida. *Op. cit.*, p. 713.

284 BALESTRA, Carlos Fontán. *Op. cit.*, p. 122.

pugnando pela tutela da moralidade sexual.[285] Rogério Greco adota uma posição temperada, afirmando que o bem jurídico protegido "é a moralidade sexual e, num sentido mais amplo, a dignidade sexual."[286] Bitencourt, anteriormente à Lei 12.015/09, ensinava: "O bem jurídico protegido é, como na figura anteriormente examinada, a moralidade pública sexual, objetivando, particularmente, evitar o incremento e o desenvolvimento da prostituição."[287]

Conceitos como "moralidade pública", "sentimento de pudor" e afins não podem ser legitimamente erigidos à condição de bem jurídico tutelado. Vale trazer à colação a exemplar doutrina de Claus Roxin: "Mesmo assim, pode-se dizer que os defensores de um conceito de bem jurídico crítico frente à legislação geralmente descrevem como bens jurídicos aqueles pressupostos indispensáveis para uma pacífica e livre convivência dentro do Estado, em que os direitos fundamentais sejam respeitados. Bens jurídicos são, pois, a vida, a integridade física, a liberdade pessoal, a autodeterminação sexual, mas também, por exemplo, o correto funcionamento da justiça ou a proteção contra a falsificação de moeda. Porque uma vida social, livre e segura depende, de que estes (e outros muitos) bens sejam protegidos frente a danos procedentes de ataques alheios. O reverso desta concepção é que condutas que somente contrariam a moral (como, por exemplo, ações contrárias aos bons costumes que pessoas levam a cabo com consentimento recíproco), bem como ações de autolesão e a cooperação para com elas não podem ser penalizadas sem mais, pois onde todos estão de acordo ninguém resulta lesionado, e a convivência humana não é prejudicada."[288]

Costuma-se afirmar que o consentimento da vítima é irrelevante, não se prestando a afastar o caráter criminoso da conduta. Cremos que, caso a submissão da vítima importe tratamento indigno assemelhado à redução a condição análoga à de escravo, a lição está correta, mas apenas nesse caso.

O objeto material do delito é a pessoa que se entrega à prostituição ou é sexualmente explorada.

---

285 Nesse sentido, Renato Marcão e Plínio Gentil, *op. cit.*, p. 301. No mesmo sentido, TJSP: "No art. 228 do CP, o legislador visou tutelar, precisamente, a moralidade pública sexual, daí porque pune quem induz, atrai, facilita ou quem procure impedir o abandono da prostituição" (RJTJSP 99/439).

286 GRECO, Rogério. *Op. cit.*, p. 578.

287 BITENCOURT, Cezar Roberto. *Op. cit.*, p. 64.

288 ROXIN, Claus. *O Princípio da Proteção do Bem Jurídico e seu Significado para a Teoria do Injusto,* in Desenvolvimentos atuais das ciências criminais na Alemanha. Coord. AMBOS, Kai; BÖHM, María Laura. Brasília: Gazeta Jurídica, 2013. p. 290.

3 Sujeitos do delito

Cuidando-se de crime comum, qualquer pessoa pode figurar no polo ativo da conduta,[289] sendo certo que, se for ascendente, descendente, cônjuge ou companheiro, irmão, tutor ou curador da vítima, ou pessoa a quem a vítima esteja confiada para fins de educação, de tratamento ou de guarda, incide a forma qualificada do § 1º.

Igualmente, o sujeito passivo pode ser qualquer pessoa, mesmo aquela já prostituída, pois o que se protege não é o ataque à sua moral sexual, mas sim a dignidade necessária ao regular desempenho da atividade de profissional do sexo.[290] Restam excluídos do âmbito normativo apenas os menores de dezoito anos e os portadores de enfermidade ou deficiência mental sem discernimento para o ato (nesse caso, há o crime do artigo 218-B, CP).

4 Elementos objetivos, subjetivos e normativos do tipo

Os verbos reitores do tipo penal são induzir ou atrair (alguém à prostituição ou outra forma de exploração sexual), facilitar (a prostituição ou a exploração), e impedir ou dificultar (o seu abandono). Trata-se, portanto, de crime plurinuclear (tipo misto alternativo). Induzir, como já visto em delitos anteriores, significa fazer nascer a ideia, convencer a pessoa a ingressar na prostituição ou a submeter-se a outra forma de exploração sexual, hipóteses por ela até então não cogitadas. Atrair tem significação quase idêntica a induzir, aqui versando sobre a conduta de oferecer vantagens a alguém para que se convença a ingressar na atividade. Consoante Hungria, "induzir supõe uma atividade mais franca ou mais direta do que atrair."[291] Facilitar é auxiliar

---

289 TJRJ: "Favorecimento da prostituição. Proprietários e gerentes de boate, sem vínculo com frequentadores. Estabelecimento comercial aberto ao público. Ausência de tipificação. Absolvição. O crime de favorecimento da prostituição, capitulado no art. 228, do CP, consiste em induzir ou atrair alguém à prostituição, ou facilitá-la, o que significa persuadir, aliciar, levar qualquer pessoa à pratica desse ato. No rol dos agentes que assim procedem não se incluem os proprietários e gerentes das casas noturnas denominadas boates, ainda que ofereçam espetáculos eróticos, se provado que se tratam de estabelecimentos abertos ao público, em que as pessoas que ali comparecem o fazem por sua livre e espontânea vontade, combinando programas com outros frequentadores, sem qualquer interferência daqueles gerentes e proprietários, cuja preocupação se restringe ao recebimento do pagamento correspondente à consumação mínima exigida pelo estabelecimento comercial. (...)" (AC, rel. Des. Índio Brasileiro da Rocha, julg. em 09/03/99, RDTJRJ 40/402).

290 STF: "O fato de que as vítimas já eram prostitutas no Brasil é irrelevante em face dos arts. 149 e 230 do Código Penal e, também do art. 228 do mesmo Código, porque entre os tipos nele previstos está o de facilitar a prostituição, suficiente para nele incidir o extraditando mesmo no caso em que as vítimas já fossem prostitutas" (Plenário, Extr. 725-5, rel. Min. Maurício Correa, julg. em 2/9/98).

291 HUNGRIA, Nelson. *Op. cit.*, p. 276.

de qualquer forma a atividade, por exemplo, atraindo clientes que desejem a contratação do comércio carnal. Como bem explicam Renato Marcão e Plínio Gentil, "não se trata de facilitar o ingresso na prostituição ou outra forma de exploração sexual, mas sim o exercício da mercancia sexual de quem a ela já se determinou ou se entrega".[292] Impedir o abandono é a interposição de obstáculos intransponíveis, desde que não haja violência, grave ameaça ou fraude, hipóteses que necessariamente conduzem à modalidade qualificada do § 2º. A preconizada intransponibilidade exigida pelo verbo ficou mais evidente após modificação promovida pela Lei nº 12.015/09, que inseriu no tipo penal o verbo dificultar, o qual é caracterizado pela criação de embaraços que tornem o abandono mais custoso, de modo a demover a vítima de seu intento. Consoante Cristiano Rodrigues, com a alteração "basta atrapalhar, criar obstáculos para que alguém se afaste da atividade exercida e o crime estará configurado, ampliando assim a abrangência e o alcance desse tipo penal."[293]

A par da redação típica do artigo 218-B do CP, o legislador novamente se valeu das expressões "prostituição" e "exploração sexual" como elementares do delito. Por conseguinte, para evitarmos redundâncias, remetemos o leitor ao debate encetado por ocasião do estudo do mencionado tipo penal, onde o conteúdo dos termos restou explicitado.

Não se exige no artigo 228 do CP habitualidade criminosa (entenda--se: embora a prostituição seja um comportamento habitual,[294] não é a atividade incriminada; as condutas tipificadas sim, dispensam habitualidade). Hungria, citando Zanardelli, justifica a opção: "Seria absurdo e repugnante à consciência pública que tivesse de ficar impune o proxeneta que se prevalece da necessidade ou inexperiência de uma rapariga para induzi-la a prostituir--se, somente porque o ato infame tenha sido por ele praticado uma só vez."[295]

O crime é comissivo, mas admite omissão imprópria.[296]

---

292 MARCÃO, Renato; GENTIL, Plínio. *Op. cit.*, p. 305. Advertem ainda os autores que a vítima não precisa estar no exercício da prostituição ou já sendo sexualmente explorada para que o verbo possa produzir seus efeitos, bastando que já esteja decidida a ingressar na atividade. Em sentido contrário, os autores trazem à colação voto do Min. Vicente Leal, do STJ, proferida no julgamento do REsp 118.181/MG, de relatoria do Min. Fernando Gonçalves, em que se defendeu "o exercício anterior da atividade sexual mediante paga" como pressuposto para a caracterização do delito.

293 RODRIGUES, Cristiano. *Op. cit.*, p. 241.

294 Contra, Renato Marcão e Plínio Gentil, que diferenciam o exercício profissional da prostituição de seu exercício eventual. *Op. cit.*, p. 308.

295 HUNGRIA, Nelson. *Op. cit.*, p. 277.

296 TJSP: "Não se nega a possibilidade de o delito do art. 228 do CP configurar-se por omissão, mas é necessário que seja imputada à acusada essa conduta. O que não se concebe é que, incriminada por uma ação comissiva (ter dado expressa autorização

A conduta é sempre dolosa, não se agregando a ela qualquer finalidade especial, sequer o *animus lucri faciendi*, que, quando existente, irá determinar apenas a aplicação da pena de multa, consoante dicção do § 3º do dispositivo em apreço.

5 Formas qualificadas

No § 1º do artigo 228, a pena do delito passa a ser de três a oito anos de reclusão se o agente é seu ascendente, descendente, cônjuge ou companheiro, irmão, tutor ou curador ou pessoa a quem esteja confiada para fins de educação, de tratamento ou de guarda. No § 2º, as margens da sanção penal passam a ser de quatro a dez anos de reclusão se o crime for cometido com emprego de violência, grave ameaça ou fraude, além de eventual cúmulo material com a pena estipulada para delito derivado do ato de violência.

Embora discordemos da manutenção do artigo 228 no texto repressivo, se superada essa perplexidade, justifica-se a qualificadora do § 1º pela maior influência das pessoas enumeradas no dispositivo sobre vontade da vítima, reduzindo a probabilidade desta contradizê-las, bem como pela fraternidade mais intensa entre autor e vítima, de sorte que a intervenção na prostituição ou exploração sexual desta avultaria em reprovabilidade (afinal, são pessoas que deveriam desejar com mais intensidade o afastamento da vítima do comércio carnal).

Trata-se de um rol taxativo. Não se qualifica o delito, por exemplo, quando o tio induz o sobrinho. Incidirão na forma qualificada, no entanto, educadores, preceptores, enfermeiros, médicos, guardas penitenciários e outras pessoas que possam eventualmente cuidar da educação, tratamento ou guarda da vítima.

As qualificadoras do § 2º merecem o severo tratamento penal. São os casos de crime praticado mediante violência, grave ameaça ou fraude. Cumpre assinalar, desde logo, que a redação do artigo 228 não é das mais felizes, já que o tipo fundamental faz referência ao induzimento, ao passo em que na forma qualificada menciona o constrangimento como meio executório, passando a impressão de que é possível um "convencimento coativo", uma contradição em termos. Em verdade, a canhestra redação do § 2º desde logo afasta o induzimento, focando-se apenas nos atos de execução nele mencionados.

Violência, ou *vis corporalis*, é a incidência de uma força física contra o corpo da vítima, ainda que com ela não tenha contato o autor (como no caso do lançamento de objetos); grave ameaça, ou *vis compulsiva*, é a intimidação, a coação psicológica, consistindo na promessa verossímil de severo mal contra bem jurídico relevante. Já a fraude é o engodo; é o artifício, o ardil ou

---

para que a vítima, sua filha, frequentasse um lupanar), venha a ser condenada por omissão (não ter impedido o fato), o que altera a acusação da inicial" (RT 523/344).

qualquer outro meio apto a ludibriar a vítima, viciando sua vontade. Impõe-se um esclarecimento: tais meios executórios se referem a introdução ou manutenção da vítima na prostituição ou exploração sexual. Não são opostos por quem com a vítima mantém relação sexual, hipótese que caracteriza crime de estupro (ou talvez de violação sexual mediante fraude).

Nada impede que o artigo 228, na forma qualificada pelo uso de violência, seja cumulado com crime de lesão corporal, por exemplo, ou outro delito decorrente do meio executório eleito pelo agente, devido à redação do parágrafo.

6 Consumação e tentativa

Os verbos induzir e atrair pressupõem efetiva interferência na vontade da vítima.[297] Facilitar é conduta que se consuma com a constatação da facilidade, ou seja, o sujeito ativo tem que tornar de fato a prostituição alheia menos difícil. Por exemplo, na atração de clientes, mister que seja ele levado ao encontro do profissional do sexo auxiliado. Nas condutas de impedir ou dificultar o abandono, o crime se consuma quando o agente impõe obstáculos à decisão da vítima, ainda que, no caso do verbo dificultar, a vítima consiga deixar a condição em que se encontra.

A tentativa é perfeitamente admissível, embora de difícil verificação prática, tratando-se de crime plurissubsistente.

7 Concurso de crimes e concurso aparente de normas

O artigo 228 não se confunde com o crime de mediação para servir à lascívia de outrem (artigo 227 do CP), já que este não contempla as elementares "prostituição" e "exploração sexual", contidas naquele. Já no confronto com o artigo 229, o crime em estudo resta absorvido, por ser mais específico.[298] Também o princípio da especialidade determina a prevalência do artigo 218-B sobre o artigo 228.

297 Contra, TJSP: "Inexistindo a relação carnal *in acto*, a permanência da vítima num bordel, induzida pelo acusado, à disposição de eventuais fregueses, configura o delito de favorecimento à prostituição, pelo menos na sua forma tentada" (RT 433/342).

298 TJMG: "Quem mantém casa de prostituição está, em última análise, favorecendo o exercício desse ofício. Configurado, assim, o delito do art. 229 do CP (cada de prostituição), não se justifica a condenação pelos dois delitos, desde que o favorecimento consistiu exclusivamente na manutenção do prostíbulo, devendo, então, ser decotado da condenação o quantum de pena imposto pelo crime do art. 228 do CP, uma vez que fica ele absorvido pelo art. 229 do CP" (AC 350.278-8/00, rel. Des. Luiz Carlos Biasutti, julg. em 09/10/2003). Sobre o mesmo tema, mas em sentido contrário, TJSC: "APELAÇÃO CRIMINAL (RÉU PRESO). CRIME DE FAVORECIMENTO DA PROSTITUIÇÃO OU OUTRA FORMA DE EXPLORAÇÃO SEXUAL QUALIFICADO PELO EMPREGO DE VIOLÊNCIA, GRAVE AMEAÇA OU FRAUDE, COM O FIM DE LUCRO E CRIME DE CASA DE PROSTITUIÇÃO (ART. 228, 2º E 3º E ART. 229

Nada impede o concurso de crimes, em qualquer de suas hipóteses (material, formal ou crime continuado), quando o mesmo proxeneta pratica as condutas descritas no dispositivo em face de vítimas diversas.

8 Pena e ação penal

Ao *caput* do artigo 228 do Código Penal se comina pena de dois a cinco anos de reclusão, além de multa. Admite-se, pois, o acordo de não persecução penal, se preenchidos os demais requisitos legais (artigo 28-A CPP).

Na forma qualificada do § 1º, a pena passa a ser de três a oito anos de reclusão. Também é possível o acordo de não persecução penal.

A reclusão também é a pena reservada ao § 2º, só que agora as margens penais passam a ser de quatro a dez anos. Nos dois dispositivos qualificadores, não se agrega à sanção penal a pena de multa, a qual, no entanto, poderá ser cumulada se o crime é praticado *animus lucrandi faciendi*, consoante expressa previsão do § 3º.

A ação penal é pública incondicionada.

AMBOS DO CÓDIGO PENAL). SENTENÇA CONDENATÓRIA. RECURSOS DAS DEFESAS. ABSOLVIÇAO (APELANTES M. E J.). ATIPICIDADE DA CONDUTA. INVIABILIDADE. CARACTERIZADO O TIPO PENAL DESCRITO NO ART. 228, 2º E 3º DO CÓDIGO PENAL. APELANTES QUE IMPEDIAM OU DIFICULTAVAM QUE AS MULHERES QUE SE PROSTITUÍAM NA DENOMINADA 'BOATE STILING' ABANDONASSEM O LOCAL. PRIVAÇAO DE LIBERDADE TANTO FÍSICA QUANTO PSICOLÓGICA. UTILIZAÇAO DE ARMAS DE FOGO, DE APARELHO DE CHOQUE E TONFAS PARA INTIMIDÁ-LAS. MULHERES QUE APENAS RECEBIAM COMO CONTRAPRESTAÇAO COMIDA, ROUPAS, FRALDAS E CUIDADOS PARA OS FILHOS. TAMBÉM CARACTERIZADO O TIPO PENAL DESCRITO NO ART. 229 DO CÓDIGO PENAL. EVENTUAL TOLERÂNCIA SOCIAL COM A ATIVIDADE NAO É CAUSA DE ATIPICIDADE DA CONDUTA. PROVAS INDICAM QUE OS APELANTES TIRAVAM PROVEITO DA PROSTITUIÇAO. MANUTENÇAO DAS CONDENAÇÕES QUE SE IMPÕE. ABSORÇAO DO DELITO PREVISTO NO ART. 228 DO CÓDIGO PENAL PELA CONDUTA PREVISTA NO ART. 229 DO MESMO DIPLOMA LEGAL (APELANTES M. E J.). IMPOSSIBILIDADE. DELITOS QUE PROTEGEM BENS JURÍDICOS DIVERSOS, ENQUANTO O ART. 228 DO CÓDIGO PENAL TUTELA A DIGNIDADE SEXUAL, O ARTIGO SEGUINTE VISA COMBATER A EXPLORAÇAO SEXUAL. APELANTES QUE ATUARAM DE FORMA A INDUZIR AS VÍTIMAS À PROSTITUIÇAO E POSTERIORMENTE IMPEDIRAM-AS DE ABANDONAR O MERETRÍCIO. CARACTERIZADOS OS DOIS TIPOS PENAIS. AFINAL, SOMENTE QUANDO A CONDUTA PRATICADA PELO AGENTE SE SUBSOME AO TIPO PENAL DE 'FACILITAÇAO' DA PROSTITUIÇAO (ART. 228 DO CP)É QUE O REFERIDO DELITO FICA ABSORVIDO PELO CRIME DE MANUTENÇAO DE CASA DE PROSTITUIÇAO (ART. 229 DO CP), O QUE NAO OCORREU IN CASU . MANUTENÇAO DO CONCURSO MATERIAL QUE SE IMPÕE" (APR 20120824799 SC 2012.082479-9, Primeira Câmara Criminal, rel. Des. Marli Mosimann Vargas, julg. em 05/08/2013).

IV – CASA DE PROSTITUIÇÃO OU LOCAL PARA EXPLORAÇÃO SEXUAL, OU OUTRA FORMA DE FAVORECIMENTO DA PROSTITUIÇÃO OU EXPLORAÇÃO SEXUAL (ARTIGO 229, CP)

1 Introdução

Causou alvoroço no mundo jurídico decisão do Juiz de Direito André Nicolitt, da 2ª Vara Criminal de São Gonçalo (RJ), na qual seis réus se viram livres dos crimes a eles imputados, dentre eles o delito de "casa de prostituição" (artigo 229 do Código Penal). Destaco alguns trechos da sentença absolutória: "Cumpre destacar de início que não há imputação, tampouco registro, de exploração de criança ou adolescente, tampouco de aliciamento de trabalhadoras. A imputação cuida da suposta exploração sexual de pessoas adultas e capazes que exercem como atividade profissional a venda de sexo. (...) A doutrina abalizada vem reconhecendo a fragmentariedade do direito penal. Para Figueiredo Dias, a função do direito penal radica na proteção das condições indispensáveis da vida comunitária. Desta forma, só deve incidir sobre os comportamentos ilícitos que sejam dignos de uma sanção de natureza criminal. (...) Além do mais, Hans Welzel reconheceu no Direito Penal o princípio da adequação social. O professor Francisco de Assis Toledo bem delimita referido princípio afirmando que se o tipo delitivo é um modelo de conduta proibida, não é possível interpretá-lo, em certas situações aparentes, como se estivesse também alcançando condutas lícitas, isto é, socialmente aceitas e adequadas. (...) Com a modernidade, busca-se intensificar o princípio da secularização, segundo o qual se produz uma ruptura entre direito e moral (ou moralidade), destacadamente a moral eclesiástica. Especificamente no que tange o direito penal, distinguindo crime e pecado. Com efeito, o moderno direito penal não pode considerar crime condutas que mais se aproximam do pecado, tampouco pode considerar crime condutas socialmente adequadas, como o caso da casa de prostituição e do rufianismo."[299]

Instado a se pronunciar sobre o mesmo tema, o Supremo Tribunal Federal, em decisão difundida através do informativo n° 615, não comungou do mesmo entendimento, decidindo pela vigência do dispositivo ora em apreço, refutando sua revogação pelo direito consuetudinário: "Não compete ao órgão julgador descriminalizar conduta tipificada formal e materialmente pela legislação penal. Com esse entendimento, a 1ª Turma indeferiu habeas corpus impetrado em favor de condenados pela prática do crime descrito na antiga redação do art. 229 do CP ['Manter, por conta própria ou de terceiro, casa de prostituição ou lugar destinado a encontros para fim libidinoso, haja ou não intuito de lucro ou mediação direta do proprietário ou gerente: Pena – reclusão, de 2 (dois) a 5 (cinco) anos, e multa.']. A defesa sustentava que, de acordo com os princípios da fragmentariedade e da adequação social, a conduta perpetrada seria materialmente atípica, visto que, conforme alegado, o caráter criminoso do fato estaria superado, por força dos costumes. Aduziu-se, inicialmente, que os bens jurídicos protegidos pela norma em questão seriam relevantes, razão pela qual imprescindível a tutela penal. Ademais, destacou-se que a alteração legislativa promovida pela Lei 12.015/2009 teria mantido a tipicidade da conduta imputada aos pacientes. Por fim, afirmou-se que caberia somente ao legislador o papel de revogar ou modificar a lei penal em vigor, de modo que inaplicável o princípio da adequação social ao caso."[300]

Há muito defendemos a revogação do crime de casa de prostituição, por considerá-lo anacrônico: permite-se o comércio de atos sexuais (existindo até mesmo previsão da atividade em regulamentos previdenciários), mas relega-se o profissional do sexo aos perigos do seu exercício em via pública (ou em imóvel próprio, o que, devido aos parcos ganhos – na maioria dos casos – decorrentes da prostituição, torna local pouco atrativo para a clientela). Como consequência dessa falta de proteção jurídica ao comércio carnal, dá-se intensa exposição da integridade corporal e da saúde, bem como da honra do profissional do sexo a riscos de lesão. Ademais, a inevitável e consequente degradação dos logradouros onde a atividade ostensiva é mais intensa, causando severo prejuízo aos proprietários de imóveis situados em tais vizinhanças.

Por conseguinte, parece-nos que a liberação de estabelecimentos dedicados ao abrigo da prostituição, desde que devidamente fiscalizados pelo poder público, conferiria maior dignidade à atividade, bem como permitiria um controle mais eficaz da vigilância sanitária, reduzindo os riscos à saúde

---

299 Processo n° 0056213-63.2010.8.19.0004
300 HC n° 104.467/RS, rel. Min. Carmen Lucia, julg. em 08/02/2011.

pública. Isso sem falar na arrecadação de impostos, na redução da corrupção policial e judicial etc.

Luiza Nagib Eluf adota a mesma conclusão: "Tais precedentes fazem pensar sobre a incongruência de permitir-se o exercício da prostituição mas proibir que ela se realize por falta de local. A incriminação da 'casa de prostituição' deve ser repensada em eventual reforma penal, a fim de que as severas punições previstas para o delito deixem de recair sobre as vítimas da ignorância, da fome e do patriarcalismo. Além do que, se as referidas casas são proibidas, o mercado sexual acaba sendo feito nas ruas, o que pode perturbar muito mais a sociedade."[301]

Em que pese a – defendida pelo STF – irrelevância inovadora dos costumes, no que concerne à vigência das normas penais,[302] impõe-se uma nova

---

301 ELUF, Luiza Nagib. *Op. cit.*, p. 147.

302 É tormentosa a aceitação dos costumes como uma das fontes imediatas do Direito Penal e, portanto, inovadora do ordenamento jurídico. A clássica acepção do princípio da reserva legal, como aspecto da legalidade, não admite que tipos penais sejam criados, tenham sua sanção alterada, ou sejam revogados, senão por lei ordinária (evidentemente tal limitação não alcança os dispositivos constitucionais). Essa é a posição comumente adotada pelos tribunais brasileiros (RJTACrim 34/95; RT 611/359; RT 703/313; RT 705/387; RT 799/609; RJTAMG 21/414; STJ, REsp. 25.115-5), em sintonia com o STF. Não se trata, contudo, de uma ideia pacificada. Enrique Bacigalupo, tecendo comentários sobre a legislação espanhola, admite a incidência in bonam partem dos costumes sobre a lei penal (DIREITO PENAL, 2005, p. 115-116): "Outro aspecto do princípio da legalidade é a proibição de se fundamentar a punibilidade no direito consuetudinário. Isso pode ser expresso de outra maneira, sustentando-se que a lei formal é a única fonte do direito penal. (...) A exclusão do direito consuetudinário restringe-se (como a proibição da analogia) à fundamentação da punibilidade. Sua aplicação in bonam partem é reconhecida em princípio como legítima. (...) Com relação à Parte Especial, ou seja, à criação de tipos penais não contidos na lei formal não há como se valer do direito consuetudinário por meio da analogia. Com referência à Parte Geral, não se pode admitir o direito consuetudinário in malam partem, mas sim, em princípio, in bonam partem". Na jurisprudência brasileira também encontramos vários julgados consagrando a função descriminalizadora dos costumes (JUTACRIM 85/485; 85/325; 84/127; RT 605/331; 606/334; RJTJRS 172/140). Contudo, tenham ou não tenham força criativa ou revogadora, os costumes figuram como importante norte interpretativo das normas penais, especialmente no que tange aos elementos normativos do tipo. Nesse diapasão é a doutrina de Juan Bustos Ramírez e Hernán Hornazábal Malarée (LECCIONES DE DERECHO PENAL, 1997, p. 91): "(...) podría entenderse que las otras fuentes del derecho, como la costumbre y los principios gererales de derecho, reconocidos como tales en el art. 1.1 CC (N.A.: a referência versa sobre a legislação espanhola), no tendrían ninguna repercusión en el derecho penal. Ello no es así, pues tanto la costumbre como los principios generales del derecho pueden llegar a tener una importante significación como fuentes complementarias para la determinación de ciertos conceptos que formen parte de la estructura de los tipos penales." René Ariel Dotti, em excelente lição, aprofunda o tema (CURSO, 2003, p. 231): "A melhor doutrina admite que o costume pode exercer três funções, sejam elas incriminadoras ou não: (a) a função derrogatória, como pode ocorrer com a descrimi-

nalização ou despenalização brancas de certas condutas (...); (b) a função integradora que pode ocorrer com as leis penais em branco, quando o preceito complementador se manifestar em razão do costume, como no crime contra a economia popular, decorrente da transgressão de tabela de preço (...); a função interpretativa, indispensável para identificar a criminalidade de condutas que envolvem, por exemplo, alguns elementos normativos do tipo. (...) O costume, por mais arraigada que seja a convicção sobre sua necessidade, não tem o condão de criar delitos ou estabelecer sanção. A sua única função na esfera do Direito Penal é simplesmente integrativa (Costa e Silva, Código Penal, p. 17). O CPC estabelece que ao decidir a lide o juiz deverá aplicar as normas legais; não as havendo, 'recorrerá à analogia, aos costumes e aos princípios gerais do direito' (art. 126). Assim, porém, não sucede com a justiça penal quando o magistrado somente poderá reconhecer a criminalidade de um fato se o mesmo estiver previsto como tal em uma norma legal. (...) A rigor, o costume não exerce uma função descriminalizadora. Como já foi dito acima, determinados fatos ilícitos podem ocorrer em forma reiterada, com a complacência da sociedade e a tolerância do poder de polícia, como a manutenção de casa de prostituição e o jogo do bicho. A rigor, porém, tais práticas não têm força para descriminalizar tais condutas que podem ser penalmente perseguidas, enquanto a norma proibitiva não for revogada. (...)." Em suma, embora por alguns seja advogada a possibilidade de revogação da norma penal por seu desuso, essa não é a posição albergada pela maioria dos juristas, sejam eles brasileiros ou não. Entretanto, é evidente que os costumes podem restringir o alcance da lei, através de uma interpretação dinâmica. Por exemplo, os atos libidinosos aptos a configurar um estupro, hoje, não são os mesmos que permitiam a sua caracterização à época da edição do Código Penal, em 1940. Gerenciar uma "sex-shop" outrora poderia ensejar a aplicação da norma tipificada no art. 234 do CP, hoje é uma conduta perfeitamente legal. O próprio conceito de ato obsceno depende da análise de uma série de variáveis, notoriamente ligadas aos costumes sociais, como local e tempo do ato, bem como o grau de cultura do público ao qual o ato está sendo exposto. E, evidentemente, como veremos, a casa de prostituição não escapa a tal análise. A verdade é que os costumes deságuam, no mais das vezes, naquilo que se convencionou chamar de adequação social. E, se a conceituação do que são atos socialmente adequados não comporta maiores dificuldades, sua natureza jurídica é incerta. São adequadas aquelas condutas socialmente irrelevantes, ou seja, cujo desvalor não encontre repercussão social, dada sua larga aceitação, ainda que eventualmente possam ser inconvenientes ou "mal vistas". Não guardam elas a necessária carga antissocial para que seja justificada sua criminalização. Todavia, qual a consequência prática da aplicação do princípio da adequação social? Um dos seus mais ferrenhos defensores, Welzel inicialmente tratou o tema como hipótese de exclusão da tipicidade, posteriormente passando a considerá-lo como causa de justificação, em seguida retornando a seu primeiro entendimento. Por fim, acabou aceitando a adequação social como "princípio geral de interpretação". Esse também é o pensamento de Bitencourt (TRATADO, 2010, p. 50), com quem concordamos: "O certo é que a imprecisão do critério da 'adequação social' – diante das mais variadas possibilidades de sua ocorrência –,que, na melhor das hipóteses, não passa de um princípio sempre inseguro e relativo, explica por que os mais destacados penalistas internacionais, entre outros, não o aceitam nem como excludente da tipicidade nem como causa de justificação. Aliás, nesse sentido, é muito ilustrativa a conclusão de Jescheck, ao afirmar que 'a ideia da adequação social resulta, no entanto, num critério inútil para restringir os tipos penais, quando as regras usuais de interpretação possibilitam a sua delimitação correta. Nestes casos, é preferível a interpretação do artigo 229 do Código Penal, alicerçada doravante na tutela penal determinada pela Lei nº 12.015/09, como veremos no tópico referente à objetividade jurídica da infração penal.

Ainda sobre a Lei nº 12.015/09, cumpre esclarecer que importante modificação acabou inserida no texto legal. Originariamente, o artigo 229 do Código Penal possuía a seguinte redação: "Manter, por conta própria ou de terceiro, casa de prostituição ou lugar destinado a encontros para fim libidinoso, haja, ou não, intuito de lucro ou mediação direta do proprietário ou gerente. Pena – reclusão, de dois a cinco anos, e multa." Com a reforma, a conduta incriminada passou a ser a seguinte: "Manter, por conta própria ou de terceiro, estabelecimento em que ocorra exploração sexual, haja, ou não, intuito de lucro ou mediação direta do proprietário ou gerente." A sanção penal foi mantida. Ou seja, a nova lei, além de abolir o *nomen juris* do delito (que continuamos chamando de casa de prostituição apenas pela ampla aceitação do nome, embora pareça-nos que atualmente o dispositivo está submetido à mesma rubrica do artigo 228), retirou qualquer referência à prostituição do tipo penal.

Sobre o assunto, Nucci tece severa crítica, *verbis*: "Esse tipo penal é realmente lastimável. Retirou-se a expressão casa de prostituição, que, ao menos, sabia-se o que vinha a ser. Introduziu-se a infecunda expressão exploração sexual sem qualquer significado prático, como já expusemos no tópico anterior. Como aplicar esse tipo penal? Parece-nos inviável por várias razões: (a) fere a taxatividade e, por conseguinte, a legalidade, pois não se sabe o que é exploração sexual – e nunca se saberá ao certo; (b) não se pode considerar prostituição como exploração sexual, pois, durante todo este trabalho, buscou-se exprimir que o comércio sexual entre adultos é absolutamente lícito: não é criminalizado, não é ilícito civil nem administrativo. Portanto, quem mantém um lugar para acolher prostituição está abrigando uma conduta lícita e não pode jamais ser criminalizado por isso. Seria absurda a ideia de que a prostituição é uma exploração sexual lícita. Outra absurda dedução seria dizer que a prostituição é penalmente irrelevante, mas, quando penalmente desenvolvida num certo estabelecimento transforma-se da água para o vinho, virando exploração sexual, logo, conduta ilícita, com sérias consequências penais ao proprietário do lugar; (c) se, antigamente, quando se mencionava a casa de prostituição, interpretava a jurisprudência majoritária, em todo o Brasil, ser necessário constituir um local destinado apenas à prostituição; portanto, fosse uma sauna, uma casa de massagem, um motel, um *drive-in*, um bar etc., não se configurava o tipo penal; atualmente,

---

aplicação dos critérios de interpretação conhecidos, pois, dessa forma, se obtêm resultados comprováveis, enquanto que a adequação social não deixa de ser um princípio relativamente inseguro, razão pela qual só em última instância deverá ser utilizado'".

evitando-se a expressão casa de prostituição, esvazia-se (ou completa-se) a substituta exploração sexual. Vamos às duas possibilidades: (c.1) temos considerado que exploração sexual é somente o abuso da sexualidade alheia, por meio de fraude ou engodo; nesse caso, está esvaziado o tipo penal, pois ninguém há de criar um estabelecimento específico para enganar pessoas; (c.2) quem considera exploração sexual como prostituição, pornografia, turismo sexual e tráfico de pessoas, acaba de consagrar a existência de um super tipo, que envolve toda e qualquer atividade sexual bizarra. É pornografia um show de sexo explícito, de modo que os locais a isso destinados são típicos contornos criminosos do art. 229. Se prostituição – qualquer que seja – é exploração sexual, um motel é estabelecimento onde ela se dá, com segurança. Afinal, o tipo penal não exige exclusividade, mencionando apenas 'em que ocorra', inclusive em caráter eventual. Ora, quem mantém com habitualidade um motel aberto, para receber todos os contatos sexuais possíveis, está sujeito a ser seu proprietário ou gerente punido penalmente, pois ali ocorrem encontros de prostituição. Aliás, os funcionários do motel sabem muito bem quando se dá um encontro deste tipo, pois até mesmo agenciam-no."[303]

Embora concordando apenas parcialmente com o exposto, cremos que fica evidenciado o descuido legislativo no que concerne às normas envolvendo lenocínio, não apenas em virtude da adoção de "padrões morais" que impedem sejam extirpados certos tipos do nosso ordenamento, mas principalmente na eleição de expressões vagas, dúbias, que não obstante se prestem a estudos sociológicos, são vazias para a perfeita conformação das normas penais. Alerte-se que, quanto ao conceito da expressão "exploração sexual", já expusemos nossa opinião quando do estudo do artigo 218-B.

2 Objetividade jurídica

Tem-se uma vez mais a dignidade sexual como objeto da tutela penal, afastando-se, segundo cremos, qualquer menção à moralidade, seja individual ou pública. Mas o assunto merece considerações mais aprofundadas.

Há nem tanto tempo, assistimos estarrecidos à ressurreição de uma prática que parecia relegada aos escaninhos da história: a prisão por vadiagem. O fato se deu em uma cidade do interior paulista, onde uma operação conjunta das polícias civil e militar fez valer o preceituado no art. 59 da Lei de Contravenções, assim tipificado: "Entregar-se alguém habitualmente à ociosidade, sendo válido para o trabalho, sem ter renda que lhe assegure meios bastantes de subsistência, ou prover à própria subsistência mediante ocupação ilícita. Pena: prisão simples, de quinze dias a três meses". A ação foi motivada por um suposto "choque de ordem", expressão que estava em moda entre os administradores públicos que desejavam conferir um toque

---

303 NUCCI, Guilherme de Souza. *Op. cit.*, p. 186-187.

de austeridade às respectivas gestões. Todavia, tal política demonstra nítida inclinação para o totalitarismo, ainda que, aparentemente, esteja legalmente respaldada.

A desventura da implantação do nacional-socialismo na Alemanha é episódio ainda vivo na memória coletiva e representou, em termos jurídico-penais, um triste hiato, sobre o qual devemos nos debruçar para que o passado não se repita. No período compreendido entre 1933 e 1945, muitos juristas alemães, apoiados por expertos em várias áreas do conhecimento, fomentaram a ideia de extermínio dos indivíduos de "menor valor", categoria que englobava os "estranhos à comunidade", ou "associais", aí compreendidos todos aqueles "que se afastavam dos valores e princípios que regiam a comunidade do povo (*Volksgemeinschaft*), tanto porque cometiam fatos delitivos, criminosos, como porque sem chegar ainda a isto se comportavam de forma contrária a estes princípios e levavam uma vida dissoluta, de vagabundagem, mendicância, ou simplesmente refratária ao trabalho."[304]

Em consequência, vários diplomas legais foram editados, começando com a primeira lei de depuração da função pública, de abril de 1933, e culminando com a Lei de Estranhos à Comunidade, de 1944, que, em seu § 13, previa a esterilização compulsória dos "associais". Houve, ainda, os extermínios em massa, as internações em campos de trabalhos forçados, ou mesmo a mera detenção daqueles que não se comportavam dentro do padrão considerado ideal para a comunidade ariana, sempre havendo um diploma legal a dar supedâneo a tais penalidades. Podemos, entretanto, considerar estas leis legítimas?

Uma das conquistas das sociedades democráticas foi a limitação do poder punitivo estatal pelo *nullum crimen, nulla poena sine lege*, assim enunciado por Feuerbach, mas que tem origens mais remotas. De acordo com Juarez Tavares, a legalidade penal, ao exigir um processo legislativo democrático para a incriminação de condutas, assegura proteção à pessoa humana diante do Estado, ressaltando que "sem este princípio parece que, à primeira vista, todas as pessoas ficariam inteiramente vulneráveis em face dos caprichos dos governantes e de todas as entidades que, utilizando-se do poder do Estado, quisessem fazer valer os interesses por meio de uma repressão generalizada, a ser exercida sobre seus opositores."[305]

Contudo, o princípio da legalidade não pode ser interpretado de forma estanque, sob pena de legitimar qualquer intervenção legislativa, por mais

---

304 MUÑOZ CONDE. *Edmund Mezger e o Direito Penal de seu Tempo*: estudos sobre o direito penal no nacional-socialismo, 2005, p. 169

305 TAVARES, Juarez. *Os Objetos Simbólicos da Proibição*: o que se desvenda a partir da presunção de evidência. Artigo digital em: http://www.anima-opet.com.br/pdf/anima5-Seleta-Externa/Juarez-Tavares.pdf. Acesso em 24/09/09.

absurda que seja. Não basta a previsão legal para fundamentar a atividade abstratamente incriminadora. É necessário que se vá além, buscando as emanações político-criminais da legalidade penal, de forma a orientar a produção normativa.

Decorrência lógica da legalidade é o princípio da proteção de bens jurídicos (ou da lesividade, ou ofensividade, embora haja quem trace diferenças conceituais entre estes princípios), aqui entendido como a "tutela de dados fundamentais para a realização pessoal dos indivíduos ou para a subsistência do sistema social, compatíveis com a ordem constitucional."[306] O Direito Penal visa a proteger ataques intoleráveis a bens jurídicos constitucionalmente relevantes, não podendo se ocupar com lesões ínfimas ao objeto da tutela, com direitos de valor infraconstitucional (em regra) ou com punições puramente simbólicas. No entanto, consoante adverte Bustos Ramírez, "*hay que tener en cuenta desde un punto de vista conceptual que un principio material puede ser desvirtuado en su eficacia o como programa de acción en cuanto sea formalizado y es así como el principio de lesividad, desde tal orientación formalista, puede llegar a confundirse o subsumirse en el principio de legalidad de los delitos y las penas.*"[307]

Assim, como se faz com o princípio da legalidade, a proteção de bens jurídicos não pode ser reduzida a uma fórmula simplesmente dogmática e redundante (o Direito Penal visa a proteger bens jurídicos; bens jurídicos relevantes são aqueles tutelados pelo Direito Penal), mas deve também ser avaliada em sua dimensão político-criminal. Afasta-se a enunciação formalista, porém desprovida de alma, para se considerar sua eficiência enquanto baluarte da cidadania e da liberdade.

Desse postulado político extrai-se (entre outras conclusões, como a proibição de se incriminar atos meramente imorais, diretrizes ideológicas, afetações de bens não fundamentais etc.) que é vedada a incriminação de "modos de ser". Apenas ações que conflitam com direitos de terceiros ou com a harmonia do sistema social podem justificar a intervenção penal (direito penal do fato), sendo rejeitadas punições voltadas para a personalidade do indivíduo ou para o modo com que este conduz sua vida (direito penal do autor). Apenas exteriorizações comportamentais podem ensejar a aplicação de uma pena. Infere-se, daí, a proibição de se incriminar a vadiagem.

É nesse contexto que se rejeita a punição ao comércio sexual. E, frise-se, a proteção jurídico-penal à moralidade pública não pode subsistir como

---

306 GRECO, Luis. *Breves Reflexões Sobre os Princípios da Proteção de Bens Jurídicos e da Subsidiariedade no Direito Penal*. In Direito Penal: aspectos jurídicos controvertidos. São Paulo: Quartier Latin, 2006. p. 160.

307 RAMÍREZ, Juan Bustos. *Principios Fundamentales de un Derecho Penal Democratico*. Artigo digital em: http://www.juareztavares.com/textos/bustos_penal_democratico. pdf. Acesso em 24/09/09.

um meio de se criminalizar indiretamente esse comércio. Escreve Ana Elisa Liberatore Bechara: "Ao Direito Penal não deve competir a consagração de hierarquias axiológicas e tampouco a decisão de controvérsias éticas. Assegurar a viabilidade e a compatibilidade das diversas ordens éticas e não impor umas à custa das outras constitui um dos fundamentos de legitimidade do ordenamento jurídico-penal. Um Direito cujas normas sejam a tradução jurídica da ética social restaria limitado a funções puramente conservadoras, convertendo-se em obstáculo à evolução social. Toda concepção limitadora do livre desenvolvimento da personalidade a partir da moral é, portanto, contrária ao próprio conteúdo material de Estado. Isso não significa negar absolutamente a possibilidade de uma norma incriminadora abarcar também condições morais elementares no âmbito social, desde que sua finalidade seja voltada não à tutela da moral, mas sim à prevenção de efeitos sociais concretamente danosos, por meio da proteção de bens jurídicos".[308] Arremata a autora sustentando que a crítica ao moralismo penal se dirige às normas que pretendem tutelar valores morais em si mesmos, sem o manejo do bem jurídico como referencial.[309]

Esse referencial, no crime do artigo 229 – assim como em todos os crimes sexuais – é a dignidade sexual das vítimas, de modo que não se pode punir a "casa de prostituição" unicamente porque o estabelecimento é imoral.

Além dos argumentos expostos, é de se notar que o conceito de moralidade é demasiadamente incerto, não havendo como determiná-lo de forma segura, o que impede que a teoria do bem jurídico exerça de forma eficaz sua função limitadora.

Necessário, pois, buscar a harmonização do artigo 229 do CP para com a teoria, de modo a conferir à norma compatibilidade constitucional. Esse efeito é atingido quando a tipificação é corretamente interpretada.

Paulo Queiroz, ao criticar a opção legislativa pela incriminação da "casa de prostituição", escreve: "Enfim, o discurso punitivo é essencialmente o mesmo: embora a prostituição seja inevitável e até necessária, ela é em si mesmo um mal, uma atividade imoral e repugnante, que não pode ou não deve ser criminalizada. No entanto, a criminalização de quem explore a prostituição está plenamente justificada".[310]

Em seguida, passa o autor a desfiar todo o anacronismo da incriminação (segundo ele, a hipocrisia de um discurso insustentável político-criminalmente): (a) as pessoas são livres para disporem do seu corpo, podendo

---

308 BECHARA, Ana Elisa Liberatore Silva. *Bem Jurídico-Penal*. São Paulo: Quartier Latin, 2014. p. 311.

309 Idem, *ibidem*. p. 312.

310 QUEIROZ, Paulo. *Casa de Prostituição e Política Criminal*. Artigo digital em: http://pauloqueiroz.net/casa-de-prostituicao-e-politica-criminal/. Acesso em 10/09/2011.

fazê-lo de forma gratuita ou onerosamente, não devendo o Estado prote-gê-las de suas próprias decisões; (b) "aquilo que não pode ou não deve ser proibido/criminalizado pela via direta (como a prostituição), não pode nem deve (como regra) ser proibido/criminalizado pela via indireta, ou seja, se a prostituição não é tipificada, sua exploração deve ser legalmente autori-zada"; (c) "proibir a casa de prostituição não é controlar nem prevenir, mas simplesmente remeter a atividade proibida para a clandestinidade, onde não existe absolutamente nenhum controle (oficial), razão pela qual a interven-ção penal é no particular absolutamente inadequada e contraproducente, pois cria mais problemas do que resolve"; (d) a regulamentação da prostitui-ção propiciaria maior controle do Estado sobre outros aspectos da atividade (trabalhistas, previdenciários etc.); (e) a casa de prostituição é, em princípio, um crime sem vítima, salvo em caso de exploração sexual de crianças ou adolescentes; (f) "pretexto de proteger, por meio da criminalização, a digni-dade da pessoa humana, tais indivíduos ficam, em verdade, absolutamente desprotegidos e vulneráveis, e submetidos a toda sorte de violência e cons-trangimentos ilegais", isto é, "a pretexto de tutelar a dignidade da pessoa hu-mana, o Estado acaba por negá-la e violá-la manifestamente, tratando tais indivíduos, não como sujeitos de direito, mas como simples objeto, negan-do-se-lhes a liberdade de decidirem por conta própria".[311]

É precisamente nesse último argumento que iremos nos deter. Parece-nos que, se o crime do artigo 229 continua, de acordo com o STF, produzin-do regularmente seus efeitos, deve ser ele interpretado de forma a adequar seu alcance à realidade atual. Com a Lei nº 12.015/2009, a norma voltou-se à proteção da pessoa, no caso aquela que se entrega à prostituição ou à explo-ração sexual, de modo que não seja vilipendiada em seus direitos, receben-do de seu empregador tratamento análogo à escravidão, seja com jornadas exaustivas e usurpação considerável dos lucros auferidos, manutenção de estabelecimentos insalubres, uso de coação ou fraude, ou casos de submis-são de crianças ou adolescentes. Contudo, inexistindo tratamento indigno, ou seja, se o estabelecimento confere a quem comercializa o próprio cor-po um ambiente apto ao desenvolvimento da atividade, deve ser tido como legítimo.

Em síntese, o objeto da tutela, anteriormente coletivo, passou a ser in-dividual, qual seja, a dignidade sexual de quem exerce a prostituição. Por conseguinte, somente naqueles casos em que a dignidade da pessoa é violada pela negação de direitos é que teremos o delito em comento. No mais, a "casa de prostituição" pode até mesmo ser um ambiente de preservação profissio-nal, não havendo lesão ou risco de lesão ao bem jurídico tutelado.

---

311 Idem, *ibidem*.

Evidentemente, esta impressão não é compartilhada pela doutrina majoritária. Consoante Regis Prado, "visou o legislador, através da referida norma, proteger o interesse social, com especial ênfase na evitação do fomento e da proliferação de todas as formas de lenocínio", aduzindo ainda que "indiretamente, protege-se também a liberdade sexual em sentido amplo (inclusive a integridade e a autonomia sexual)".[312]

Rogério Greco, ao seu turno, enuncia a "moralidade pública sexual" como objeto da tutela, ainda que, em um sentido mais amplo, afirme também a dignidade sexual como bem jurídico igualmente protegido.[313]

Entre os autores que escreveram antes das inovações promovidas pela Lei nº 12.015/09, temos o escólio de Magalhães Noronha: "o bem jurídico, pois, tutelado é ainda o do interesse da sociedade em que a vida sexual seja disciplinada, desenvolvendo-se de acordo com a moral e os bons costumes, não permitindo, assim, que alguém se torne, se não a causa ou origem do desregramento, pelo menos fator de seu favorecimento ou facilitação, explorando, na maior parte das vezes, as infelizes vítimas que se entregam a esse gênero de vida, seja a prostituição propriamente dita, seja a corrupção."[314]

Mencionando genericamente todas as formas de lenocínio, Fragoso enuncia "a moral pública e os bons costumes" como direitos salvaguardados pela norma.[315]

Odin do Brasil Americano é enfático no trecho a seguir destacado, mantendo-se a grafia da época em que foi redigido: "São os bons costumes, a tutela da lei, nêste artigo de uma expressiva repressão á forma mais danosa do auxílio á prostituição ou mesmo ao deboche. Incontestavelmente não há talvêz melhor auxílio ás relações sexuais ilegítimas e clandestinas que a criação de lugares discretos onde á sua sombra possa ser ocultada e velada uma publicidade que se quér evitar. Eis porquê de modo especial, a lei pune tais ações."[316]

Entretanto, adotando a mesma posição por nós esposada, encontramos a lição de Pierangeli e Carmo Antônio de Souza,[317] assim como a bem fundada crítica de Renato Marcão e Plínio Gentil, ora transcrita: "O que a norma visa tutelar é dignidade sexual. Neste sentido, parece clara a opção do legislador ao editar a Lei nº 12.015/2009 e adotar expressa mudança de postura, de

312 PRADO, Luiz Regis. *Op. cit.*, p. 872.
313 GRECO, Rogério. *Op. cit.*, p. 585.
314 NORONHA, Magalhães. *Op. cit.*, p. 228.
315 FRAGOSO, Heleno Claudio. *Op. cit.*, p. 53.
316 AMERICANO, Odin J. do Brasil. *Op. cit.*, p. 207.
317 PIERANGELI, José Henrique; SOUZA, Carmo Antônio de. *Op. cit.*, p. 131.

modo a indicar diferente interpretação das questões relacionadas às atividades que envolvem sexo; à moralidade sexual."[318]

O objeto material da conduta é a pessoa submetida à exploração sexual. Caso o tratamento dispensado seja semelhante àquele previsto no artigo 149 do CP, o consentimento do ofendido se torna irrelevante.

3 Sujeitos do delito

Considerando que o verbo incriminado é "manter", qualquer pessoa (crime comum) que tenha poder decisório sobre quando e como funcionará o estabelecimento poderá figurar no polo ativo da conduta. Assim, poderão ser responsabilizados pelo delito o seu proprietário, o gerente que organiza a atividade,[319] o dono do imóvel que o aluga para que lá se instale a casa de prostituição (desde que saiba da utilidade dada ao bem)[320] etc.

Obviamente, não serão considerados participantes do crime aqueles que exercem atividades secundárias, não ligadas diretamente à manutenção da casa, mas acessórias ao comércio que ali se desenvolve (*barman*, faxineiros, eletricistas, recepcionistas etc.).[321]

Também não pode figurar no polo ativo do crime a pessoa que recebe clientes para encontros sexuais em sua casa, seja própria ou alugada, pois nesse caso não explora a prostituição de quem quer que seja. O mesmo se diga em relação a pessoas que exercem a prostituição em imóvel compartilhado,

---

318 MARCÃO, Renato; GENTIL, Plínio. *Op. cit.*, p. 320.

319 TJPR: "São coautores de casa de prostituição, previsto no art. 229 do CP, o proprietário do edifício, que tenha participação ativa nos correspondentes empreendimentos, assim como o gerente da casa noturna, se ali promoviam, habitualmente, encontros para fins libidinosos, mantidos, inclusive, em suítes de referente estabelecimento" (RT 746/651, rel. Des. Trotta Telles, julg. em 20/03/1997).

320 TJSP: "Eventual utilização pelas locatárias dos cômodos para se prostituírem não tipificaria o crime do art. 229 do Código Penal na conduta da locadora, ora apelante, e nesse sentido já decidiu a Suprema Corte (Supremo Tribunal Federal, HC, rel. Luiz Galotti, RDP 32/88). Mais além, também já decidiu esta Corte que a locação de cômodos a meretrizes que neles exercem o comércio por si só não constitui o lenocínio. Para que essa modalidade delituosa se configure é imprescindível que participe o acusado, de alguma forma, dos lucros decorrentes da prostituição. Como ensina Magalhães Noronha, o só fato de o dono de um prédio alugar sua casa, apartamento etc., onde instale casa de meretrício, não importa em co-autoria" (Rel. Des. Marcos Zanuzzi, julg. em 19/12/1996, Bol. IBCCrim 57/202).

321 TJSP: "Se o empregado não é quem mantém a casa de prostituição, ou o lugar destinado a encontros para fins libidinosos, conclui-se que a ação a ele atribuída, de alugar quartos, não é definida na lei penal como típica e antijurídica" (RT 446/354, rel. Des. Cavalcanti Silva). Contra, TJMG: "São co-autores do crime de casa de prostituição todos os que auxiliam a sua manutenção, tais como gerente e empregados, desde que ajam com conhecimento de causa" (AC 261.634-0/00, rel. Des. Sérgio Resende, julg. em 21/03/2002).

em virtude de coabitação.[322] Importa observar que nessas duas últimas hipóteses, considerando não existir uma casa de prostituição de fato, aquele que loca o imóvel para as prostitutas ali exercerem sua atividade não responde pelo crime do artigo 229 do CP.

Como o crime tem a dignidade sexual na qualidade de bem jurídico tutelado, a vítima só pode ser a pessoa submetida à condição indigna pelo explorador de seu trabalho, que não se basta na mera troca de interesses com o profissional do sexo, mas relega-o a uma condição subumana para o exercício da atividade. Temos, portanto, um sujeito passivo determinado, individualizado, não mais a coletividade, conforme preconizavam no passado alguns doutrinadores, como Magalhães Noronha, embora o autor também aponte como vítimas os que exercem o comércio sexual e os que frequentam o estabelecimento.[323]

4 Elementos objetivos, subjetivos e normativos do tipo

O verbo "manter", eleito como núcleo do tipo penal, significa conservar o funcionamento, sustentar o estabelecimento onde ocorre a exploração sexual. Cuida-se de conduta que denota habitualidade,[324] "que assenta na

---

322 TJMG: "Não há falar-se em crime de lenocínio em casa onde moram prostitutas com o objetivo de fazerem comércio carnal, sem que para isso tenha havido mediação de outra pessoa" (rel. Des. César Silveira, RT 469/403).

323 NORONHA, Magalhães. *Op. cit.*, p. 229-230. Importa salientar, ainda, que nem todos os doutrinadores antigos seguem essa linha de raciocínio. Por exemplo, por todos, Galdino Siqueira (*op. cit.*, p. 307) estabelece que o "sujeito passivo é a pessoa que, em tais lugares, se prostitua ou exerça a prostituição ou se preste a atos libidinosos", não fazendo qualquer referência à coletividade.

324 TJRJ: "PENAL. CASA DE PROSTITUIÇÃO. CRIME HABITUAL. EXIGIBILIDADE DA PROVA SEGURA DE HABITUALIDADE. SINDICÂNCIA PREVIA. CASA DE MASSAGEM. ANÚNCIO EM CLASSIFICADOS. DISQUE-DENÚNCIA. A QUESTÃO DA REITERAÇÃO. EXEGESE DO ART. 229 DO CODIGO PENAL. 1. DA LEITURA DO TEXTO INSCULPIDO NO ART. 229 DO CÓDIGO PENAL, OBSERVA-SE QUE A CONDUTA INCRIMINADA CONSISTE EM MANTER (SUSTENTAR, CONSERVAR, PROVER, POSSUIR, EM PERMANENTE LOCAL) CASA DE PROSTITUIÇÃO OU LOCAL PARA FIM LIBIDINOSO. ASSIM, A CASA DE PROSTITUIÇÃO (LUPANAR, BORDEL OU "RENDVOUS"), TRADUZ-SE PELO LOCAL ONDE SE FAZ PERMANECER PROSTITUTAS OU PROSTITUTOS, PARA COMERCIALIZAR SUAS RELAÇÕES SEXUAIS COM A CLIENTELA, PERMANENTE OU EVENTUAL. 2. CUIDA-SE DE CRIME HABITUAL, POIS A CONDUTA TÍPICA SOMENTE SE INTEGRA COM A PRÁTICA DE PLÚRIMAS AÇÕES QUE ISOLADAMENTE SÃO INDIFERENTES AO DIREITO. A REPROVABILIDDE ESTÁ EM MANTER O LOCAL PARA A REPETIÇÃO DOS COLÓQUIOS SEXUAIS COM OU SEM FIM LUCRATIVO. CUMPRE ASSINALAR A EXIGÊNCIA DE PROVA SEGURA DA HABITUALIDADE, QUE SE REFERE EXPRESSAMENTE À MANUTENÇÃO DA CASA DE PROSTITUIÇÃO, O QUE SE FAZ PRINCIPALMENTE ATRAVÉS DE SINDICÂNCIA PRÉVIA OU QUALQUER MEIO PROBATÓRIO DA EXISTÊNCIA DA REITERAÇÃO DE CONDUTAS

repetição dos atos ali praticados, com as mesmas ou com pessoas diversas."[325] Assim, embora a Exposição de Motivos da Parte Especial do Código Penal, em seu item 75, mencione a ausência de habitualidade nos delitos de lenocínio, o artigo 229 se apresenta como uma exceção à regra.

Classificando-se como crime habitual, portanto, a casa de prostituição não se configura na cessão eventual de um local para fim libidinoso.

A conduta é comissiva, sendo possível a existência de crime omissivo impróprio, como na hipótese em que agentes públicos toleram a prática do ilícito penal.

A manutenção pode ser em nome próprio – caso do proprietário do estabelecimento, por exemplo – ou de terceiros – hipótese que leva à responsabilização de gerentes, prepostos, encarregados etc., pressupondo-se que conheçam a finalidade do estabelecimento. Como dito no item anterior, aqueles que não têm ingerência sobre o funcionamento da casa, como faxineiros, não cometem o crime em apreço.

Estabelecimento, conforme Renato Marcão e Plínio Gentil, "é o imóvel destinado à exploração de alguma atividade econômica ou profissional." Prosseguem os autores: "Não se reclama, para a tipificação penal em testilha, a existência de estabelecimento conforme a conceituação que encontramos no art. 1.142do Código Civil (Lei nº 10.406/2002), segundo o qual: 'considera-se estabelecimento todo complexo de bens organizado, para exercício da empresa, por empresário, ou por sociedade empresária.' Por aqui, não se exige regularidade formal do estabelecimento junto aos órgãos públicos, tampouco qualquer aproximação do conceito técnico de empresa, a que remete o art. 1.142 acima transcrito."[326]

JURIDICAMENTE DESVALORADAS. 3. TRATANDO-SE DE CASA DE MASSAGEM, PARA FINS DE CONFIGURAÇÃO DO INJUSTO DESCRITO NO ART. 229 DO CÓDIGO PENAL, TORNA-SE NECESSÁRIO QUE O ESTABELECIMENTO TENHA SIDO TRANSFORMADO EM USO EXCLUSIVO PARA A PROSTITUIÇÃO, POIS A MERA MANUTENÇÃO DO COMÉRCIO, AINDA QUE OCORRAM ENCONTROS LIBIDINOSOS É ATÍPICA. ASSIM, NAO HÁ CRIME SE UMA DAS MASSAGISTAS RECEBER UM CLIENTE E COM O MESMO REALIZAR CONGRESSO SEXUAL, SEM QUE TENHA HAVIDO MEDIAÇÃO. 4. É NECESSÁRIO TER PRESENTE QUE A EXIGIBILIDADE DO REQUISITO DA HABITUALIDADE, NÃO SE APERFEIÇOA PELO MERO ANÚNCIO EM CLASSIFICADOS, OU SIMPLES ANOTAÇÃO NO SISTEMA DO ANONIMATO CONSAGRADO NO DENOMINADO 'DISQUE-DENÚNCIA' PARA PROVAR A 'REITERATIO', SENDO INDISPENSAVEL A PROVA PRÉVIA ATRAVÉS DE INVESTIGAÇÃO FEITA PELA AUTORIDADE POLICIAL. 5.RECURSO IMPROVIDO" (Apelação Criminal nº4650/2002, 3ª Câmara Criminal, rel. Des. Álvaro Mayrinck da Costa, j. 01/07/2003).

325 SIQUEIRA, Galdino. *Op. cit.*, p. 306.

326 MARCÃO, Renato; GENTIL, Plínio. *Op. cit.*, p. 325.

Exploração sexual é termo de tormentosa conceituação, cujo delineamento restou demonstrado no estudo sobre artigo 218-B, CP, para onde remetemos o leitor, a fim de evitar redundâncias. De toda sorte, impõe-se observar que o artigo 229 exige que a exploração ocorra no interior do estabelecimento, ainda que o ato libidinoso propriamente dito se dê em local diverso. Seria o caso de boates em que há intermediação de contatos sexuais, embora estes ocorram em motéis e congêneres.

Igualmente, não é necessário que o estabelecimento tenha por exclusiva finalidade a exploração sexual. O STJ, no entanto, já decidiu que o crime do artigo 229 "somente se configura quando demonstrado que o estabelecimento é voltado exclusivamente para a prática de atos libidinosos mediante pagamento".[327] De acordo com as provas colhidas durante a instrução criminal, o estabelecimento oferecia aos frequentadores, além dos serviços sexuais, diversas opções de lazer, como sauna, bar, piscina etc. Advertimos que, consoante posição já fartamente defendida, cremos que somente haverá crime se a exploração sexual ocorrer em condições indignas para os profissionais do sexo. Contudo, a decisão do STJ é mero reflexo do tempo em que a moralidade determinava a existência do tipo penal.

À época da Consolidação das Leis Penais de 1932, o art. 278 assim preconizava: "manter ou explorar casas de tolerância, admitir na casa em que residir pessoas de sexos diferentes ou do mesmo sexo, que aí se reúnam para fins libidinosos (...)". O crime, portanto, trazia em seu bojo diversas condutas, a saber, a de manter casa de tolerância; a de explorar casa de tolerância, e a de admitir – na casa que lhe serve de residência – pessoas ali reunidas para finalidade libidinosa, além de outros comportamentos aqui não especificados por não possuírem correlação com o objeto do presente texto. "Casa de tolerância" era a expressão à época usada para referência ao estabelecimento que abrigava prostitutas (era necessário que a casa servisse de moradia para as mulheres) com o intuito de que estas prestassem serviços sexuais a clientes. Quando da edição do Código Penal de 1940, a expressão seria substituída por "casa de prostituição". A modificação se deveu, consoante Beni Carvalho, à imprecisão da fórmula anteriormente adotada. Percebe-se, pois, já uma preocupação do legislador da década de 40 em estabelecer maior taxatividade ao tipo penal. Outra percepção, contudo, é mais importante: não apenas as casas de tolerância (de prostituição) eram proibidas pela Consolidação das Leis Penais; a cessão de imóveis ou de cômodos próprios para que terceiros ali satisfizessem sua lascívia era conduta igualmente incriminada.

Com o Código Penal de 1940 e a primitiva redação do art. 229, pouca coisa mudou. Passou o CP a vedar a manutenção de casa de prostituição

---

327 Ag. Reg. no REsp. nº 1.424.233/SP, Sexta Turma, rel. Min. Rogério Schietti Cruz, publ. em 10.08.2017.

ou lugar destinado a encontros para fim libidinoso, com ou sem intuito de lucro. Continuou o legislador a equiparar duas situações, tal qual outrora, fazendo com que o mantenedor da casa de prostituição fosse punido da mesma forma que aquele que abrigasse encontros libidinosos entre terceiros em estabelecimento de caráter diverso, desde que houvesse habitualidade, elemento intrínseco ao verbo "manter". Sobre a peculiaridade, assim se manifestou Beni Carvalho: "Se o legislador se houvesse limitado ao emprego da expressão casa de prostituição, certo surgiriam daí inúmeras divergências na conceituação do vocábulo e, consequentemente, na caracterização do delito. Como, porém, em seguida acrescentou: 'ou lugar destinado a encontros para fim libidinoso', nele incluiu, como ficou dito, todas as formas dessa espécie delituosa. Com efeito, por lugar destinado a encontros para fim libidinoso, devem-se compreender quartos, salas, quaisquer aposentos, destinados a esse objetivo".

Casa de prostituição (ou de tolerância), nesse contexto, continuaria com seu significado jurídico-social, explicitado por Bento de Faria como o "internato" de pessoas que ali se prostituem: "é o estabelecimento onde residem prostitutas, que ali exercem o comércio de sua carne", arrematava o autor, omitindo referência à prostituição masculina. O problema residia na interpretação a ser conferida aos demais locais destinados "a encontros para fins libidinosos".

Interpretada literalmente, a norma redundaria na incriminação de proprietários, administradores ou gerentes de hospedarias, pensões, motéis e congêneres, que conscientemente cedessem cômodos para encontros lascivos entre casais. Contudo, mesmo a doutrina da época já buscava atrelar o significado do termo aos atos de prostituição. Cite-se, novamente, Bento de Faria: "(...) esse local pode ser encontrado em hotel, pensão, casa de rendez-vous, ou estabelecimento análogo, embora sua utilização não os configure como casa de prostituição, desde que neles e ali, habitualmente, concorram prostitutas para encontros libidinosos".

Explicitando melhor o conteúdo de tudo o que foi escrito, por casa de prostituição se entendia o estabelecimento que abrigava profissionais do sexo com escopo de moradia e de atendimento sexual habitual a clientes; outros estabelecimentos que também intermediassem o comércio carnal, mas sem oferecimento de moradia a profissionais do sexo, compunham a segunda parte da norma, ou até mesmo aqueles estabelecimentos que, não participando da intermediação, cedessem regularmente espaços para tais encontros.

A jurisprudência sobre o tema nem sempre foi condescendente. O Tribunal de Justiça de São Paulo, certa feita, desvinculou a norma até mesmo do seu caráter de favorecimento à prostituição, como se vê no acórdão transcrito: "A incriminação não se limita à casa de prostituição: estende-se, de modo geral, a qualquer lugar destinado a encontros para fim libidinoso. Não só o pensionado de meretrizes, o conventilho, o prostíbulo, o lupanar, o alcouce, a casa de rendez-vous ou de passe ou hotel de cômodos à hora senão também todo e qualquer local destinado a encontros lascivos, sejam ou não com prostitutas, propriamente tais". No entanto, no mesmo TJSP encontramos flexibilização do entendimento: "é necessário, para a configuração do delito, que o estabelecimento tenha se transformado em local de prostituição e não apenas em lugar reservado para encontro de casais e namorados, para uma conversa mais reservada, troca de amplexos e atos libidinosos, tomada de bebidas e lanches".

Parece-nos que os grandes entraves interpretativos à norma derivavam das considerações morais feitas em uma época em que o exercício da libido era tratado quase como um tabu. Não havia – como não há até hoje – qualquer sentido em alocar no âmbito do dispositivo estabelecimentos como hotéis, quando ausente o intuito de fomento à prostituição, o que sequer resvala naquilo que pode ser compreendido como lenocínio. A própria jurisprudência tratou de temperar esse entendimento: "A finalidade precípua do comércio hoteleiro é fornecer acomodação a quem deseje, não havendo lei alguma que torne criminoso o fornecimento de tal acomodação a casais não legalizados pelo matrimônio. Nem seria razoável que a direção dos hotéis exigisse de seus clientes certidão de casamento para dar-lhes quarto de casal para curta permanência, mas para pernoite".

Os tribunais, todavia, não se limitaram a afastar hotéis, motéis e afins do alcance normativo. Admitindo os estabelecimentos sexualmente destinados – não apenas os que abrigam atos sexuais, mas que também os promovem – como uma realidade social, passaram eles a restringir os efeitos do dispositivo, exigindo, de forma absolutamente incompatível com a positivação do tema, direcionamento das atividades. Portanto, se a casa oferecesse sexo profissional como único objeto empresarial, estaríamos diante de um estabelecimento criminoso; caso houvesse diversificação das atividades, não haveria qualquer infração penal. Observe-se a seguinte decisão do STJ, que bem delineia o que foi dito: "A simples manutenção de estabelecimento comercial relativo a casa de massagem, banho, ducha, relax e bar não configura o art. 229 do Código Penal".

Hoje, o art. 229 já destoa parcialmente de sua redação original. O atual texto reforça a ideia de que apenas em caso de exploração sexual (gênero, do qual a prostituição é uma das espécies) há crime e, assim, afasta obviamente de seu âmbito os locais em que há simples locação de quartos para fins libidinosos (motéis). Reforça, contudo, a ideia de que casas de prostituição – termo ao qual o dispositivo não mais faz referência expressa – e locais análogos, sejam eles exclusivamente dedicados ou não à prostituição, importam formalmente o reconhecimento do caráter criminoso da conduta, uma vez que o termo exploração sexual é de maior amplitude. Não foi esse, no entanto, o entendimento do STJ, como vimos.

Reputamos que a atual decisão é reveladora de tibieza das posições jurídicas, uma vez que já há suficiente conhecimento acadêmico a permitir a reinterpretação do tipo penal em comento de forma coerente, porém o arraigado conservadorismo dogmático opta por soluções estapafúrdias, que transformam membros de tribunais em legisladores positivos. Tampouco é possível apregoar aos Ministros do STJ a ausência de conhecimento acadêmico, de modo que a preferência por rotas de escape artificiosamente montadas é consciente. Uma interpretação do tipo penal que toma como ponto de partida o bem jurídico tutelado basta para justificar o funcionamento de inúmeros estabelecimentos do gênero.

Já a interpretação conferida pelo STJ não afirma a existência de casas de prostituição e congêneres que não são criminosas. Ao contrário, além de equivocadamente atrelar ao art. 229 a tutela de um sentimento público de pudor, garante a ele – ao menos em tese – uma amplitude que a interpretação por nós defendida não confere. Anacronicamente, apesar de ampliar o âmbito de aplicabilidade do dispositivo, sustenta que estabelecimentos notoriamente reconhecidos como casas de prostituição e congêneres não o são.

Através de contorcionismos linguísticos que fazem pouco da relação significante-significado, deixa o tribunal de afirmar o óbvio: existe uma casa de prostituição (ou afim) – que também possui um bar em seu interior, ou uma piscina, ou uma sauna, ou uma quadra de tênis, ou uma sala de convenções, o que seja, mas que ainda assim continua sendo uma casa de prostituição – cujo regular funcionamento é sustentado por argumentos fracos, embora existam outras linhas de pensamento aptas a solucionar o caso, as quais são solenemente ignoradas para se privilegiar uma jurisprudência vetusta.

Acostumamo-nos, em iniciativa não mais tão recente, a ver postos de abastecimento oferecendo, além de combustíveis, alimentos e bebidas; o mesmo ocorre com farmácias que, a despeito de vocação empresarial, funcionam quase como um pequeno mercado. Nem por isso deixam de ser postos de abastecimento e farmácias. Mas, consoante o STJ, estabelecimentos destinados ao sexo pago perdem essa característica que ampliarem seu leque de ofertas. A essência é corrompida pela retórica.[328]

---

328 Essa ponderação pode ser encontrada de forma mais longa e pormenorizada em artigo de nossa lavra (GILABERTE, Bruno. Casa de Prostituição? Não, Startup Para a Satisfação de Interesses Individuais Relativos à Libido. In: *Estudos de Direito Público*: aspectos penais e processuais. Belo Horizonte: Editora D'Plácido, 2018. v. I. p. 315-322.

O tipo penal dispensa, por derradeiro, participação direta do proprietário ou do gerente na intermediação dos contatos sexuais. Não é necessário, portanto, que o gerente indique uma prostituta a um cliente ou que a estimule a aliciá-lo. Ainda que a contratação dos serviços seja decidida exclusivamente entre o profissional do sexo e o cliente, o simples fato de existir o estabelecimento albergando as tratativas, em tese, é suficiente para a constatação das elementares típicas.

Trata-se de conduta invariavelmente dolosa, à qual não se agrega qualquer finalidade especial,[329] sequer a intenção lucrativa, expressamente excluída do âmbito normativo.[330]

5 Consumação e tentativa

Consoante posição doutrinária, consuma-se o crime com o funcionamento do estabelecimento, restando comprovado o dolo de agir habitualmente. Nesse sentido, Pierangeli: "Ocorrerá a consumação desde que o agente franqueie a entrada no local e o ponha em atividade, recebendo o primeiro cliente."[331] Sobre o tema também se manifesta Regis Prado: "O delito se consuma com a manutenção do estabelecimento em que ocorra a exploração sexual (delito habitual e permanente). A habitualidade, em tal caso, se perfaz, em regra, com a reiteração dos atos de exploração sexual, mas tal reiteração não é imprescindível à consumação do delito, desde que as circunstâncias demonstrem que o agente se encontrava em pleno exercício da atividade incriminada pela norma."[332]

Tratando genericamente dos crimes habituais, tem-se ainda a doutrina de Zaffaroni e, novamente, Pierangeli, *verbis*: "Quando estaria consumado o crime habitual? Na segunda, na terceira, na décima repetição da mesma conduta? Esta dificuldade levou a doutrina moderna a considerar o crime habitual como um tipo que contém um elemento subjetivo diferente do dolo – ou seja, o delito habitual ficaria consumado com o primeiro ato – mas

---

329 Contra, TJSP: "No delito do art. 229, segundo magistério de Fragoso, o dolo é específico. Consiste na vontade livremente dirigida à manutenção da cada de prostituição ou outro qualquer local, especificando-se pelo fim especial que é o de mantê-la para a realização de encontros libidinosos" (rel. Des. Goulart Sobrinho, RJTJSP 87/390). Pensamos que a decisão confunde "dolo genérico" com "dolo específico", já que aborda apenas os elementos descritivos do tipo penal, que obviamente devem estar presentes em todo e qualquer crime doloso.

330 TJSP: "A circunstância de não ter a acusada participação no proveito obtido da prostituição por suas pensionistas é irrelevante à configuração do delito do art. 229 do CP" (rel. Des. João Baptista Garcia, RT 50/341).

331 PIERANGELI, José Henrique. *Op. cit.*, p. 136. No mesmo sentido, Fernando Capez (*op. cit.*, p. 94).

332 PRADO, Luiz Regis. *Op. cit.*, p. 873.

que, além do dolo, exige a habitualidade, como elemento do *animus* do autor."[333] Alterando a visão que possuíamos sobre o tema, passamos a adotar essa posição.

Adotando ótica diversa, afirma Paulo Queiroz: "Por se tratar de crime habitual, é indispensável a configuração da habitualidade, sem a qual o crime não se perfaz."[334] Na mesma esteira, Bitencourt: "Tratando-se de crime habitual, por certo, a prática de um ou outro encontro 'amoroso' é insuficiente para consumar o delito, cuja tipificação exige a prática reiterada de condutas que, isoladamente, constituem um indiferente penal."[335]

A possibilidade de reconhecimento da tentativa em crime habitual também é objeto de controvérsia. Ensina Luiz Flávio Gomes: "O delito habitual não admite tentativa porque cada conduta que se realiza isoladamente não conta com relevância jurídica para a afetação do bem jurídico. Somente o conjunto é que configura o injusto penal, isto é, é que retrata o desvalor do resultado."[336]

Já Rogério Greco, na contramão da doutrina majoritária, afirma que "tratando-se de crime plurissubsistente, em nossa opinião, torna-se perfeitamente admissível o raciocínio da tentativa, pois se pode visualizar o fracionamento do *iter criminis*."[337]

Cremos, em tese, possível o *conatus*, desde que, iniciada a execução, fique plenamente caracterizada a intenção de agir habitualmente, o que na prática se mostra improvável.

6 Concurso de crimes e concurso aparente de normas

Por ser mais específico, o crime do artigo 229 prevalece sobre o crime de favorecimento da prostituição ou outra forma de exploração sexual (artigo 228), desde que haja habitualidade na conduta. Aliás, a simples abolição do *nomen juris* do delito já parece indicar que o dispositivo nada mais é do que uma forma mais específica do seu predecessor.[338]

---

333 ZAFFARONI, Eugenio Raúl; PIERANGELI, José Henrique. *Da Tentativa:* doutrina e jurisprudência. 6 ed. São Paulo: Editora Revista dos Tribunais, 2000. p. 60.

334 QUEIROZ, Paulo. *Op. cit.*, p. 570.

335 BITENCOURT, Cezar Roberto. *Op. cit.*, p. 70.

336 GOMES, Luiz Flávio; MOLINA, Antonio García Pablos de. *Direito Penal:* parte geral. São Paulo: Editora Revista dos Tribunais, 2007. v. 2. p. 480.

337 GRECO, Rogério. *Op. cit.*, p. 587.

338 TJSP: "Quando alguém simplesmente mantém casa de prostituição está, por igual, através desse fato único e singular, atraindo ou facilitando a prostituição alheia. Manter uma casa de encontros libidinosos é, também, favorecer, ipso facto, a alheia prostituição. E desse modo o crime previsto no art. 229 do CP é crime específico, e, pelo princípio da especialidade que regula o conflito aparente de normas, prevalece so-

No que concerne à conduta que tem como vítimas pessoas vulneráveis, cremos prevalecer o artigo 218-B, § 2º, II, CP, sobre a norma em comento.

Nada impede, contudo, que outros crimes sexuais sejam verificados no mesmo contexto. Não vemos óbice, por exemplo, na cumulação do presente tipo penal com o crime do artigo 149-A, V, do CP, quando um profissional do sexo fica alojado temporariamente na casa de prostituição aguardando para ser traficado.

7 Pena e ação penal

A pena cominada ao presente tipo penal é de reclusão, de dois a cinco anos. A pena torna possível a aplicação do artigo 28-A do CPP (acordo de não persecução penal).

O legislador não fez menção à finalidade lucrativa, ao contrário da redação dos dispositivos anteriores. Por conseguinte, optou-se pela cominação de multa cumulativa, mesmo sem o especial fim de agir.

A ação penal é pública incondicionada.

---

bre o crime do art. 228, este de caráter genérico" (rel. Des. Camargo Sampaio, RJTJSP 40/315). No mesmo sentido, TJSC (RT 557/365) e TJMG (JM 166/344).

V – RUFIANISMO
(ARTIGO 230, CP)

1 Introdução

Ao escrever sobre o crime de rufianismo, Fragoso, em seu livro, o definiu como "a mais sórdida forma de lenocínio, constituindo parasitismo ao negro ofício da prostituição, de cuja renda miserável participa."[339]

Tem-se o rufião (ou cáften) como o indivíduo que vive às expensas da prostituição de outrem, orbitando a atividade, da qual retira parcela do lucro ou ao menos seu sustento. Trata-se de postura tachada de imoral por parte da doutrina, mas que jamais poderia ser erigida à categoria de crime, salvo na sua forma qualificada.

O profissional do sexo que, fazendo valer sua liberdade individual, opta por remunerar ou sustentar quem quer que seja, age em conformidade com a autonomia da vontade que lhe é constitucionalmente conferida; de outro lado, aquele que acolhe a remuneração ou tem sua subsistência garantida, nada mais faz do que adotar um estilo de vida que pode ou não ser considerado reprovável, mas que certamente não ofende direitos de terceiros.

A conduta, assim, passa ao largo da lesão ou ameaça de lesão a bens jurídicos, padecendo a incriminação de insanável vício de inconstitucionalidade. Propugnando tese assemelhada, encontramos a lição de Paulo Queiroz: "Já vimos que se trata de um tipo inconstitucional, visto criminalizar, ainda que por via oblíqua, a liberdade de autodeterminação sexual de pessoa adulta de cobrar pagamento por prestação sexual, pessoalmente ou com mediação de terceiro."[340] A mesma linha é seguida por Nucci, *verbis*: "Em primeiro lugar, consideremos, mais uma vez, que a prostituição individual não é crime e é atividade lícita. Em segundo, portanto, quem tira proveito de atividade lícita não deveria, por questão de lógica, ser punido. (...) O tipo penal, na forma prevista no *caput*, é quase uma ficção, pois a prostituta que mantenha sua

339 FRAGOSO, Heleno Claudio. *Op. cit.*, p. 66.
340 QUEIROZ, Paulo. *Op. cit.*, p. 571.

velha mãe num asilo ou mesmo em casa, está transformando-a em cafetina, aquela pessoa que se faz sustentar por quem exerce a prostituição. O filho da prostituta, que não quer trabalhar, imaginando-se já possuir 18 anos, é um candidato a ser rufião, pois vive sustentado pela mãe. Poder-se-ia dizer não haver dolo por parte dos familiares da prostituta. Mas digamos que haja. São pessoas que não querem trabalhar e vivem, sim, sustentados pela prostituição alheia."[341]

Advirta-se, ainda, que o posicionamento do rufianismo como uma das formas de lenocínio não é de aceitação pacífica. Afirmava Galdino Siqueira ser o rufianismo "um delito assemelhado ao do lenocínio, por constituir uma especulação da prostituição", arrematando: "como se vê dessa qualificação de crime, não se trata de espécie de lenocínio, não obstante incluída neste capítulo, por isso que a ação do agente não é de medianeiro, para servir a libidinagem de outrem, mas sua atividade está em tirar proveito da prostituição alheia, nas duas modalidades discriminadas na qualificação legal."[342]

Beni Carvalho endossa o entendimento (foi preservada a grafia da citação original): "O lenocínio, como é corrente, caracteriza-se pela satisfação da lascívia ou libidinagem alheia, quer mediante o induzimento, a facilitação, o impedimento de abandono da prostituição, quer mediante a manutenção de casa de prostituição; enquanto o tráfico de mulheres tem por fim: 'promover ou facilitar a entrada, no território nacional, de mulher que nêle venha exercer a prostituição, ou a saída de mulher que vá exercê-la no estrangeiro.' Ora, decididamente, o rufianismo, dada a sua conceituação legal, não pode ser considerado como forma ou modalidade de qualquer dêsses delitos."[343]

Magalhães Noronha refuta as assertivas: "Lenocínio, de modo amplo, pode ser considerado como a assistência à libidinagem alheia ou sua exploração. Ora, quem explora prostituta está, embora não intervindo diretamente, servindo à libidinagem alheia, porque é só se prestando a esta que a horizontal aufere proveitos que dá ou partilha com o rufião ou alcaiote."[344] Todavia, aloque-se ou não o rufianismo como espécie de lenocínio, o fato é que não pode ser ele considerado criminoso.

Mister se ressalte, ainda, não ter ocorrido qualquer modificação promovida pela Lei nº 12.015/09 no tipo fundamental, que mantém sua redação de origem ("tirar proveito da prostituição alheia, participando diretamente de seus lucros ou fazendo-se sustentar, no todo ou em parte, por quem a exerça"), embora os §§ 1º e 2º agora obedeçam à mesma redação dos crimes topologicamente precedentes, absorvendo novas situações.

341 NUCCI, Guilherme de Souza. *Op. cit.*, 188-189.
342 SIQUEIRA, Galdino. *Op. cit.*, p. 307.
343 CARVALHO, Beni. *Op. cit.*, p. 278.
344 NORONHA, E. Magalhães. *Op. cit.*, p. 236.

2 Objetividade jurídica

Tutela-se a dignidade sexual da pessoa que exerce a prostituição, supostamente violada pelo rufião que a explora, o que parece absolutamente implausível na redação do *caput*. Nas formas qualificadas, pode restar aditada tutela à integridade corporal ou à saúde da vítima.

Evidentemente, não se trata de algo aceito pacificamente pela doutrina. Segundo Odin do Brasil Americano (ortografia original preservada), "não é o interêsse da prostituta que a lei protege, pois se assim fôsse, sem a sua manifestação ou intervenção por meio de representação, não se daria a intervenção da justiça pública, mas é a própria ordem pública que é tutelada pêla ofensa indireta que sofre, na ação do *souteneur*."[345]

Para Magalhães Noronha, tutela-se o "interesse coletivo em que a vida sexual se desenvolva de maneira regular, de acordo com os princípios da moral e dos bons costumes."[346] Mas de onde surge o "interesse coletivo" na vida sexual alheia, algo de cunho eminentemente particular, assunto que deveria se restringir às pessoas que privam do mesmo leito? Quais são os "princípios da moral e dos bons costumes" que devem permear a vida em alcova? Ora, busca-se uma intromissão indevida na intimidade alheia, oriunda de grande dose de hipocrisia social.

Simultaneamente, fala-se também na proteção à "decaída"[347], que é "explorada" pelo sujeito ativo. Confessamos: temos dificuldades em entender como ocorre uma exploração voluntária, tal qual definida pelo *caput* do artigo 230. Afinal, se a vítima goza de perfeita capacidade de entendimento e de autodeterminação e se deseja dispor do patrimônio auferido no comércio sexual, entregando-o parcial ou totalmente a outrem, direta ou indiretamente, qual é o vício em sua vontade que determinaria a ilicitude da prática? Não é sem motivo, portanto, que tratamos o artigo 230 como uma aberração jurídica.

A fim de fomentar o debate sobre o tema, não pode deixar de ser conhecida, por fim, a posição de Soler sobre o tema: "*Varios bienes e intereses jurídicos convergen para dar fundamento a este delito. Desde luego, no se trata de proteger la honestidad de la víctima; pero sí resulta, como dé reflejo, protegida ésta en su patrimonio, aunque tampoco ése sea el último fundamento de la ley. En realidad, más bien debiera decirse que la infracción está concebida pensando más en la conducta del autor tan repudiable en sí mismo, ya que se trata de un sujeto que sabe sacar provecho de lo que en la mayoría de los casos es un infortunio al que empuja la necesidad. Es tan definido el perfil que asume esa*

---

345 AMERICANO, Odin J. do Brasil. *Op. cit.*, p. 211.
346 Idem, *ibidem*. p. 236.
347 COSTA JR., Paulo José da. *Op. cit.*, p. 754.

figura de parásito, que en Alemania el Tribunal Supremo llega a afirmar que a este delito corresponde un determinado 'tipo de autor'. Sobre este criterio, además de las razones teóricas que compartimos, para rechazarlo, con Fragoso y Maurach, es necesario tener en cuenta que para la ley alemana solamente puede ser sujeto activo de este delito una persona del sexo masculino (§ 181 a), cosa que no ocurre en nuestro derecho."[348]

Se superadas – se é que podem ser – as perplexidades da tipificação, verifica-se a irrelevância do consentimento do ofendido, uma vez que o rufianismo, em sua forma básica, se dá por ato voluntário deste. Portanto, o consentimento é ínsito ao dispositivo.[349]

O objeto material da conduta é a pessoa que se prostitui.

3 Sujeitos do delito

O sujeito ativo do crime de rufianismo pode ser qualquer pessoa, cuidando-se de crime comum (apenas no que tange ao sujeito ativo). No entanto, o § 1º do tipo penal (forma qualificada) exige qualidades especiais do agente – ascendente, padrasto, madrasta, irmão, enteado, cônjuge, companheiro, tutor ou curador, preceptor ou empregador da vítima, ou pessoa que assumiu, por lei ou outra forma, obrigação de cuidado, proteção ou vigilância – bem como, eventualmente, certa faixa etária.

O sujeito passivo é a pessoa que se submete à prostituição,[350] ignorando o tipo penal a autonomia de sua vontade, razão pela qual entendemos que, se a dignidade da vítima não for de qualquer forma afrontada, a norma é inconstitucional por ausência de lesão ao bem jurídico tutelado. No entanto, para aqueles que vislumbram na hipótese a lesão a um interesse público de manutenção da moral e dos bons costumes, o sujeito passivo é a coletividade, juntamente com a "pessoa explorada". Nesse sentido, Paulo José da Costa Jr.: "Sujeito passivo do crime é a coletividade em geral e a pessoa explorada (mulher ou homem), que exerce o meretrício."[351] No § 1º encontramos, ainda, a exigência de vítima com idade inferior a dezoito e superior a quatorze anos para a integração do tipo derivado.

---

348 SOLER, Sebastián. *Op. cit.*, p. 349.

349 TJSP: "A espontaneidade do oferecimento do sustento, por parte da meretriz ao seu amásio, é indiferente à configuração do delito de rufianismo" (rel. Des. O. Costa Manso, RT 288/176).

350 TJSP: "Exigência primeira para caracterização do delito de rufianismo é a demonstração da condição de prostituta da vítima, da qual o rufião, ou rufiã, se aproveita" (rel. Des. Dirceu de Mello, JTJ 147/309).

351 Idem, *ibidem*, p. 755.

4 Elementos objetivos, subjetivos e normativos do tipo

Fala a norma em "tirar proveito da prostituição alheia", significando auferir vantagem (econômica) através do comércio sexual praticado por outrem, com a aquiescência de quem se prostitui, mas sem auxiliar ou fomentar o meretrício. Isso porque, nessas mencionadas hipóteses, configura-se favorecimento da prostituição ou casa de prostituição (artigos 228 e 229, CP).

O proveito pode ser percebido pelo agente de duas formas: com a participação direta nos lucros (rufianismo ativo),[352] ou através do sustento proporcionado pela vítima (rufianismo passivo). Na primeira situação, o rufião se torna uma espécie de sócio da pessoa que se prostitui, participando dos lucros através do recebimento de quantias em dinheiro ou de qualquer outro bem com apreciação econômica.[353]

Embora o dispositivo fale em "participar" dos lucros, o que confere a impressão de concessão parcial da remuneração obtida pela vítima, obviamente o sujeito ativo cometerá o mesmo crime caso obtenha a totalidade dos lucros, pois não teria lógica a incriminação da conduta menos lesiva, quedando-se a mais lesiva impune. Mesmo se o rufião tiver outra fonte de renda, isso não impede a configuração do artigo 230 do CP.

A segunda situação versa sobre o agente que tem sua subsistência garantida por quem se prostitui, obtendo da vítima moradia, alimentação,

---

352 TJPR: "Sendo elemento do crime de rufianismo que a participação nos lucros da prostituta seja direta, como está na lei, o recebimento de aluguel e lucro de bebidas não integra o crime, porque não pode ser tido como participação direta" (rel. Des. Munhoz Gonçalves, RT 560/353).

353 TRF-2: "PENAL. RUFIANISMO E QUADRILHA. MATERIALIDADE E AUTORIA COMPROVADAS. 1. O tipo objetivo do delito de rufianismo consiste na conduta de tirar proveito da prostituição alheia - aproveitar-se economicamente de pessoa que exerça a prostituição, extraindo lucro, vantagem ou interesse -, sendo prevista duas modalidades: a) participando diretamente dos lucros daquele que exerce a prostituição, não sendo necessário que o agente viva, exclusivamente desses ganhos, podendo ter outras fontes lícitas de rendimentos; b) fazendo-se sustentar, no todo ou em parte, por quem a exerça, vivendo às expensas do prostituído. (...) 3. A despeito de não ter se comprovado que o réu exercia a fiscalização dos "programas" das outras ocupantes do apartamento - uma vez que ele também trabalhava se prostituindo nas ruas -, ou mesmo de que ele era dispensado do pagamento das diárias pelo uso do apartamento, ou de que se beneficiava financeiramente da exploração da prostituição alheia, auferindo qualquer lucro ou vantagem decorrente desta, um fato é indene de qualquer dúvida: o réu era partícipe no crime de rufianismo praticado pelos outros acusados, eis que os auxiliava a tirar proveito do exercício da prostituição alheia, competindo-lhe enviá-los, via depósito através do Banco Western Union, os valores arrecadados, ciente de que provinham do comércio sexual, daí se aferindo o dolo de sua conduta" (APR 200950010161842, Segunda Turma Especializada, rel. Des. Federal Liliane Roriz, julg. em 17/08/2010).

medicamentos, lazer etc.[354] Odin do Brasil Americano, em lição cuja grafia original mantemos, manifesta-se: "A palavra sustentar não equivale a, tão apenas, ao necessário á alimentação, mas ás demais necessidades da vida. Seria injurídica a interpretação que restringisse a tanto a significação da linguagem da lei, pois se teria o absurdo da exploração á prostituição para o luxo e gastos supérfluos, como sejam roupas caras, automóveis etc., não constituir elemento do crime."[355]

Em ambos os casos, é necessário que os recursos partilhados ou usados para sustento do rufião provenham ao menos em parte de atos de prostituição. Assim, se a vítima, prostituta, entrega a outrem a renda obtida com o aluguel de um imóvel, não há se falar em rufianismo.

Trazendo o exemplo para a seara sexual, também não haverá rufianismo se a pessoa entrega dinheiro recebido do consorte, em um casamento com finalidade puramente mercenária, a eventual amante. Ou seja, fica evidente a hipocrisia existente no tipo penal.

Inexiste rufianismo, outrossim, quando a pessoa se prostituía, mas abandonou o meretrício, passando a sustentar alguém com o dinheiro acumulado no exercício do comércio sexual (a "exploração" tem que ser contemporânea à prostituição); ou quando proprietário de uma casa de prostituição reparte os lucros com terceiro (deve existir uma relação direta entre a pessoa que exerce a prostituição e o rufião).

Também não há o crime em comento quando o profissional do sexo está legalmente ou judicialmente obrigado a remunerar ou a manter o sustento de outrem, como na prestação de alimentos. Nesse sentido se pronuncia Soler: *"El delito existirá cuando el parásito se hace mantener sin que el sujeto pasivo tenga obligación alguna de hacerlo. No habrá rufianería, pues, cuando existe una obligación legal. Esta no desaparece por causa de la procedencia del dinero. Varían algo, en este punto, los criterios de amplitud de esta excepción. Desde luego, no es dudosa la exclusión cuando se trata de un alimentario (el padre, el hijo u otro pariente impedido); pero Welzel, por ejemplo, llega al hermano o al amigo para los que la mujer voluntariamente hace posibles los estudios, y aun el amante al que ama seriamente y trata de sacarla de esa profesión. El límite debe ser buscado en la idea de explotación. Si bien es cierto que como dice Fragoso, tanto da que el agente exija o solicite o se limite a aceptar pasivamente, la idea de explotación parece requerir una actitud de asentimiento complaciente con respecto al mantenimiento de esa fuente de recursos."*[356]

---

354 TJSP: "Aquele que recebe acomodação, vestuário, alimentação e dinheiro de meretriz, desempenha o papel de lombriga no intestino da prostituição, à sombra da qual vive" (rel. Des. Carvalho Filho, RT 487/305).

355 AMERICANO, Odin J. do Brasil. *Op. cit.*, p. 213.

356 SOLER, Sebastián. *Op. cit.*, p. 350.

As expressões "participar dos lucros" e "fazer-se sustentar" indicam habitualidade criminosa, razão pela qual aquele que aceita presente dado por quem se prostitui, adquirido com recursos oriundos do comércio sexual, não pratica crime algum, desde que a aceitação seja eventual.

O conceito de prostituição, elementar do tipo penal em estudo, já foi objeto de considerações quando dos comentários referentes ao artigo 218-B do Código Penal, razão pela qual, para evitar redundâncias, para lá remetemos o leitor.

A conduta é estritamente dolosa, não se admitindo rufianismo culposo em nossa legislação. Assim, caso a pessoa que recebe os recursos partilhados ou que é sustentada pelo profissional do sexo não saiba da origem da vantagem por ela percebida, ainda que por omissão na busca do conhecimento, não há se falar no delito. Por conseguinte, o erro de tipo, ainda que vencível, não permite aplicação de sanção penal ao agente.

Não há, ao contrário da mediação para servir à lascívia de outrem e do favorecimento da prostituição, parágrafo tratando especificamente da intenção lucrativa, uma vez que esta é ínsita ao tipo penal do rufianismo (intenção especial de agir).

5 Consumação e tentativa

Cuidando-se de crime habitual, consumação e tentativa são temas tormentosos. Rogério Greco afirma que "ocorre a consumação com o efetivo aproveitamento, pelo agente, da prostituição alheia, a exemplo de quando se recebe o primeiro pagamento, os primeiros presentes, desde que seja com uma característica duradoura, vale dizer, não eventual."[357]

A fim de mantermos a coerência, sustentamos a mesma posição já esposada no crime de casa de prostituição, para onde remetemos o leitor.

Entendemos também possível a tentativa, embora de difícil verificação prática. Para René Ariel Dotti, "a caracterização desse tipo de ilicitude depende da reiteração da conduta, hipótese em que se fala em delito consumado e não em tentativa, a exemplo do rufianismo (CP, art. 230)."[358]

6 Modalidades qualificadas

No § 1º do artigo 230, o crime é qualificado quando a vítima é menor de dezoito e maior de catorze anos ou quando cometido por ascendente, padrasto, madrasta, irmão, enteado, cônjuge, companheiro, tutor ou curador, preceptor ou empregador da vítima, ou por quem assumiu, por lei ou outra forma, obrigação de cuidado, proteção ou vigilância. São hipóteses que não superam a inconstitucionalidade já defendida e de teor já debatido

---

357 GRECO, Rogério. *Op. cit.*, p. 593.
358 DOTTI, René Ariel. *Op. cit.*, p. 328.

por ocasião dos comentários acerca do artigo 227, § 1º, do CP, de modo que, para evitarmos redundâncias, remetemos o leitor ao estudo sobre este delito.

O § 2º, que também reproduz quase integralmente qualificadoras pertinentes aos artigos 227 e 228 do CP, menciona o crime cometido mediante violência, grave ameaça, fraude ou outro meio que impeça ou dificulte a livre manifestação da vontade da vítima. Apenas o final do dispositivo é inédito nos crimes de lenocínio, embora não o seja nos crimes contra a dignidade sexual, pois retrata meio executório igualmente previsto no artigo 215 do CP. Ao contrário do *caput* e do § 1º, os peculiares atos de execução são de todo reprováveis e merecem severa reprimenda, até porque aqui se tem a vontade da vítima como viciada.

7 Concurso de crimes e concurso aparente de normas

Em confronto com o disposto nos artigos 228 e 229 do CP, distingue-se o rufianismo por não importar estímulo ou auxílio direto à prostituição alheia, mas sim o aproveitamento dela. Assim, se uma pessoa participa do comércio sexual praticado por outrem, mas também participa dos seus lucros, ou tem sua subsistência desta forma mantida, responderá por favorecimento da prostituição (com intenção lucrativa) ou casa de prostituição, restando absorvido o crime em estudo.

Também não se confunde com o rufianismo o crime do artigo 227 do CP, como muito bem ilustra jurisprudência do antigo Tribunal de Justiça da Guanabara: "O rufianismo não pode concorrer com a mediação para satisfazer a lascívia de outrem, quando a ação é dirigida contra a mesma pessoa. Se a prostituição já existe como forma profissional de saciar a lascívia alheia e indeterminada, será possível o favorecimento à continuidade de um estado preexistente, mas nunca o induzimento particular e determinado".[359]

Crimes como ameaça e constrangimento ilegal, que constituem etapas da execução do rufianismo em sua forma qualificada do § 2º, também são absorvidos, mas a cumulação com crime decorrente dos atos de violência (lesão corporal, por exemplo) é imposta por lei.

8 Pena e ação penal

Ao crime de rufianismo é cominada pena de um a quatro anos de reclusão, além de multa, o que permite a suspensão condicional do processo, nos termos do artigo 89 da Lei nº 9.099/95. No § 1º, a pena é de reclusão, de três a seis anos, e multa, admitindo acordo de não persecução penal (artigo 28-A, CPP). No § 2º, dois a oito anos de reclusão, além da pena correspondente à violência, cumulativamente. Não há a cominação, curiosamente, de pena de multa.

A ação penal é pública incondicionada.

---

359 RDP 3/88, rel. Des. Amilcar Laurindo.

VI – TRÁFICO INTERNACIONAL E INTERNO DE PESSOA PARA FIM DE EXPLORAÇÃO SEXUAL

Tráfico internacional e tráfico interno de pessoa para fim de exploração sexual eram crimes previstos, respectivamente, nos artigos 231 e 231-A do Código Penal. Contemplavam aliciamento, agenciamento, compra, transporte, transferência, alojamento, acolhimento (apenas no tráfico interno de pessoas), promoção ou facilitação da entrada ou saída de pessoa do território nacional (no tráfico internacional) e a promoção, facilitação do deslocamento em território nacional (tráfico interno) de pessoa para fim de prostituição ou exploração.

Os tipos penais foram revogados pela Lei nº 13.344/2016, que criou o crime de tráfico de pessoas no artigo 149-A do CP. No novo tipo penal, a finalidade de exploração sexual é encontrada no inciso V. Os verbos, em quase sua totalidade, foram reproduzidos na norma, de modo que não ocorreu descriminalização da conduta, mas continuidade típico-normativa. Mesmo a retirada de pessoa do território nacional é ali encontrada, na causa de aumento da pena prevista no § 1º, IV.

No que concerne ao conflito intertemporal de normas a lei nova é mais severa, pois a pena ali cominada é de reclusão, de quatro a oito anos (no caso do § 1º, IV, ainda é acrescida de um terço à metade). A antiga pena do artigo 231 do CP era de reclusão, de três a oito anos, e a do artigo 231-A de reclusão, de dois a seis anos. Portanto, esses dispositivos ainda são aplicados para os crimes praticados durante sua vigência, reforçando que a apreciação deve ser cautelosa naquelas condutas tidas como permanentes.

VII – PROMOÇÃO DE MIGRAÇÃO ILEGAL (ARTIGO 232-A, CP)

1 Introdução

Cuida-se de tipo penal criado pela Lei nº 13.445/2017 (Lei de Migração) e que nenhuma relação possui para com qualquer forma de lenocínio. Sequer há conotação sexual no crime. Ou seja, sua inserção no artigo 232-A se deve a um absurdo erro legislativo. Considerando que o escopo deste livro é traçar comentários sobre os delitos sexuais, categoria em que não se enquadra a promoção de migração ilegal, faremos apenas um breve delineamento sobre a conduta incriminada.

Como bem expõem Paulo Queiroz e Lilian Coutinho, a Lei nº 13.445/2017 "revogou o Estatuto do Estrangeiro (Lei nº 6.815/1980) e é considerada um avanço em termos de proteção de direitos humanos no Brasil", uma vez que o diploma antecessor "tinha como principal objetivo a proteção da segurança e dos interesses nacionais, considerando o estrangeiro uma 'ameaça'".[360] O artigo 4º da mencionada lei estabelece os direitos e garantias conferidos aos migrantes que estejam em território nacional.

2 Objetividade jurídica

Concordamos com Rogério Greco[361] e Cleber Masson,[362] que elegem a soberania nacional, no seu aspecto de regulamentação e controle da migração de pessoas, como bem jurídico-penal tutelado pela norma. De fato, a soberania nacional pode ser corretamente selecionada como bem jurídico tutelável, dado o seu repouso constitucional. Inegavelmente, outrossim, há um interesse estatal no controle do fluxo de pessoas que ingressam e saem do país, por diversos motivos: segurança pública, questões sanitárias etc.

---

360 Op. cit, p. 205.
361 Op. cit., p. 212.
362 Op. cit., p. 145

Discordamos, portanto, de Paulo Queiroz e Lilian Coutinho, que, citando Bitencourt, colocam a ordem pública, a ordem jurídica e a paz social como bens jurídicos tutelados.[363] São expressões que traduzem conceitos vazios, verdadeiros bens jurídicos ocos, e que, portanto, não podem ser legitimamente erigidos a essa qualidade.

Considerando a natureza coletiva do bem jurídico tutelado, não há se falar em consentimento do ofendido.

O objeto material da conduta é o estrangeiro que entrou ilegalmente no Brasil (imigrante, conceito previsto no artigo 1º, § 1º, II, da Lei nº 13.445) ou o brasileiro que migrou também ilegalmente para outro país (emigrante, artigo 1º, § 1º, III, da Lei nº 13.445). Brasileiros são os natos e naturalizados, de acordo com o artigo 12 da CRFB.

3 Sujeitos do delito

Trata-se de crime comum quanto ao sujeito ativo, ou seja, qualquer pessoa pode praticá-lo. O sujeito passivo é o Estado brasileiro, nesse caso representado pela União, de modo que se pode afirmar com segurança que o artigo 232-A é um crime federal.

4 Elementos objetivos, subjetivos e normativos do tipo

A ação incriminada no tipo penal é a de promover, significando realizar, viabilizar. Promove-se a entrada ilegal de estrangeiro em território brasileiro ou de brasileiro em país estrangeiro. A legalidade do ingresso de estrangeiro em território nacional pressupõe uma série de exigências, como a apresentação de documentação pertinente (passaporte, por exemplo), visto (em alguns casos) e outras.

Deve ser salientado que ninguém pode ser proibido de entrar no país por motivo de raça, religião, nacionalidade, pertinência a grupo social ou opinião política (artigo 45, parágrafo único, da Lei de Migração). Perceba-se, ainda, que não se pune a conduta daquele que migra ilegalmente, mas de quem propicia essa migração ilegal. A opção legislativa está de acordo com o princípio da não criminalização da migração, estatuído pelo artigo 3º, III, da Lei nº 13.445.

A conduta pode se dar por qualquer meio, ou seja, não importa a via escolhida para a migração ilegal (aérea, terrestre, fluvial ou marítima). Trata-se, portanto, de crime de forma livre.

Apesar de normalmente comissivo, o crime em estudo comportará a modalidade omissiva imprópria.

---

363 Op. cit., p. 208.

Não há previsão da modalidade culposa, ou seja, o crime é sempre doloso. Agrega-se ao dolo a finalidade de obtenção de vantagem econômica (dinheiro, doação de bens etc.), indissociável do tipo penal. Isso significa que, se alguém auxilia a migração de outrem por compaixão, por exemplo, não ocorrerá o crime. Frise-se que vantagem econômica é aquela monetariamente apreciável que aumenta o patrimônio do sujeito ativo ou de terceiros. Não há finalidade econômica quando o migrante é instado a pagar meramente as despesas concernentes ao seu deslocamento.

5 Consumação e tentativa

O crime se consuma com o efetivo ingresso do estrangeiro em território nacional, iludindo a fiscalização das autoridades brasileiras, ou com o ingresso em país estrangeiro de brasileiro ilegalmente deslocado. Nessa última situação, não basta a mera saída do território nacional.

A tentativa é possível, por se tratar de crime plurissubsistente.

6 Conduta equiparada

O § 1º pune a conduta daquele que, nas mesmas condições do *caput*, promove a saída de estrangeiro do território nacional para ingresso ilegal em país estrangeiro. Pouco importa a condição do estrangeiro no Brasil, se legal ou ilegal.

Cremos que, se houve a promoção de ingresso ilegal do estrangeiro no Brasil, com a finalidade de levá-lo – também ilegalmente – a outro país, usando o território brasileiro como base temporária, o crime do *caput* absorverá o do § 1º, desde que praticados pelo mesmo agente, em um mesmo contexto. Contra, defendendo a existência de concurso material de crimes, Paulo Queiroz e Lilian Coutinho.[364]

7 Causas de aumento da pena

Aumenta-se a pena do crime em um sexto a um terço se o crime é cometido mediante violência (*vis corporalis*), ou seja, a incidência de uma força física contra o corpo da vítima, consoante o disposto no inciso I. Inexplicavelmente, o legislador deixou de fora do âmbito da majorante a grave ameaça e a fraude.

O inciso II majora a pena nos mesmos patamares se a vítima é submetida a condição desumana (ou seja, que fira seus direitos humanos básicos, como os extenuantes percursos por desertos) ou degradante (aviltante, como o transporte insalubre da vítima ou situação que possa lhe ofender

---

364 Op. cit., p. 213.

moralmente). Essas condições que aumentam a pena devem se dar durante o trajeto de migração, pouco importando a fase de tratativas.

8 Concurso de crimes e concurso aparente de normas

O § 3º do artigo 232-A impõe cúmulo de sanções entre o crime em estudo e as infrações conexas, como falsidade documental, por exemplo.

O artigo 232-A não se confunde com o crime de tráfico de pessoas: este, além de apresentar finalidades especiais para o deslocamento da vítima, não tem o Estado como sujeito passivo da conduta, mas o indivíduo traficado.

No que concerne ao artigo 338 do CP, o dispositivo se volta ao próprio estrangeiro, que, uma vez expulso do Brasil, decide por retornar ilegalmente. Não cuida da mesma situação atinente ao artigo 232-A, portanto.

9 Pena e ação penal

Comina-se ao crime de promoção de migração ilegal pena de reclusão, dois a cinco anos, e multa. Pelo tamanho da pena, é possível o acordo de não persecução penal (artigo 28-A, CPP), salvo quando a conduta é praticada mediante violência.

A ação penal é pública incondicionada.

DO ULTRAJE PÚBLICO
AO PUDOR

I – GENERALIDADES

Os dois crimes alocados no presente capítulo (ato obsceno e escrito ou objeto obsceno, respectivamente tipificados nos artigos 233 e 234) têm, historicamente, por objeto de tutela, o sentimento público de pudor. Obviamente, o pudor aqui é tratado não como um sentimento genérico de decência ou decoro, mas sim "deve ser apreciado como respeitante à vergonha sexual."[365] Ensina Chrysolito de Gusmão: "O pudor varia com o meio e a educação, sofrendo, em suas manifestações externas, a influência de fatores diversos, como a profissão, as classes, as modas etc. Assim é que, nas cidades e nas classes mais elevadas, se introduziu o hábito, tão triste e deploravelmente exagerado, dos decotes, em virtude do qual as partes a que, simbolicamente, chama-se colo ficam descobertas quando se tem que estar presente a algum baile ou reunião cerimoniosa, trajes esses que a mesma senhora, se casta, sentiria fundo vexame em pôr, diante dum estranho qualquer em ocasião outra, da mesma forma, por outro lado, que uma operária casta e de pundonor se envergonharia se tivesse de pôr tais vestes para ir às suas festas."[366]

Mister situemos a colocação acima no tempo: ela foi escrita em 1921, o que permite teçamos uma série de considerações. Primeiramente, é de ser visto que o próprio doutrinador coloca o sentimento de pudor como um conceito vago, a depender de variáveis nem sempre seguras, como "o meio e a educação". Ainda, nota-se que seu conteúdo é fartamente regado pelos costumes, tornando-o objeto de contínua evolução, a ponto de Chrysolito de Gusmão considerar os decotes de certos trajes como obscenos, o que hodiernamente soaria como um absurdo sem par. Por fim, é algo impregnado por preconceitos (observe-se que o trecho transcrito menciona apenas condutas praticadas por mulheres, evidenciando-se a questão do tratamento diferenciado ao gênero).

A tutela ao pudor público (relativamente recente) afigura-se como temerária, senão inconstitucional, por constituir sério vilipêndio ao princípio da proteção de bens jurídicos. Como já dito anteriormente, o sentimento

365 FARIA, Bento de. *Op. cit.*, p. 108.
366 GUSMÃO, Chrysolito de. *Op. cit.*, p. 78.

público de pudor não pode ser selecionado como bem jurídico tutelado, seja por afronta à ofensividade, seja à taxatividade. Apesar disso, não é estranha ao direito alienígena, de modo que esta distorção, ora combatida, se espraia inconvenientemente pelos diversos ordenamentos jurídicos.

Expõe Hungria, sobre o direito comparado: "Pode-se dizer que só a partir da lei francesa de 19 de julho de 1791, o 'ultraje público ao pudor', como entidade criminal autônoma, teve ingresso na legislação penal. Quer no direito romano, quer no intermédio, não era esse fato incriminado especialmente. Até o século XVIII ainda não fora nitidamente elaborada a noção de pudor coletivo, como um bem imaterial tutelável por si mesmo."[367] O tema ganhou espaço em conferências internacionais (a saber: Lausanne, 1893; Colônia, 1904; Bordeaux, 1905 – sendo nesta sugerido que a pornografia se tornasse crime internacional – ; Paris, em 1908 e 1910; e Genebra, 1923) e foi absorvido por nosso ordenamento jurídico penal, que, já no Código imperial, estabelecia nos artigos 279[368] e 280[369] ofensas à moral pública. Não foi olvidado, outrossim, pelo Código republicano, que assim dispunha no artigo 282: "Offender os bons costumes com exhibições impudicas, actos ou gestos obscenos, attentatorios do pudor, praticados em logar publico ou frequentado pelo publico, e que, sem offensa á honestidade individual de pessoa, ultrajam e escandalisam a sociedade. Pena de prisão cellular por um a seis mezes." Na atual legislação, as ofensas ao pudor foram criminalizadas nos artigos 233 e 234.

Essas implicações meramente morais de uma conduta, aí incluídas as supostas violações ao sentimento de pudor, é certo, deveriam ser extirpadas das leis penais, como aliás o faz o tão contestado PLS nº 236/2012 (projeto de lei do Senado Federal que institui o "novo" Código Penal) no que concerne aos crimes de ultraje, o que projeta um horizonte alvissareiro para a matéria. De toda sorte, ainda mais em se considerando a posição topológica do capítulo, ao objeto de proteção dos dispositivos a seguir comentados deve ser conferida uma intepretação diferente daquela normalmente agasalhada pela doutrina.

---

367 HUNGRIA, Nelson. *Op. cit.*, p. 294.

368 "Offender evidentemente a moral publica, em papeis impressos, lithographados, ou gravados, ou em estampas, e pinturas, que se distribuirem por mais de quinze pessoas, e bem assim a respeito destas, que estejam expostas publicamente á venda. Penas - de prisão por dous a seis mezes, de multa correspondente á metade do tempo, e de perda das estampas, e pinturas, ou na falta dellas, do seu valor."

369 "Praticar qualquer acção, que na opinião publica seja considerada como evidentemente offensiva da moral, e bons costumes; sendo em lugar publico. Penas - de prisão por dez a quarenta dias; e de multa correspondente á metade do tempo."

II – ATO OBSCENO

1 Introdução

Tipo penal de existência questionável, consoante exposto anteriormente, o ato obsceno clama por revogação. Todavia, sua atual persistência vem dando azo ao apossamento da norma penal para aplicação distorcida (que, se obviamente não se bastam no ato obsceno, dele se valem como ferramenta em casos pontuais), transformando-o em instrumento promocional de políticas públicas ou mesmo de aspirações políticas calcadas no culto à ordem.

O fenômeno se torna evidente nas prisões pelo ato de micção em via pública, mormente em época de festas populares, o que, como se verá, passa ao largo do conceito de conduta atentatória à moral, em que pese sua inconveniência. Adite-se a inconstitucionalidade da tutela jurídica e temos uma incriminação absolutamente injustificável – felizmente moribunda – que é unanimemente criticada pela doutrina. Afinal como afirma Paulo Queiroz, "o ato obsceno não ofende gravemente a dignidade sexual de ninguém (no máximo dá causa a algum desconforto ou constrangimento) e é passível de repressão suficiente no âmbito administrativo."[370] É importante que se diga, nesse contexto, que o artigo 233 do CP perdeu relevância especialmente após a criação do delito de importunação sexual, que encampou aquelas condutas outrora reservadas ao ato obsceno e que poderiam de fato atingir a dignidade sexual alheia. A despeito disso, a tipificação existe, razão pela qual deve ser esmiuçada.

2 Objetividade jurídica

Tutela-se, uma vez mais, a dignidade sexual, embora não estejamos certos de como um ato obsceno – especialmente após o advento do artigo 215-A – pode ser apto a afetar tal bem jurídico. Isso porque é impossível a alocação da "moral pública", ou de um "sentimento público de pudor", como

---

370 QUEIROZ, Paulo. *Op. cit.*, p. 579.

objetos da tutela.[371] Como bem explica Roxin, a definição do Direito Penal como um sistema de proteção a bens jurídicos serve a duas finalidades: teleológica, como critério para a exegese de tipos penais; e político-criminal, servindo de parâmetro para a crítica legislativa.[372]

Nessa segunda função, em que pese a discussão sobre o conceito de bem jurídico, majoritariamente se tem a ideia de que sejam "pressupostos indispensáveis para uma pacífica e livre convivência dentro do Estado, em que direitos fundamentais sejam respeitados", razão pela qual são "inadmissíveis a proteção de meros tabus nem preceitos penais 'simbólicos' carentes de um concreto efeito de proteção jurídica."[373] Diante dessa análise – impossibilidade de afetação do bem jurídico pela conduta – temos que o artigo 233 é inconstitucional.

O objeto material da conduta são as pessoas eventualmente ofendidas. Tratando-se de um crime contra a coletividade (crime vago), o consentimento de eventuais observadores do ato é irrelevante.

3 Sujeitos do delito

O sujeito ativo do crime de ato obsceno pode ser qualquer pessoa, cuidando-se de crime comum.

No polo passivo temos a coletividade (crime vago).

---

371 STF: "O que a lei tutela, no crime definido no art. 233 do CP, é o pudor coletivo, objetivamente considerado, pouco importando a concepção pessoal do agente a respeito da obscenidade da ação que praticou ou pretende praticar. Compete à autoridade pública aferir o sentimento médio de pdor coletivo e fazê-lo respeitado através do seu poder de polícia" (RTJ 65/97, rel. Min. Barros Monteiro); TACrimSP: "O tipo do art. 233 do CP tutela a moral sexual coletiva que é um bem jurídico de valor contingencial e, portanto, relativo, Muñoz Conde observa, com propriedade, que nele influem 'como em nenhum outro, condições de tempo e lugar, ideias religiosas e estéticas e até a moda. Os conceitos empregados pelo código de pudor, bons costumes, escândalo etc., deverão ser preenchidos com os conceitos valorativos que regem uma dada sociedade num momento determinado. Por isso, não deve causar estranheza que condutas qualificadas, há poucos anos, como escandalosas, sejam hoje consideradas lícitas ou, pelo menos, moralmente indiferentes, sobretudo, no campo erótico. Existe, na matéria, uma grande indeterminação que obriga a proceder, com sumo critério, na hora de estabelecer o que é contrário ao pudor e aos bons costumes. O Direito Penal só tem um mínimo ético a cumprir e não deve intervir para reprimir fatos que, por mais imorais que sejam, não lesionam o direito de terceiros ou não está comprovada a sua nocividade social (*in dubio pro libertate*)' (*Derecho Penal, Parte Especial*, 1975, p. 342)" (JUTACRIM 53/326, rel. Silva Franco).

372 ROXIN, Claus. *Op. cit.*, p. 290.

373 Idem, *ibidem*, p. 290.

4 Elementos objetivos, subjetivos e normativos do tipo

Tem-se como incriminada a conduta de praticar (realizar, cometer, o que pressupõe uma ação, nunca uma conduta omissiva própria) ato obsceno (elemento normativo do tipo). Isto é, só se tem um panorama preciso daquilo que se pretende coibir com a definição exata acerca da obscenidade do comportamento.

Nesse diapasão, Galdino Siqueira ensina que ato obsceno é aquele "suscetível de provocar reação psíquica correspondente à ofensa do sentimento de pudor próprio da média de nossa população."[374] Em seguida, o mesmo autor classifica os atos em absolutamente e relativamente obscenos: aqueles seriam os de conotação obscena inequívoca, "tais como a cópula carnal"; estes, "os que ofendem ao pudor, não por si mesmos, mas por peculiares condições ou circunstâncias do fato, como o beijo, em determinados casos."[375]

Beni Carvalho, concordando com a classificação dada por Galdino Siqueira, lança conceito de ato obsceno igualmente impreciso, mas dotado de elementos de configuração que usamos para nossa definição de obscenidade, como veremos posteriormente (mantivemos na citação a grafia original): "É todo aquele capaz de ferir o sentimento de pudor médio duma dada sociedade. Êsse pudor, como é sabido, está sujeito a oscilações, variando, até certo ponto, no tempo e no espaço. Si lançarmos, um olhar para a vida brasileira atual e para a de nossos maiores, essa verdade ressaltará de modo claro, insofismável. A instituição do *maillot*, por exemplo, perfeitamente moral, legítima, aplaudida, nada mais é, nas praias de banho, ou, mesmo, fóra delas, do que a estilização da nudez e da obcenidade. Entretanto, ninguém vê, nêle, uma obcenidade ambulante, em cuja contemplação tenta reanimar-se certa virilidade decadente."[376]

Para Hungria, "diz-se obsceno o ato que atrita, abertamente, grosseiramente, com o sentimento médio de pudor (*Shamgefühl des Normalmensch*, como dizem os autores alemães) ou com os bons costumes."[377] Excluindo qualquer subjetividade na apreciação, usa o exemplo do fetichista que acaricia os cabelos de uma mulher, concluindo que o ato "é subjetivamente impudico, mas, na sua materialização, não ofende o pudor público, não é uma exteriorização obscena."[378]

Na doutrina contemporânea, encontramos a posição de Rogério Greco, para quem "o princípio da adequação social, por mais que tenha conotação subjetiva, poderá nos auxiliar no sentido de investigar o sentimento da

---

374 SIQUEIRA, Galdino. *Op. cit.*, p. 316.

375 Idem, *ibidem*, p. 316.

376 CARVALHO, Beni. *Op. cit.*, p. 300.

377 HUNGRIA, Nelson. *Op. cit.*, p. 299.

378 Idem, *ibidem*, p. 299.

maioria da sociedade, a fim de descobrir se aquele determinado comportamento poderá ser considerado adequado, levando-se em consideração o lugar, à época, a cultura do povo, enfim, dados que serão indispensáveis ao reconhecimento da conduta como obscena."[379] Afiliamo-nos a esta orientação (reafirmando nossa discordância para com a tipificação, mas buscando dotá-la de alguma concretude, se é que isso é possível).

Entendemos que a obscenidade não tem como parâmetro um "sentimento médio de pudor", pois este inexiste. O recato sexual e as condutas impudicas daí derivadas variam com tal intensidade que o estabelecimento de situações em que invariavelmente se reconhece o ato obsceno seria extremamente temerário. Assim, há se ponderar sobre o conteúdo do ato sob certos aspectos, que casuisticamente podem aderir ao ato o adjetivo de obsceno ou não.

Dentro deste raciocínio, são aspectos a considerar: (a) o local em que o ato é praticado; (b) o momento – circunstância de tempo – em que se dá o comportamento; (c) o público exposto ao ato. Ora, um desfile de modelos trajando peças de *lingerie* ousadas é perfeitamente admissível nas chamadas semanas de moda, ao passo em que se torna inconveniente em meio a uma quermesse realizada em município interiorano; igualmente, se uma mulher passeia nua pela Avenida Marquês de Sapucaí – onde funciona o "sambódromo" no Rio de Janeiro – durante desfile das Escolas de Samba, o ato não apenas é adequado, como também é transmitido por redes de televisão para todo o Brasil, sem que haja protestos pela lesão à moral pública, ao passo em que, se esta mesma mulher pratica idêntico ato durante um dia útil, dissociado dos "festejos de momo", pode vir a incomodar pessoas diversas; por derradeiro, se um homem urina em via pública com exibição do órgão genital a pessoas indeterminadas durante um bloco carnavalesco, evento no qual há ampliada aceitação acerca da prática de atos libidinosos, decerto ninguém que ali esteja se sentirá vilipendiado em sua moral sexual, não obstante possam condenar a falta de educação daquele que se alivia, pois o público frequentador já espera presenciar atitudes como esta.[380]

Nessa esteira, interessa a leitura de voto do Min. Gilmar Mendes (STF), proferido no julgamento do RHC Nº 83.996/RJ: "Com as vênias de estilo,

---

379 GRECO, Rogério. *Op. cit.*, p. 615.

380 São hipóteses normalmente apontadas como ato obsceno: (a) a exibição acintosa dos órgãos genitais (TACrimSP, AC n. 1127735/0, rel. Renato Nalini, julg. em 06/01/1999); (b) exposição pública de outras partes íntimas (JUTACRIM 97/350); (c) exposição pública de trajes íntimos (RT 536/330); (d) masturbação em público (RTJE 60/175); (d) micção em público com exibição do pênis (JUTACRIM 68/293); (e) *streaking* ou chispada (RT 488/349); (f) ato sexual em público (RJD 21/83). Alertamos, contudo, que essas tendências não significam que as condutas devam ser inexoravelmente consideradas obscenas. A avaliação casuística é sempre necessária.

ouso divergir. Não quer me parecer que, na hipótese, esteja configurado o crime de que cuida a denúncia. No caso em apreço, ainda que se cuide, talvez, de manifestação deseducada e de extremo mau gosto, tudo está a indicar um protesto ou uma reação – provavelmente grosseira – contra o público. Precisas, nesse aspecto, as observações da impetração: 'Quando simulou a masturbação – parece claro a qualquer um – não estava o paciente pretendendo afetar qualquer prazer sexual, mas sim que as vaias não lhe atingiam, davam-lhe até prazer, qual uma masturbação. Estava a demonstrar, de forma incorreta – é claro – desprezo pela parte do público que lhe vaiava. Só isso. 41. Tal interpretação desse ato, de tão óbvia, foi descrita pelo JB On Line, de 18 de agosto deste ano: 'Fazendo graça, o Diretor gesticulava para a audiência, pedindo mais. Para mostrar desprezo, fingiu que se masturbava. E saiu de cena.' (fl. 5 dos autos) 42. O mesmo se diga da exibição de suas nádegas. Ninguém com razoável sensibilidade poderia ali enxergar qualquer sentido sexual neste ato, senão apenas o de demonstrar – inadequadamente é certo – desprezo por aquelas pessoas que ali estavam a xingá-lo e a vaiá-lo.' (fls. 17) Não se trata, também, de um gesto totalmente fora do contexto da própria peça teatral. Nesse sentido, lembra a impetração: '(...) no espetáculo dirigido pelo paciente, uma das atrizes, durante a apresentação, simulou masturbar-se, como se lê no artigo do jornalista Arnaldo Bloch, ao comentar todo o episódio: 'Ah, mas aquela mulher no início do primeiro ato, masturbando-se no divã.' (fls. 31 dos autos) 31. Nem por isso houve quem levantasse sua voz para dizer que aquela atitude pudesse constituir ato obsceno, ou que a atriz estivesse ali a ultrajar o pudor daqueles que assistiam à ópera.' (fls. 12) Com efeito, não se pode olvidar o contexto no qual se verificou o ato incriminado. O roteiro da peça, ressalte-se, envolveu até uma simulação de masturbação. Estava-se diante de um público adulto, às duas horas da manhã, no Estado do Rio de Janeiro. Difícil, pois, nesse contexto admitir que a conduta do paciente tivesse atingido o pudor público. A rigor, um exame objetivo da querela há de indicar que a discussão está integralmente inserida no contexto da liberdade de expressão, ainda que inadequada ou deseducada. De resto, observe-se que a sociedade moderna dispõe de mecanismos próprios e adequados a esse tipo de situação, como a própria crítica, sendo dispensável, por isso, o enquadramento penal. Tal como defendemos em outra oportunidade, 'É certo que a lei exerce um papel deveras relevante na ordem jurídica do Estado de Direito. Assinale-se, porém, que os espaços não ocupados pelo legislador não são dominados pelo caos ou pelo arbítrio. Embora a competência para editar normas, no tocante à matéria, quase não conheça limites (universalidade da atividade legislativa), a atividade legislativa é, e deve continuar sendo, uma atividade subsidiária. Significa dizer que o exercício da atividade legislativa está submetido ao princípio da necessidade, isto é, que a promulgação de leis supérfluas ou iterativas configura abuso do poder de legislar. É que a presunção de liberdade, que lastreia o Estado de Direito democrático, pressupõe um regime legal mínimo, que não reduza ou restrinja, imotivada ou desnecessariamente, a liberdade de ação no âmbito social. As leis hão de ter, pois, um fundamento objetivo, devendo mesmo ser reconhecida a inconstitucionalidade das normas que estabelecem restrições dispensáveis.' (MENDES, Gilmar Ferreira; FORSTER JÚNIOR, Nestor José. Manual de redação da Presidência da República. 2. ed. rev. e atual. Brasília: Presidência da República, 2002, p. 87) Se essa orientação se aplica às limitações gerais a direitos individuais, com muito maior razão há de se aplicar ao direito penal. Vale destacar, ainda, decisão antiga desta Segunda Turma, em que se diferenciou a caracterização da obscenidade em razão do público--alvo. Transcrevo o inteiro teor do acórdão relatado pelo eminente Ministro Aliomar Baleeiro: 'Obscenidade e pornografia. O direito constitucional de livre manifestação do pensamento não exclui a punição penal, nem a repressão administrativa de material impresso, fotografado, irradiado ou divulgado por qualquer meio, para divulgação pornográfica ou obscena, nos termos e forma da lei. À falta de conceito legal do que é pornográfico, obsceno ou contrário aos bons costumes, a autoridade deverá guiar-se pela consciência do homem médio de seu tempo, perscrutando os propósitos dos autores do material suspeito, notadamente a ausência, neles, de qualquer valor literário, artístico, educacional ou científico que o redima de seus aspectos mais crus e chocantes. A apreensão de periódicos obscenos cometida ao Juiz de Menores pela Lei de Imprensa visa à proteção de crianças e adolescentes contra o que é impróprio à sua formação moral e psicológica, o que não importa em vedação absoluta do acesso de adultos que os queiram ler. Nesse sentido, o Juiz poderá adotar medidas razoáveis que impeçam a venda aos menores até o limite de idade que julgar conveniente, desses materiais, ou a consulta dos mesmos por parte deles.' (RMS 18.534, Rel. Min. Aliomar Baleeiro, RTJ 47/787) Ressaltou o eminente Ministro em seu voto: 'Mas o conceito de 'obsceno', 'imoral', 'contrário' aos bons costumes é condicionado ao local e à época. Inúmeras atitudes aceitas no passado são repudiadas hoje, do mesmo modo que aceitamos sem pestanejar procedimentos repugnantes às gerações anteriores. A Polícia do Rio, há 30 ou 40 anos não permitia que um rapaz se apresentasse de busto nu nas praias e parece que só mudou de critério quando o ex-Rei Eduardo VIII, então Príncipe de Gales assim se exibiu com o irmão em Copacabana. O chamado bikini (ou 'duas peças') seria inconcebível em qualquer praia do mundo ocidental, há 30 anos. Negro de braço dado com branca em público, ou propósito de casamento entre ambos, constituía crime e atentado aos bons costumes em vários Estados norte-americanos do Sul, até um tempo bem próximo do atual.' (RTJ 47/790)

Na mesma ocasião, ratificou o Ministro Evandro Lins e Silva: 'Conceito de obscenidade é variável no tempo e no espaço. O que era considerado obsceno, há bem pouco tempo, deixou de o ser, com a mudança de costumes e o conhecimento que a juventude passou a ter de problema que lhe eram proibidos estudar e conhecer, até recentemente.' (RTJ 47/797) Portanto, não estão configurados os elementos caracterizadores de ato obsceno. É certo, poder-se-ia cogitar, objetivamente, de injúria. Porém, além de não haver vítima determinada, a injúria configura crime que demanda a propositura de queixa (CP, art. 145). Nesses termos, com a devida vênia, o meu voto é pela concessão da ordem para que se determine o trancamento da ação penal."

Quando se fala em ato obsceno, outrossim, tem-se a ideia de atitude corporal, sendo certo que verbalizações constrangedoras podem caracterizar crime contra a honra, mas nunca o delito em comento.

Somente haverá o crime do artigo 233 do Código Penal quando o ato puder ser visualizado por pessoas indeterminadas. Por isso se exige que ele ocorra em lugar público, aberto ao público ou exposto ao público.

Público é o local de acesso indiscriminado a qualquer pessoa, aí incluídos ruas, praças, praias etc. A manutenção de relações sexuais no mar, por exemplo, às vistas de todos, pode ser um exemplo de ato obsceno, dependendo das circunstâncias do caso concreto. Lugar aberto ao público é aquele em que o acesso a pessoas indeterminadas fica condicionado ao horário de funcionamento ou ao implemento de uma condição, como o pagamento de ingressos ou passagens. Nessa categoria encontramos cinemas, museus, prédios públicos, transportes públicos e outros. Caso, *v. g.*, da pessoa que é flagrada se masturbando dentro de um trem. Os locais eventualmente públicos (normalmente fechados ao público, salvo em ocasiões especiais) também se enquadram aqui. Lugar exposto ao público é o ambiente privado, mas que, em determinadas situações, se torna devassado. Temos como exemplo a pessoa que toma um banho de sol nua na varanda de sua casa, sendo que esta é facilmente observada por pessoas que transitam em via pública.

Não há ato obsceno quando a percepção do ocorrido se dá por consciente esforço da pessoa que busca observá-lo (olhar um determinado cômodo pelo buraco da fechadura, por exemplo, ainda que a pessoa observada perceba e mantenha sua atividade) ou por acidente (nudez exposta por conta da queda do cortinado de um provador de roupas, em determinada boutique, ou trajes de banho arrancados pela força de uma onda na praia).

Impõe-se ainda reconhecer que, sem a probabilidade de percepção do ato praticado por pessoas indeterminadas, não se deve falar em crime. Pensemos na hipótese de um casal que, depois de ancorar o barco em que viajam em ilha habitualmente deserta, iniciam ato sexual no convés da embarcação, ocasião em que são surpreendidos pelo público de um transatlântico, que, mudando sua rota habitual, casualmente por ali passava. Obviamente não resta caracterizado o ato obsceno. O mesmo ocorre na manutenção de relações sexuais em veículo estacionado em local ermo, quando, em virtude de embaçamento ou de película nos vidros, seu interior só pode ser observado por quem dele se aproximar com esse propósito.[381]

Em suma, para a caracterização do ato obsceno, não é necessário que o fato ganhe efetiva publicidade, bastando a potencialidade;[382] no entanto, se a publicidade é fortuita ou conscientemente buscada por eventual voyeur, não se falará em crime.

O delito é necessariamente doloso (dolo direto ou eventual), inexistindo previsão da modalidade culposa (por exemplo, a exibição das partes pudendas por mero descuido ou acidente).

O tipo penal não exige nenhum fim especial de agir, sequer a intenção de satisfação da libido, pois o ato pode se dar para chocar o público local ou mesmo por inoportuno gracejo. Nesse sentido, Hungria: "Não é indispensável que o ato represente uma expansão erótica, ou vise à excitação da lascívia alheia: desde que, sob o prisma objetivo, se apresente em colisão com o pudor público, ou idôneo a suscitar o sentimento comum de vergonha (*verecundia*), pouco importa que o agente, embora deva ter a consciência disso, haja procedido, por exemplo, *jocandi animo* ou *demonstrandi causa*, ou para exercer uma vingança, sem qualquer intuito de lubricidade."[383]

O erro de tipo é perfeitamente admissível, como no caso em que o sujeito ativo desconhece a publicidade de seu ato ou o caráter obsceno da conduta, bem como o erro de proibição.

5 Consumação e tentativa

Tratando-se de crime formal, o ato obsceno se consuma com a prática da conduta, ainda que não se tenha a publicidade almejada.[384] A tentativa é admissível (crime plurissubsistente), embora improvável de ser verificada na prática.

---

381 TACrimSP: "A prática sexual dentro de automóvel, em rua escura, durante a madrugada, em local sem movimento, não exterioriza a intenção de ofender o pudor público e, portanto, não pode caracterizar o atentado ao pudor, previsto no art. 233 do CP" (JUTACRIM 87/214, rel. Chaves Camargo).

382 TACrimSP: "É preciso que o ato obsceno possa ser visto (independentemente da circunstância de ter sido realmente visto) por indeterminado número de pessoas" (RT 597/328, rel. Jarbas Mazzoni).

383 HUNGRIA, Nelson. *Op. cit.*, p. 299.

384 Defendendo a natureza de crime de mera conduta, por todos, Paulo Queiroz (*op. cit.*, p. 581).

6 Concurso de crimes e concurso aparente de normas

O crime de ato obsceno será absorvido sempre que configurar etapa da execução de crime mais grave, como um estupro praticado em via pública.

Indica a jurisprudência, ainda, que no confronto entre a injúria e o ato obsceno, existindo a intenção de ofender a honra subjetiva da vítima, aquela deve prevalecer. Nesse sentido, TACrimSP: "Entende-se que a exibição através da colocação da mão no bolso das calças e segurando o pênis configura o delito de injúria, porque a situação seria a de ofender a vítima em seu decoro, não a de praticar ato obsceno".[385] Na hipótese narrada, todavia, não nos parece sequer subsistir a obscenidade exigida pelo tipo penal.

Entendemos possível, no entanto, o concurso formal entre o artigo 233 e os artigos 208 e 210 do Código Penal, por exemplo, quando um objeto de culto religioso é usado para masturbação em público, ou quando há a manutenção de relações sexuais sobre determinada sepultura.

---

385 TACrimSP, JUTACRIM 79/338, voto vencido: José Pacheco.

III – ESCRITO OU OBJETO OBSCENO

1 Introdução

"Sugar e ser sugado pelo amor
no mesmo instante boca milvalente
o corpo dois em um o gozo pleno
Que não pertence a mim nem te pertence
um gozo de fusão difusa transfusão
o lamber o chupar o ser chupado
no mesmo espasmo
é tudo boca boca boca boca
sessenta e nove vezes boquilíngua"

Poesias eróticas como a acima reproduzida, de autoria de Carlos Drummond de Andrade e originalmente publicada no livro "O Amor Natural", são produto não apenas de um perceptível apuro literário, mas também da liberdade artística, como emanação da liberdade de manifestação do pensamento, direitos individuais consagrados em nossa Constituição. Aliás, nem apenas os escritos artisticamente elevados são salvaguardados constitucionalmente: também o são textos de menor qualidade ou mesmo sem nenhuma pretensão de mérito artístico. A expressão das ideias pela escrita é livre, desde que não ofenda direitos de terceiros, como a honra, ou, no caso de pregações preconceituosas, o objetivo fundamental de constituir uma sociedade livre de preconceitos. Aliás, é o que restou definido pelo STF no conhecido Caso Ellwanger.[386]

Contudo, a publicação de poemas eróticos, em um aspecto puramente formal, parece conduta que se subsome ao preceituado no artigo 234 do CP, dependendo do conceito que se confere a palavra obscenidade, já repudiada por ocasião do estudo do crime de ato obsceno. Não é difícil perceber que

---

386 HC nº 82.424, rel. Min. Moreira Alves, rel. p/ o acórdão Min. Maurício Corrêa, julg. em 17.09.2003.

a redação da norma permite sejam tolhidas variadas formas de expressão, a maioria delas legítima, impondo-se restringir seu alcance através de uma leitura constitucional do dispositivo, o que significa também observar a incidência da teoria do bem jurídico-penal.

Consoante José Afonso da Silva, "as manifestações intelectuais, artísticas e científicas são formas de difusão e manifestação do pensamento, tomado esse termo em sentido abrangente dos sentimentos e dos conhecimentos intelectuais, conceptuais e intuitivos."[387] A própria Constituição, frise-se, limita a expressão artística, de acordo com o artigo 220, § 3º, estabelecendo que o poder público pode reservar determinados locais e horários para seu exercício, de acordo com sua natureza e faixa etária recomendada (I); bem como especificar meios de defesa à pessoa e à família, para que possam eventualmente contestar a programação de rádio e televisão. Mas em nenhum momento fixou limites tão restritivos quanto os constantes do artigo 234.

Sob a rubrica escrito ou objeto obsceno se assenta um tipo penal vetusto e revelador do moralismo que busca sufocar a sexualidade, mesmo aquela praticada de forma saudável e não ofensiva. A norma abrange as condutas de "fazer, importar, exportar, adquirir ou ter sob sua guarda, para fim de comércio, de distribuição ou de exposição pública, escrito, desenho, pintura, estampa ou qualquer objeto obsceno", bem como, no parágrafo único, de vender, distribuir ou expor à venda ou ao público qualquer dos objetos referidos no artigo (I); realizar, em lugar público ou acessível ao público, representação teatral, ou exibição cinematográfica de caráter obsceno, ou qualquer outro espetáculo, que tenha o mesmo caráter (II); ou de realizar, em lugar público ou acessível ao público, ou pelo rádio, audição ou recitação de caráter obsceno (III). Em tempos de *sex shops*, revistas eróticas e pornografia em rede, evidencia-se que o Código Penal permaneceu estático, olvidando-se de acompanhar a evolução dos costumes. Responsabilizar criminalmente aquele se dedica à programação de mostra cinematográfica, apenas porque decidiu apresentar um filme em que haja cenas de sexo explícito, como, por exemplo, o hoje considerado clássico "O Império dos Sentidos", soa não somente como absurdo, mas também demonstra o quão superada se encontra a previsão típica.

2 Objetividade jurídica

A tutela jurídica do artigo 234 do CP recai, consoante doutrina majoritária, sobre o sentimento público de pudor, bem como, segundo Regis Prado, sobre "a integridade sexual do sujeito passivo e seu bem-estar psíquico."[388]

387 SILVA, José Afonso da. *Curso de Direito Constitucional ˋPositivo*. 17 ed. São Paulo: Malheiros, 1999. p. 256.

388 PRADO, Luiz Regis. *Op. cit.*, p. 899. O autor também cita a tutela ao pudor público, com o que não concordamos, por todos os motivos já explicitados nesta obra.

Pensamos, ao contrário, que novamente é a dignidade sexual o objeto da tutela, ainda que não enxerguemos com precisão uma forma de violação desse bem jurídico através da conduta incriminada. E, se a conduta incriminada não possui aptidão para ofender objeto da tutela jurídica, fica evidenciada, assim, a incompatibilidade da norma para com a dogmática penal. Repetindo o que já foi exaustivamente dito em diversos trechos dessa obra: sentimentos de moral e pudor, considerados em si mesmos, não se prestam à intervenção penal. O projeto de um novo Código Penal, que tramita no Congresso, elimina esse tipo penal do ordenamento jurídico (PLS 236 de 2012).

O objeto material da conduta é constituído por escritos, desenhos, pinturas, estampas ou objetos de caráter obsceno. O consentimento individual, caso admitida a constitucionalidade do tipo, é irrelevante.

3 Sujeitos do delito

O sujeito ativo do artigo 234 do CP pode ser qualquer pessoa, não se exigindo dele qualquer característica peculiar (crime comum).

O sujeito passivo é a coletividade (crime vago).

4 Elementos objetivos, subjetivos e normativos do tipo

O artigo em testilha possui conteúdo variado (plurinuclear), traduzindo-se em verdadeiro tipo misto alternativo. Destarte, são verbos incriminados: (a) fazer, significando criar, produzir[389]; (b) importar, ou seja, fazer ingressar em território nacional algo procedente de outra nação; (c) exportar, que é fazer sair do território nacional rumo a outro país; (d) adquirir, tratando-se da obtenção gratuita ou onerosa; e (e) ter sob sua guarda, único dos núcleos que constitui crime permanente e que significa ter em sua posse, deter.

A ação típica recairá sobre escritos (símbolos gráficos encadeados, manuscritos ou impressos, que representam uma linguagem – como português, inglês, braile – ainda que não se vinculem a um idioma), desenhos (representação gráfica de uma imagem feita a lápis ou a tinta), pinturas (sobreposição de tintas que cria uma imagem), estampas (imagens impressas através da pressão exercida por chapas previamente gravadas) ou qualquer outro objeto obsceno (esculturas, moldes, fotografias etc.), sendo certo que aqui é usada a técnica da interpretação analógica, de modo que os objetos genericamente considerados devem se assemelhar aos mencionados no trecho casuístico da norma.

389 Consoante Bento de Faria, "assim procede não somente quem fabrica, mediante qualquer processo, criando ou reproduzindo, como quem escreve ou copia, imprime ou faz imprimir, dactilografar ou mimeografar, quer se trate de produção intelectual própria ou de outrem." Adverte o autor, porém, que "o fato de alguém tirar ou consentir que lhe tirem fotografias em posturas imorais não se enquadra no ilícito penal." (*op. cit.*, p. 119)

A obscenidade exigida para a conformação do tipo penal é classificada como elemento normativo do delito, a suplicar valoração mais acentuada para a percepção de seu correto significado. Todavia, cláusulas muito abertas como esta atentam contra a segurança jurídica necessária à perfeita adequação da ciência ao postulado da legalidade estrita. Fere-se a exigência de determinação e, com isso, impede-se a comunicação entre norma e destinatário.

Ultrapassada essa argumentação, raramente agasalhada por nossos tribunais, por obsceno deve ser considerado o objeto grosseiramente atentatório ao recato sexual, embora tenhamos dúvida se existe um "recato social médio". Como dissemos no estudo sobre o crime de ato obsceno, o conceito de obscenidade pode variar com tal intensidade que estabelecer situações em que invariavelmente ele é reconhecido é algo extremamente temerário. Sobre o tema, aliás, remetemos o leitor ao texto referente ao artigo 233 do CP.

Interessante ainda a lição de Renato Marcão e Plínio Gentil, para os quais "o que a lei pune é a obscenidade externa, levada para a vida social, e não a obscenidade interna, assim compreendida aquela que se encontra recolhida nas residências e outros ambientes particulares, restrita aos olhos privados daqueles que a tanto se entregam sem ofensa à generalidade, ao público e à coletividade."[390]

Cuida-se de crime invariavelmente doloso, ao qual se adita um especial fim de agir, consistente na intenção de comercializar, distribuir ou expor publicamente o objeto material do delito.

A finalidade comercial é representada pela intenção de habitualidade na oferta e de obtenção de lucro, traços que são desnecessários na finalidade de distribuição, a qual pode ser eventual e graciosa, bastando se dirigir a pessoas indeterminadas. A finalidade de exposição pública, ao seu turno, não pressupõe a transmissão do escrito ou objeto obsceno para terceiros, bastando-se em sua apresentação ao público em geral.

Em qualquer caso, deve ser percebido que não há crime quando a confecção, a importação, a exportação, a aquisição ou a guarda se dá para fim particular. Ou seja, se uma pessoa importa um objeto obsceno visando à sua futura comercialização, em tese pratica o crime do artigo 234. Contudo, aquele que adquire o objeto obsceno comercializado para uso pessoal não comete crime algum.

O erro de tipo é perfeitamente admissível, ainda mais quando o agente supõe não ser obsceno o objeto sobre o qual recai sua conduta. A variação social acerca do conceito de obscenidade, aliás, certamente contribui para o incremento das chances de erro.

---

390 MARCÃO, Renato; GENTIL, Plínio. *Op. cit.*, p. 424-425.

5 Consumação e tentativa

A consumação é atingida com a efetivação de qualquer dos verbos enunciados no *caput* (no verbo fazer, com a conclusão da confecção; nos verbos importar e exportar, com a ultrapassagem das fronteiras nacionais; no verbo adquirir, com a transmissão; e na locução verbal ter sob sua guarda, quando o objeto ingressa na posse ou detenção do sujeito ativo, cessando a permanência com a cessação da "guarda").

A tentativa é admissível, pois as condutas podem se mostrar plurissubsistentes, embora em algumas delas, como no verbo adquirir, seja difícil sua verificação prática.

6 Formas equiparadas

Consoante o parágrafo único do artigo 234, são punidas com a mesma pena do *caput* as seguintes condutas: vender, distribuir ou expor à venda ou ao público qualquer dos objetos referidos no artigo (I); realizar, em lugar público ou acessível ao público, representação teatral, ou exibição cinematográfica de caráter obsceno, ou qualquer outro espetáculo, que tenha o mesmo caráter (II); e realizar, em lugar público ou acessível ao público, ou pelo rádio, audição ou recitação de caráter obsceno (III).

Vender, primeiro dos verbos do inciso I, é a transferência onerosa de propriedade, ao passo em que expor à venda (verbo que indica permanência) é o seu antecedente lógico, tratando-se da exibição com promessa de transferência caso alcançado o preço de oferta. A exposição ao público (também conduta permanente), que pode ser onerosa ou gratuita, não contempla a ideia de exibição para transferência onerosa de propriedade, mas nada impede que um preço seja cobrado como condição para acesso ao objeto, como em uma exposição de fotografias obscenas, embora não postas à venda. Já o verbo distribuir trata de qualquer outra forma de difusão pública. Em todas as hipóteses, temos como objeto material aqueles já tratados no *caput* deste artigo.

No inciso II, as condutas incriminadas rompem com o modelo até aqui adotado, não cuidando de escritos ou objetos obscenos, mas sim de representações teatrais (dramas, comédias, pantomimas etc.) ou exibições cinematográficas obscenas, ou outro espetáculo com o mesmo caráter. Realizar, núcleo do tipo, é montar, produzir, dar ensejo. As representações teatrais, profissionais ou amadoras, assim como as exibições cinematográficas, podem se dar em local aberto ou fechado, gratuita ou onerosamente, mas é imprescindível que ganhem publicidade (ou seja, que ao menos ocorram em locais acessíveis ao público).

Já no inciso III temos incriminação assemelhada ao inciso anterior, mas agora tratando das audições ou recitações obscenas. Explica Bento de Faria a audição é "uma produção intelectual preparada e manifestada por forma a poder ser ouvida por todos, sendo assim transmitida ao público, embora de um lugar que não seja público", ao passo em que a recitação é a "dicção, a leitura em voz alta, a declamação, a narração, a conferência, a prédica, o discurso – feitos em auditório público."[391] Por exemplo, uma reprodução radiofônica consiste em audição, ao passo em que o exercício da oratória em praça pública é espécie de recitação.

7 Concurso de crimes e concurso aparente de normas

O primeiro confronto a ser realizado se dá entre o crime de escrito ou objeto obsceno e o delito de contrabando ou descaminho, previsto no artigo 334 do Código Penal. Aqui, à evidência, prevalece o crime sexual, por força do princípio da especialidade (isso, claro, se o material "obsceno" importado ou exportado caracterizar mercadoria absoluta ou relativamente proibida, pois, do contrário, sequer há concurso aparente de normas).

No que concerne à análise das normas contidas no ECA (Lei nº 8.069/90), verifica-se que elas prevalecem sobre a disposição genérica do Código Penal, pois mencionam especificamente a produção ou difusão de material obsceno envolvendo crianças ou adolescentes em situação de sexo explícito ou pornográfica. Novamente temos o princípio da especialidade determinando o resultado da análise, de sorte que os artigos 240 a 241-C restarão caracterizados quando satisfeitas as elementares da descrição típica, em detrimento do artigo 234 do CP.

Os artigos 216-B e 218-C, CP, igualmente, prevalecem sobre o crime do artigo 234 do CP.

8 Pena e ação penal

Comina-se ao crime de escrito ou objeto obsceno pena de detenção, de seis meses a dois anos, com multa alternativa. Insere-se o delito, portanto, na categoria das infrações de menor potencial ofensivo, regidas pela Lei nº 9.099/95.

A ação penal é pública incondicionada.

---

391 FARIA, Bento de. *Op. cit.*, p. 122.

DISPOSIÇÕES GERAIS

I – CAUSAS DE AUMENTO DA PENA

Trata, o artigo 234-A, de causas de aumento da pena estabelecidas a partir da Lei nº 12.015/2009 e modificadas pela Lei nº 13.718/2018, dirigidas a todos os crimes contra a dignidade sexual indistintamente, mas que, por suas especificidades, por óbvio não terão incidência sobre alguns deles, como o escrito ou objeto obsceno (artigo 234).

Originalmente versadas em quatro diferentes incisos, essas majorantes sofreram veto presidencial, ocasionando a permanência apenas das causas previstas nos incisos III e IV. O inciso I cuidava do crime cometido em concurso entre duas ou mais pessoas, o que imporia aumento da pena em sua quarta parte. Já o inciso II, impunha aumento de metade, se o crime fosse cometido por ascendente, padrasto, madrasta, tio, irmão, enteado, cônjuge, companheiro, tutor ou curador da vítima ou por pessoa que assumira, por lei ou outra forma, obrigação de cuidado, proteção ou vigilância. Em suas razões de veto, a Presidência da República afirmou: "As hipóteses de aumento de pena previstas nos dispositivos que se busca acrescer ao diploma penal já figuram nas disposições gerais do Título VI. Dessa forma, o acréscimo dos novos dispositivos pouco contribuirá para a regulamentação da matéria e dará ensejo ao surgimento de controvérsias em torno da aplicabilidade do texto atualmente em vigor." O veto foi mantido.

Entre as majorantes que foram mantidas, a primeira menciona o resultado gravidez, que importa acréscimo de metade a dois terços na sanção penal. A consequência que determina o aumento não raro ocorre em casos de estupro (propriamente dito ou de vulnerável – artigos 213 e 217-A, CP), o que enseja a permissão para o aborto (artigo 128, II, CP). Há, ainda, outros delitos que podem ocasionar a gravidez indesejada, como a violação sexual mediante fraude e o assédio sexual (artigos 215 e 216-A, CP), os quais restam açambarcados pelo dispositivo ora em comento.

É justificável o tratamento conferido ao tema pelo legislador, pois a concepção oriunda de conduta criminosa aumenta o provável dano à higidez psíquica da vítima, além de forçá-la a optar pela manutenção da gravidez ou por sua interrupção, uma escolha que evidentemente trará para ela severo dissabor. Ainda, há se considerar os riscos à saúde caso opte pela intervenção abortiva, nem sempre isenta de perigos.

Importa assinalar que essa gravidez pode ser provocada pelo agente dolosa ou culposamente, mas não haverá aumento de pena se absolutamente imprevista (o que redundaria em responsabilidade objetiva, a ser rechaçada), como no caso do estuprador supostamente esterilizado por vasectomia, providência esta, no entanto, inesperadamente mal sucedida. Renato Marcão e Plínio Gentil, sobre o tema, acreditam inexistir culpa e, por conseguinte, isenção da majorante quando o agente tem o cuidado de usar preservativo, o qual se rompe durante a relação.[392] Cremos que o evento em tela não é inesperado, ainda mais quando o preservativo é colocado às pressas, o que é natural durante a execução de um crime, de modo que tal circunstância não serve para afastar a culpa do agente.

A segunda majorante se refere ao contágio de doença sexualmente transmissível, ou se a vítima é idosa ou portadora de deficiência, hipótese em que a pena será aumentada de um terço a dois terços. Criada pela Lei nº 12.015, a norma foi alterada pela Lei nº 13.718, que incluiu no âmbito da majorante as qualidades da vítima e aumentou as frações de incremento da sanção.

A transmissão da doença se dá em face da vítima do crime sexual. O autor sabe estar contaminado quando pratica a conduta, ou ao menos imagina essa possibilidade (por exemplo, o autor manteve relações sexuais com pessoa notoriamente portadora de certa doença antes do crime). Se o autor desconhece ser portador da moléstia ou se é descuidado em relação à essa particularidade, resta afastada a causa de aumento da pena. Note-se que o dolo do agente se circunscreve à ciência de estar contaminado, não à efetiva transmissão. Esta pode se dar dolosa ou culposamente.

São exemplos de doenças sexualmente transmissíveis: cancro mole, condiloma acuminado, blenorragia, clamídia, linfogranuloma venéreo, sífilis, tricomoníase e herpes, entre outros. Justifica-se a majoração da pena porquanto, além da lesão à sua dignidade sexual, a vítima sofre um prejuízo à saúde.

Verifica-se, neste caso, um problema no que concerne ao confronto da causa de aumento da pena com o crime previsto no artigo 130 do CP (perigo de contágio venéreo). Em obra anterior, sustentamos: "se ocorre o efetivo contágio (independentemente do dolo do agente em transmitir a doença, bastando a consciência ou a previsibilidade de estar contaminado), caracterizar-se-á crime sexual circunstanciado, não havendo que se falar na concretização do artigo 130 (para se evitar o bis in idem). Todavia, havendo mero

---

392 MARCÃO, Renato; GENTIL, Plínio. *Op. cit.*, p. 440.

risco de contágio, sem a efetiva transmissão, teremos concurso formal de delitos entre o artigo em estudo e os crimes contra a dignidade sexual (estupro, por exemplo)."[393]

Vejamos, porém, a seguinte situação: em crime de violação sexual mediante fraude (artigo 215, CP), o sujeito ativo, com intenção de transmitir à vítima doença sexualmente transmissível, mas sem conquistar seu intento, com ela mantém conjunção carnal; adotando a doutrina trazida à colação, teríamos concurso formal imperfeito entre o artigo 215, cuja pena abstratamente cominada é de dois a seis anos de reclusão, e o crime do artigo 130, § 1º, CP, com sanção penal fixada em um a quatro anos de reclusão, além de multa, impondo-se a soma das penas (a privação da liberdade passaria ao patamar de três a dez anos de prisão). Muito bem. Agora, tenhamos em mente que o autor não apenas queria transmitir a doença, como efetivamente conseguiu. Haveria, pois, a caracterização do crime de violação sexual mediante fraude, com aumento de pena determinado pelo artigo 234-A. Isto é, a pena que normalmente é de dois a seis anos de reclusão passaria a ser de dois anos e oito meses (pena mínima elevada em um terço) a dez anos de prisão (pena máxima elevada em dois terços). Surge perplexidade, já que a efetiva transmissão seria punida com pena inferior à mera intenção (no que tange ao limite mínimo da sanção penal).

Usando o mesmo exemplo, mas substituindo o crime de violação sexual mediante fraude pelo delito de assédio sexual, a desproporcionalidade fica ainda mais evidente: punido com pena de detenção, de um a dois anos, o crime, caso a sanção seja aumentada, passa a contar com pena de um ano e quatro meses a três anos e quatro meses. Se a pena do artigo 216-A do CP é somada com a pena do artigo 130, § 1º, fica no patamar de dois a seis anos de prisão.

Notando a distorção surgida, modificamos nosso pensamento original. Cremos que o perigo de contágio venéreo será absorvido por crimes sexuais como estupro, violação sexual mediante fraude e assédio sexual. O risco de contágio venéreo, nesses casos, já seria implicitamente punido pelo crime sexual, somente existindo a hipótese de maior reprovabilidade quando do efetivo contágio, impondo-se a majorante.

Como bem asseveram Renato Marcão e Plínio Gentil, agiu bem o legislador ao estabelecer margens bastante amplas de majoração da pena, permitindo ao aplicador da norma levar em consideração "a gravidade da doença transmitida e suas consequências."[394]

---

393 GILABERTE, Bruno. *Op. cit.*, p. 166.
394 MARCÃO, Renato; GENTIL, Plínio. *Op. cit.*, p. 442.

Aumenta-se também a pena quando a vítima é idosa – ou seja, tem idade igual ou superior a sessenta anos (artigo 1º da Lei nº 10.741/2003) ou pessoa portadora de deficiência (artigo 2º da Lei nº 13.146/2015). Caso a deficiência se preste à caracterização do tipo penal (como no caso do estupro de vulnerável), tal circunstância não poderá aumentar a pena, ou existirá *bis in idem*.

As majorantes se justificam porque as pessoas mencionadas possuem menor capacidade defensiva e, por conseguinte, sua vitimização primária é mais fácil.

II – SEGREDO DE JUSTIÇA

O artigo 234-B do Código Penal afirma que "os processos em que se apuram crimes definidos neste Título correrão em segredo de justiça."

Trata-se de norma protetiva da vítima, evitando a exposição de sua intimidade sexual, a par de constituir uma garantia ao acusado de que não será ele condenado previamente pela opinião pública, o que lhe traria severíssimas consequências, mormente em se cuidando de crime de tal natureza.

Perceba-se que a norma não menciona os inquéritos policiais ou termos circunstanciados, ou seja, a atividade investigativa. Todavia, o sigilo também é estendido à fase pré-processual. Deve ser superada a ideia de que a investigação tem por objetivo a colheita de provas para abastecer a acusação. O inquérito policial é instrumento de promoção de direitos, inclusive do investigado, cuja estigmatização produz intenso dano moral. Assim, deve ele ser preservado, seja em virtude da presunção de inocência, seja pela necessidade de preservação de sua imagem. Vale lembrar que a Lei nº 13.869/2019 (abuso de autoridade) prevê como crimes as condutas de constranger o preso ou o detento, mediante violência, grave ameaça ou redução de sua capacidade de resistência, a exibir-se ou ter seu corpo ou parte dele exibido à curiosidade pública (artigo 13, I); divulgar gravação ou trecho de gravação sem relação com a prova que se pretenda produzir, expondo a intimidade ou a vida privada ou ferindo a honra ou a imagem do investigado ou acusado (artigo 28); e antecipar o responsável pelas investigações, por meio de comunicação, inclusive rede social, atribuição de culpa, antes de concluídas as apurações e formalizada a acusação (artigo 38).

O Delegado de Polícia é capacitado juridicamente para o cargo que ocupa, tendo seu conhecimento aferido através de concurso público, justamente para que use esse conhecimento para garantir o respeito à Constituição. Como presidente do feito, cabe a ele observar a correta aplicação dos ditames constitucionais e legais, produzindo licitamente provas que abasteçam tanto acusação, quanto defesa, de modo a se aproximar ao máximo da realidade dos fatos, já que a verdade real é um paradigma inalcançável.

Incumbe também ao Delegado de Polícia o correto enquadramento do fato que lhe é apresentado, sem devaneios inconsistentes, inclusive com a adoção de medidas menos severas a eventuais suspeitos, como a dispensa de prisão em flagrante sempre que o suporte probatório inicial não for suficientemente robusto. Esse panorama serve para demonstrar a imprescindibilidade da investigação constitucionalizada em um Estado Democrático de Direito. Cabe ao Delegado, portanto, zelar pela preservação do sigilo ditado pela norma, ainda que faça menção expressa somente a processos.

É evidente, ainda, que o sigilo não será extensivo ao advogado do suspeito, indiciado ou réu, que poderá ter acesso aos autos para exercer plenamente a defesa de seu patrocinado. Aliás, a Súmula Vinculante nº 14 já consagra a prevalência do direito à ampla defesa em contraposição aos sigilos legais, embora não se refira especificamente ao tema em apreço, o que restou reforçado pelo artigo 32 da Lei nº 13.869/2019. Salienta Marcio Geraldo Britto Arantes Filho: "A publicidade, de forma imediata, possibilita conhecimento dos atos processuais pelas partes, indispensável para o contraditório se operar. Por isso, é repudiado o sigilo dos atos processuais em relação às partes. Isto não afasta a possibilidade de concretização de medidas sigilosas, especialmente primeira fase da persecução penal, como os meios de investigação de prova. Porém, realizada a diligência, às partes deve ser assegurado o acesso aos respectivos termos."[395]

---

395 ARANTES FILHO, Marcio Geraldo Britto. *Notas Sobre a Tutela Jurisdicional da Presunção de Inocência e sua Repercussão na Conformação de Normas Processuais Penais à Constituição Brasileira.* São Paulo: Revista Liberdades, n. 4, maio-agosto de 2010. p. 30.

QUESTÕES DE CONCURSO

I – CRIMES CONTRA A LIBERDADE SEXUAL E CONTRA VULNERÁVEIS

1 – (VUNESP – 2012 – TJ-MG – Juiz) Nos crimes de estupro (artigo 213 do Código Penal) e estupro de vulnerável (artigo 217-A do Código Penal), a pena é aumentada pela metade quando o

A) agente é empregador da vítima.

B) crime é cometido em concurso de duas ou mais pessoas.

C) agente é reincidente específico

D) agente praticou o crime em estado de embriaguez preordenada.

2 – (FGV – 2012 – OAB – Exame de Ordem Unificado – VII – Primeira Fase) Filolau, querendo estuprar Filomena, deu início à execução do crime de estupro, empregando grave ameaça à vítima. Ocorre que ao se preparar para o coito vagínico, que era sua única intenção, não conseguiu manter seu pênis ereto em virtude de falha fisiológica alheia à sua vontade. Por conta disso, desistiu de prosseguir na execução do crime e abandonou o local. Nesse caso, é correto afirmar que

A) trata-se de caso de desistência voluntária, razão pela qual Filolau não responderá pelo crime de estupro.

B) trata-se de arrependimento eficaz, fazendo com que Filolau responda tão somente pelos atos praticados.

C) a conduta de Filolau é atípica.

D) Filolau deve responder por tentativa de estupro.

3 – (VUNESP – 2012 – DPE-MS – Defensor Público) No crime de estupro,

A) não é possível a responsabilização penal por omissão.

B) há presunção de violência quando a vítima não é maior de 14 anos.

C) a tipificação não exige o contato físico entre a vítima e o agente.

D) como regra, a ação penal é privada, exigindo-se a queixa-crime.

4 – (FEPESE – 2012 – DPE-SC – Defensor Público) No caso do crime de estupro, previsto no art. 213 do Código Penal "Constranger alguém, mediante violência ou grave ameaça, a ter conjunção carnal ou a praticar ou permitir que com ele se pratique outro ato libidinoso: Pena – reclusão, de 6 a 10 anos", a ação penal será:

A) Sempre pública incondicionada.

B) Sempre pública condicionada à representação.

C) Em regra pública incondicionada, tornando – se pública condicionada em caso de menor de 12 anos ou pessoa vulnerável socialmente.

D) Em regra privada, tornando-se pública incondicionada caso o representante do Ministério Público identifique que o agressor é o genitor.

E) Pública condicionada à representação, tornando – se pública incondicionada caso a vítima seja menor de 18 anos ou pessoa vulnerável.

5 – (FUNCAB – 2012 – PC-RJ – Delegado de Polícia)

Na perícia de conjunção carnal, a maioria das lesões encontradas nas vítimas de crimes sexuais é de caráter inespecífico, o que torna necessária a realização de métodos complementares para a elucidação dos vestígios, entre os quais NÃO se inclui:

A) pesquisa direta de espermatozoides.

B) dosagem de fosfatase ácida prostática.

C) pesquisa de antígeno prostático específico.

D) exame de confronto genético.

E) dosagem de prostaglandina F2-alfa.

6 – (ACESSO – 2019 – PC-ES – Delegado de Polícia) A profissional do sexo Gumercinda atende a seus clientes no local onde reside juntamente com seu filho Joaquim de dez anos. O local é bastante exíguo, tendo pouco mais de quinze metros quadrados, onde existem apenas um quarto e um banheiro, ficando a cama onde Joaquim dorme ao lado da cama da mãe. Em uma determinada madrugada, Gumercinda acerta um "programa sexual" com Caio e o leva até sua casa. Durante o ato sexual, Joaquim acorda e presencia tudo, sem que Gumercinda ou Caio percebam que ele está assistindo à cena. No dia seguinte, Joaquim vai para a escola e conta o fato a um amigo, o qual, por sua vez, relata a história para Joana, sua mãe. Esta, abismada com a história, procura a delegacia do bairro e narra os fatos acima descritos.

Diante desta situação hipotética, assinale a alternativa correta do ponto de vista legal.

A) Gumercinda e Caio responderão pelo delito de satisfação de lascívia mediante a presença de criança ou adolescente.

B) Gumercinda e Caio não cometeram nenhum crime.

C) Gumercinda e Caio praticaram exploração sexual de criança ou adolescente.

D) Gumercinda e Caio praticaram crime previsto no Estatuto da Criança e do Adolescente.

E) Apenas Gumercinda responderá pelo delito de satisfação de lascívia mediante a presença de criança ou adolescente.

7 – (IESES – 2019 – TJ-SC – Titular de Serviços de Notas e de Registros) Ricardo e Sueli, ambos maiores de idade, são adeptos de prática consistente em exibicionismo sexual. Extraem prazer em serem vistos por terceiros enquanto praticam sexo. Em certa oportunidade, obrigam a vizinha Juliana, de 16 anos de idade, mediante grave ameaça verbal, mas sem encostarem na adolescente, a observá-los enquanto praticam sexo. A conduta de Ricardo e Sueli encontra adequação típica:

A) No art. 147 do Código Penal, crime de ameaça.

B) No art. 218-A do Código Penal, crime de satisfação da lascívia mediante presença de criança ou adolescente.

C) No art. 215-A do Código Penal, crime de importunação sexual.

D) No art. 146 do Código Penal, crime de constrangimento ilegal.

8 – (CESPE/CEBRASPE – 2019 – TJ-SC – Juiz Substituto) Julgue os itens a seguir com base no Código Penal e na jurisprudência do STJ.

I – Um indivíduo poderá responder criminalmente por violação sexual mediante fraude, caso pratique frotteurismo contra uma mulher em uma parada de ônibus coletivo lotada, sem o consentimento dela.

II – Nos casos de parcelamento de contribuições previdenciárias cujo valor seja superior ao estabelecido administrativamente como sendo o mínimo para ajuizamento de suas execuções fiscais, é vedado ao juiz aplicar somente a pena de multa ao agente, ainda que ele seja réu primário.

III – Tanto ao agente, maior e capaz, que praticar o crime de estupro coletivo quanto ao agente, maior e capaz, que praticar o crime de estupro corretivo será aplicada a mesma majorante de pena in abstrato.

IV – Situação hipotética: Um homem, em 31/12/2018, por volta das cinco horas da madrugada, com a intenção de obter vantagem pecuniária, explodiu um caixa eletrônico situado em um posto de combustível. Assertiva: De acordo com o STJ, ele responderá criminalmente por furto qualificado em concurso formal impróprio com o crime de explosão majorada.

Estão certos apenas os itens

A) I e II.
B) II e III.
C) III e IV.
D) I, II e IV.
E) I, III e IV.

9 – (FCC – 2019 – DPE-SP – Defensor Público) No dia 23 de abril de 2013, Jailson, aproveitando que sua esposa havia saído de casa para fazer compras, decidiu ir até o quarto de sua enteada Jéssica, que à época contava com 19 anos de idade. Ao perceber que Jéssica estava dormindo, Jailson se aproximou de sua cama, apalpou seus seios e começou a acariciar sua vagina por dentro da calcinha. Ocorre que, nesse momento, o irmão de Jéssica chegou à casa e, ao presenciar a cena, começou a gritar, momento em que Jailson se afastou da jovem e fugiu. O tipo penal em que incorreu Jailson, sem analisar se o delito teria se dado na forma consumada ou tentada, é:

A) Constrangimento ilegal (art. 146, caput, do CP).
B) Estupro (art. 213, caput, do CP).
C) Estupro de vulnerável (art. 217-A, § 1º, do CP).
D) Violação sexual mediante fraude (art. 215, caput, do CP).
E) Importunação sexual (art. 215-A, do CP).

10 – (VUNESP – 2019 – TJ-AC – Juiz de Direito Substituto) No que concerne aos crimes contra a dignidade sexual, é correto afirmar que

A) a prática de relacionamento amoroso consensual por indivíduo com 18 anos com infante de 13 anos há mais de dois anos anteriores é fato atípico.

B) a contravenção penal de importunação ofensiva ao pudor foi tacitamente revogada pela Lei nº 13.718, de 24.09.2018.

C) em relação à titularidade da ação penal, nos crimes de estupro, por violência real ou grave ameaça, importunação sexual, assédio sexual e divulgação de cena de estupro, procede-se mediante ação penal pública condicionada à representação.

D) é fato típico distribuir ou expor publicamente qualquer objeto obsceno.

11 – (CESPE/CEBRASPE – 2018 – TJ-CE – Juiz Substituto) Considerando a jurisprudência dos tribunais superiores acerca dos crimes contra a dignidade sexual, julgue os seguintes itens.

I Ato sexual praticado por maior de idade com menor de quatorze anos de idade não configura estupro de vulnerável se tiver havido consentimento da parte menor. II Toques e apalpações fugazes nos seios e na genitália da vítima são atitudes insuficientes para configurar o tipo de estupro de vulnerável. III O trauma psicológico sofrido pela vítima de estupro de vulnerável é justificativa para a exasperação da pena-base imposta ao agente da conduta delituosa.

Assinale a opção correta.

A) Nenhum item está certo.
B) Apenas o item II está certo.
C) Apenas o item III está certo.
D) Apenas os itens I e II estão certos.
E) Apenas os itens I e III estão certos.

12 – (CESPE/CEBRASPE – 2016 – PC-GO – Agente de Polícia Substituto) João, que acabara de completar dezessete anos de idade, levou sua namorada Rafaela, de doze anos e onze meses de idade, até sua casa. Considerando ser muito jovem para namorar, a garota aproveitou a oportunidade e terminou o relacionamento com João. Inconformado, João prendeu Rafaela na casa, ocultou sua localização e forçou-a a ter relações sexuais com ele durante o primeiro de treze meses em que a manteve em cativeiro. Após várias tentativas frustradas de fuga, um dia antes de completar quatorze anos de idade, Rafaela, em um momento de deslize de João, conseguiu pegar uma faca e lutou com o rapaz para, mais uma vez, tentar fugir. Na luta, João tomou a faca de Rafaela e, após afirmar que, se ela não queria ficar com ele, não ficaria com mais ninguém, desferiu-lhe um golpe de faca. Rafaela fingiu estar morta e, mesmo ferida, conseguiu escapar e denunciar João, que fugiu após o crime, mas logo foi encontrado e detido pela polícia. Rafaela, apesar de ter sido devidamente socorrida, entrou em coma e faleceu após três meses. Nessa situação hipotética, João

A) responderá pelo crime de tentativa de homicídio.
B) responderá por crime de estupro de incapaz, previsto no CP.
C) não responderá pelo crime de estupro segundo a lei penal, de acordo com a teoria adotada pelo CP em relação ao tempo do crime.
D) não poderá ser submetido à lei penal pelo cometimento de crime de cárcere privado, pois, à época do crime, ele era menor de idade.

E) responderá pelo crime de homicídio, sem aumento de pena por ter cometido crime contra pessoa menor de quatorze anos de idade, uma vez que Rafaela, à época da morte, já havia completado quatorze anos de idade.

13 – (TRT 4º Região Órgão – 2016 – Juiz do Trabalho Substituto) Considere as assertivas abaixo sobre crimes em espécie.

I – O crime de assédio sexual prescinde de prevalecer-se o agente de sua condição de superior hierárquico ou ascendência inerentes ao exercício de emprego, cargo ou função.

II – Constitui crime o recrutamento de trabalhadores, mediante fraude, com o fim de levá-los para território estrangeiro, exceto se para o trabalhador advier vantagem econômica.

III – Constitui crime de sonegação de contribuição previdenciária deixar de lançar mensalmente nos títulos próprios da contabilidade da empresa as quantias descontadas dos segurados ou as devidas pelo empregador ou pelo tomador de serviços.

Quais são corretas?

A) Apenas I
B) Apenas II
C) Apenas III
D) Apenas II e III
E) I, II e III

14 – (CESPE/CEBRASPE – 2016 – PC-PE – Escrivão de Polícia Civil) Em relação aos crimes contra a dignidade sexual e contra a família, assinale a opção correta.

A) Situação hipotética: Mário, aliciador de garotas de programa, induziu Bruna, de quinze anos de idade, a manter relações sexuais com várias pessoas, com a promessa de uma vida luxuosa. Bruna decidiu não se prostituir e voltou a estudar. Assertiva: Nessa situação, é atípica a conduta de Mário.

B) Considere que em uma casa de prostituição, uma garota de dezessete anos de idade tenha sido explorada sexualmente. Nesse caso, o cliente que praticar conjunção carnal com essa garota responderá pelo crime de favorecimento à prostituição ou outra forma de exploração sexual de vulnerável.

C) Situação hipotética: Em uma boate, João, segurança do local, sorrateiramente colocou entorpecente na bebida de Maria, o que a levou a perder os sentidos. Aproveitando-se da situação, João levou Maria até seu veículo, onde praticou sexo com ela, sem qualquer resistência, dada a condição da vítima. Assertiva: Nessa situação, João responderá pelo crime de violação sexual mediante fraude

D) Indivíduo que mantiver conjunção carnal com menor de quinze anos de idade responderá pelo crime de estupro de vulnerável, ainda que tenha cometido o ato sem o emprego de violência e com o consentimento da menor.

E) No caso de crime de violação sexual mediante fraude, o fato de o ofensor ser o filho mais velho do tio da vítima fará incidir a causa especial de aumento de pena por exercer relação de autoridade sobre a vítima, de acordo com o Código Penal.

15 – (VUNESP – 2015 – PC-CE – Escrivão de Polícia Civil de 1a Classe) Assinale a alternativa correta no que diz respeito aos crimes contra a dignidade sexual.

A) Praticar, na presença de alguém menor de 18 (dezoito) anos, conjunção carnal ou outro ato libidinoso, a fim de satisfazer lascívia própria ou de outrem, tipifica o crime de satisfação de lascívia mediante presença de criança ou adolescente.

B) Constranger alguém, mediante fraude, a ter conjunção carnal ou a praticar ou permitir que com ele se pratique outro ato libidinoso, tipifica crime de estupro.

C) Induzir alguém menor de 18 (dezoito) anos a satisfazer a lascívia de outrem tipifica o crime de corrupção de menores.

D) Ter conjunção carnal ou praticar outro ato libidinoso com menor de 18 (dezoito) anos tipifica o crime de estupro de vulnerável.

E) Atrair à prostituição alguém menor de 18 (dezoito) anos tipifica o crime de favorecimento da prostituição, ou de outra forma de exploração sexual de criança ou adolescente ou de vulnerável.

16 – (MPE-SP – 2019 – Promotor de Justiça Substituto) O crime de divulgação de cena de estupro ou de cena de estupro de vulnerável, de cena de sexo ou de pornografia, previsto no artigo 218-C do Código Penal, pode ser classificado como

A) comum, material, comissivo, unissubjetivo, culposo, principal.

B) comum, formal, comissivo, unissubjetivo, doloso, subsidiário.

C) especial, formal, comissivo, plurissubjetivo, admite as formas doloso e culposo, subsidiário.

D) especial, material, comissivo ou omissivo, unissubjetivo, doloso, principal.

E) comum, material, comissivo, plurissubjetivo, admite as formas doloso e culposo, subsidiário.

DEMAIS CRIMES SEXUAIS

17 – (FUNCAB – 2016 – PC-PA – Delegado de Polícia Civil) Hospedando-se em uma cidade conhecida por seu intenso turismo sexual, Romildo entra em contato telefônico com Demétrio, notório intermediador de encontros sexuais entre clientes e adolescentes submetidas à prostituição, e solicita os serviços de uma prostituta, deixando clara sua preferência por mulheres que não tenham completado 18 anos. Demétrio, assim, encaminha Maitê, adolescente de 16 anos de idade, ao hotel em que Romildo se encontra hospedado. No local, a adolescente é barrada pelo gerente Gastão, que, percebendo nela uma profissional do sexo, questiona sua idade, sendo-lhe respondido por Maitê que conta com 18 anos. Gastão acredita na mentira contada pela adolescente, precoce em seus atributos corporais, embora não tome o cuidado de solicitar seu documento de identidade, autorizando-a a subir ao quarto de Romildo. Efetivamente, Romildo e a adolescente mantêm relações sexuais mediante remuneração, sendo parcela do lucro auferido por Maitê posteriormente repassado a Demétrio. Analisando o caso concreto, é correto afirmar que:

A) Demétrio cometeu crime de rufianismo (art. 230, CP); Romildo cometeu crime equiparado ao favorecimento da prostituição ou de outra forma de exploração sexual de criança ou adolescente ou de vulnerável (art. 218-B, § 2º, I, CP); Gastão também cometeu crime equiparado ao favorecimento da prostituição ou de outra forma de exploração sexual de criança ou adolescente ou de vulnerável (art. 218-B, § 2º, ll, CP).

B) Demétrio cometeu o crime de favorecimento da prostituição ou de outra forma de exploração sexual de criança ou adolescente ou de vulnerável (art. 218-B, § 1º, CP); Romildo cometeu crime equiparado ao favorecimento da prostituição ou de outra forma de exploração sexual de criança ou adolescente ou de vulnerável (art. 218-B, § 2º, I, CP); Gastão também cometeu crime equiparado ao favorecimento da prostituição ou de outra forma de exploração sexual de criança ou adolescente ou de vulnerável (art. 218-B, § 2º, II, CP).

C) Demétrio cometeu o crime de favorecimento da prostituição ou de outra forma de exploração sexual de criança ou adolescente ou de vulnerável (art. 218-B, § 1º, CP); Romildo cometeu crime equiparado ao favorecimento da prostituição ou de outra forma de exploração sexual de criança ou adolescente ou de vulnerável (art. 218-B, § 2º, I, CP); Gastão não cometeu crime.

D) Demétrio cometeu o crime de rufianismo (art. 230 do CP); Romildo cometeu crime equiparado ao favorecimento da prostituição ou de outra forma de exploração sexual de criança ou adolescente ou de vulnerável (art. 218-B, § 2º, I, CP); Gastão não cometeu crime.

E) Demétrio cometeu o crime de favorecimento da prostituição ou de outra forma de exploração sexual de criança ou adolescente ou de vulnerável (art. 218-B, § 1º, CP); Romildo cometeu crime de estupro de vulnerável (art. 217 – A, CP); Gastão não cometeu crime.

18 – (VUNESP – 2009 – TJ-SP – Juiz) Pode constituir, em tese, ato obsceno, na figura típica do art. 233 do Código Penal,

A) a exposição de cartazes, em lugar aberto ao público, mostrando corpos nus.

B) a exposição à venda de revista com fotografias de cunho pornográfico em lugar aberto ao público.

C) o ato de urinar em lugar público com exibição do pênis.

D) a exposição pública de fotografias de crianças nuas.

19 – (Aroeira – 2014 – PC-TO – Delegado de Polícia) Correrão em segredo de justiça os processos em que se apurarem crimes de

A) ultraje a culto.

B) rufianismo.

C) vilipêndio.

D) aliciamento para o fim de emigração.

20 – (VUNESP – 2014 – PC-SP – Delegado de Polícia) "X", em um cinema, durante a exibição de um filme que continha cenas de sexo, é flagrado por policiais expondo e manipulando sua genitália. Tal conduta, em tese,

A) tipifica o crime de mediação para satisfazer a lascívia de outrem.

B) tipifica o crime de ato obsceno.

C) tipifica o crime de favorecimento da prostituição.

D) não tipifica crime algum, em razão da existência de excludente de ilicitude.

E) não tipifica crime algum, uma vez que "X" estava em local apropriado para a prática desse tipo de conduta.

REFERÊNCIAS BIBLIOGRÁFICAS

AMERICAN PSYCHIATRIC ASSOCIATION. *Manual Diagnóstico e Estatístico de Transtornos Mentais.* 5. ed. Porto Alegre: Artmed, 2014.

AMERICANO, Odin I. do Brasil. *Dos Crimes Contra os Costumes.* São Paulo: Empresa Gráfica da Revista dos Tribunais, 1943.

ARANTES FILHO, Marcio Geraldo Britto. *Notas Sobre a Tutela Jurisdicional da Presunção de Inocência e sua Repercussão na Conformação de Normas Processuais Penais à Constituição Brasileira.* São Paulo: Revista Liberdades, n. 4, maio-agosto de 2010.

BACIGALUPO, Enrique. *Direito Penal*: parte geral. São Paulo: Malheiros, 2005.

BALESTRA, Carlos Fontán. *Delitos Sexuales.* 2.ed. Buenos Aires: Ediciones Arayú, 1953.

BANDEIRA DE MELLO, Celso Antônio. *Curso de Direito Administrativo.* São Paulo: Malheiros, 2013.

BECHARA, Ana Elisa Liberatore Silva. *Bem Jurídico-Penal.* São Paulo: Quartier Latin, 2014.

BIANCHINI, Alice. A Legitimação do Processo de Incriminação do Assédio Sexual. *Assédio Sexual.* São Paulo: Saraiva, 2002.

BITENCOURT, Cezar Roberto. Assédio Sexual: contribuição jurídico-normativa da globalização. *Assédio Sexual.* São Paulo: Saraiva, 2002.

_____. *Tratado de Direito Penal.* 15. ed.. São Paulo: Saraiva, 2010. v. 1.

_____. *Tratado de Direito Penal*: parte especial. 3.ed. São Paulo: Saraiva, 2008. v. 4.

BOTTINI, Pierpaolo Cruz. *Crimes de Omissão Imprópria.* São Paulo: Marcial Pons, 2018.

BRASIL. MINISTÉRIO DA SAÚDE. *Assédio:* violência e sofrimento no ambiente de trabalho. Brasília: Editora MS, 2008.

BRASIL. MINISTÉRIO DO TRABALHO E EMPREGO. *Assédio moral e sexual no trabalho.* Brasília: MTE, ASCOM, 2009.

BUSATO, Paulo César. *Direito Penal: parte especial.* 3. ed. São Paulo: Atlas, 2017. v. 2.

CAPEZ, Fernando. *Curso de Direito Penal:* parte especial. 9.ed. São Paulo: Saraiva, 2011. v. 3.

CARVALHO, Beni. *Crimes Contra a Religião, os Costumes e a Família.* Rio de Janeiro: Livraria Jacintho, 1943.

CASTRO, Viveiros de. *Atentados ao Pudor:* estudos sobre as aberrações do instinto sexual. 4.ed. Rio de Janeiro: Freitas Bastos, 1943.

CONDE, Francisco Muñoz. *Edmund Mezger e o Direito Penal de seu Tempo:* estudos sobre o direito penal no nacional-socialismo. Rio de Janeiro: Lumen Juris, 2005.

COSTA, Álvaro Mayrink da. *Direito Penal:* parte especial. 5.ed. Rio de Janeiro: Forense, 2003.

COSTA JÚNIOR, Paulo José da. *Comentários ao Código Penal.* 7.ed. São Paulo: Saraiva, 2002.

CREUS, Carlos. *Derecho Penal.* Parte especial. 6.ed. Buenos Aires: Astrea, 1998. Tomo I.

CUNHA, Rogério Sanches. *Código Penal Para Concursos.* 6. ed. Salvador: Jus Podivm, 2013.

_____. *Atualização Legislativa: Lei 13.718/2018.* Disponível em: https://www.editorajuspodivm.com.br/cdn/arquivos/a717a7b72e63e04daed4a6ff-7491c46b.pdf. Acesso em: 28.05.2020.

DOTTI, René Ariel. *Curso de Direito Penal.* São Paulo: Saraiva, 2003.

ELUF, Luiza Nagib. *Crimes Contra os Costumes e Assédio Sexual:* edição condensada. São Paulo: Editora Jurídica Brasileira, 1999.

FARIA, Bento de. *Código Penal Brasileiro Comentado.* 3. ed. Rio de Janeiro: Distribuidora Récord Editôra, 1961. v. VI.

_____. *Código Penal Brasileiro Comentado.* 3. ed. Rio de Janeiro: Distribuidora Récord Editôra, 1961. v. VII.

FEINBERG, Joel. *The Moral Limits of Criminal Law: harm to self.* Nova Iorque: Oxford University Press, 1986. v. 3.

FRAGOSO, Heleno Cláudio. *Lições de Direito Penal:* parte especial. 4.ed. Rio de Janeiro: Forense, 1984. v. II.

GILABERTE, Bruno. *Crimes Contra o Patrimônio.* Rio de Janeiro: Editora Freitas Bastos, 2013.

_____. *Crimes contra o Patrimônio.* 2. ed. Rio de Janeiro: Freitas Bastos Editora, 2020.

_____. *Crimes Contra a Pessoa.* 2. ed. Rio de Janeiro: Freitas Bastos, 2019.

_____. Casa de Prostituição? Não, Startup Para a Satisfação de Interesses Individuais Relativos à Libido. In: *Estudos de Direito Público: aspectos penais e processuais.* Belo Horizonte: Editora D'Plácido, 2018. v. I.

_____. Lei n° 13.718/2018: importunação sexual e pornografia de vingança. In: *Canal Ciências Criminais*. Disponível em: https://canalcienciascriminais.com.br/importunacao-sexual-vinganca/. Publicado em: 25.09.2018. Acesso em: 27.05.2020.

GOMES, Luiz Flávio. Estupro com Lesão Corporal Grave ou Morte: A Ação Penal é Pública Condicionada. Disponível em www.lfg.com.br. Acesso em 11/10/2013.

GOMES, Luiz Flávio; BIANCHINI, Alice; GARCÍA-PABLOS DE MOLINA, Antonio. *Direito Penal*. Introdução e princípios fundamentais. São Paulo: Editora Revista dos Tribunais, 2007. v. 1.

GOMES, Luiz Flávio; MOLINA, Antonio García Pablos de. *Direito Penal*: parte geral. São Paulo: Editora Revista dos Tribunais, 2007. v. 2.

GRECO, Alessandra Orcesi Pedro; RASSI, João Daniel. *Crimes Contra a Dignidade Sexual*. 2.ed. São Paulo: Atlas, 2011.

GRECO, Luís. *Breves Reflexões Sobre os Princípios da Proteção de Bens Jurídicos e da Subsidiariedade no Direito Penal*. In Direito Penal: aspectos jurídicos controvertidos. São Paulo: Quartier Latin, 2006.

GRECO, Rogério. *Curso de Direito Penal*: parte especial. 7.ed. Niterói: Impetus, 2010. v. III.

_____. *Curso de Direito Penal*: parte especial. 16.ed. Niterói: Impetus, 2019. v. III.

GRECO FILHO, Vicente. *Uma Interpretação de Duvidosa Dignidade (sobre a nova lei dos crimes contra a dignidade sexual)*. Jus Navigandi, Teresina, ano 14, n. 2270, 18 set. 2009. Disponível em: <http://jus.com.br/artigos/13530>. Acesso em: 24 maio 2014.

GUSMÃO, Chrysolito de. *Dos Crimes Sexuais*: estupro, atentado violento ao pudor, sedução e corrupção de menores. 5. ed. Rio de Janeiro: Freitas Bastos, 1981.

HARTMANN, Rodolfo Kronenberg. *Responsabilidade Penal Objetiva e Presunção de Violência*. In Revista da EMERJ, n° 21, 2003. v. 6. p. 210.

HUNGRIA, Nélson; LACERDA, Romão Cortes de; FRAGOSO, Heleno Cláudio. *Comentários ao Código Penal*. 5. ed. Rio de Janeiro: Forense, 1983. v. VIII.

ISHIDA, Válter Kenji. *A ação penal no crime de estupro com violência real e a Súmula 608 do Supremo Tribunal Federal*. Disponível em <www.cartaforense.com.br/conteudo/artigos/a-acao-penal-no-crime-de-estupro-com-violencia-real-e-a-sumula-608-do-supremo-tribunal-federalcr/11004>. Acesso em 19/09/2013.

JESUS, Damásio E. de. *Direito Penal*: parte especial. 14.ed. São Paulo: Saraiva, 1999. v. 3.

LIMA, David Alves de Souza; MARQUES, Oswaldo Henrique Duek. A Liberdade Sexual da Pessoa Alienada ou Débil Mental. In *Boletim IBCCRIM*. São Paulo: nº 164, jul. 2006.

LIPOVETSKY, Gilles. *A Sociedade Pós-Moralista*: o crepúsculo do dever e a ética indolor dos novos tempos democráticos. Barueri: Manole, 2005.

MARCÃO, Renato; GENTIL, Plínio. *Crimes contra a Dignidade Sexual*. São Paulo: Saraiva, 2011.

MARTINELLI, João Paulo; DE BEM, Leonardo Schmitt. *Direito Penal*: lições fundamentais. 5. ed. Belo Horizonte, São Paulo: D'Plácido, 2020.

MASSON, Cleber. *Direito Penal*: parte especial. 8. ed. São Paulo: Forense, 2018. v. 3.

MAXIMILIANO, Carlos. *Hermenêutica e Aplicação do Direito*. 20. ed. Rio de Janeiro: Forense, 2011.

MEDAUAR, Odete. *Direito Administrativo Moderno*. São Paulo: Editora Revista dos Tribunais, 2010.

MIRABETE, Júlio Fabbrini. *Manual de Direito Penal*: parte especial. 22.ed. São Paulo: Atlas, 2004. v. 2.

MOLINA, Antonio García-Pablos de. *Tratado de Criminología*. 3. ed. Valencia: Tirant Lo Blanch, 2003.

NETO, Alcides da Fonseca. *O Crime Continuado*. Rio de Janeiro: Lumen Juris, 2004.

NICOLITT, André; ABDALA, Mayara Nicolitt; SILVA, Laís Damasceno. *Violência doméstica*: estudos e comentários à Lei Maria da Penha. Belo Horizonte: Editora D'Plácido, 2018.

NORONHA, E. Magualhães. *Direito Penal*. 27.ed. São Paulo: Saraiva, 2003. v. 3.

NUCCI, Guilherme de Souza. *Crimes Contra a Dignidade Sexual*. Comentários à Lei 12.015, de 7 de agosto de 2009. São Paulo: Editora Revista dos Tribunais, 2009.

_____. *Prostituição, Lenocínio e Tráfico de Pessoas*: aspectos constitucionais e penais. São Paulo: Editora Revista dos Tribunais, 2014.

_____. *Curso de Direito Penal*. 2. ed. Rio de Janeiro: Forense, 2018. v. 1.

OLIVEIRA, Eugênio Pacelli de. *Curso de Processo Penal*: incluindo reforma do Judiciário. 4. ed. Del Rey: Belo Horizonte, 2005.

PEDROSO, Fernando de Almeida. *Ação Penal Pública Condicionada*, in *Revista justitia*, v. 100, São Paulo.

PIERANGELI, José Henrique. *Manual de Direito Penal Brasileiro*: parte especial (arts. 121 a 361). 2. ed. São Paulo: Editora Revista dos Tribunais, 2007. v. 2.

PIERANGELI, José Henrique; SOUZA, Carmo Antônio de. *Crimes Sexuais*. Belo Horizonte: Del Rey, 2010.

PIRAGIBE, Vicente. *Diccionario de Jurisprudencia Penal do Brasil*. 2.ed. Rio de Janeiro: Freitas Bastos, 1938. v. 2.

PRADO, Luiz Regis. *Curso de Direito Penal Brasileiro*.10.ed. São Paulo: Editora Revista dos Tribunais, 2011. v. 2.

QUEIROZ, Carlos Alberto Marchi de. *Estupro: um crime falsamente complexo*. São Paulo: Boletim IBCCRIM, 1994. n.24.

QUEIROZ, Paulo de Souza. *Ação Penal no Atual Crime de Estupro*. Disponível em http://pauloqueiroz.net/acao-penal-no-atual-crime-de-estupro. Acesso em 30/09/2013.

_____. *Casa de Prostituição e Política Criminal*. Artigo digital em: http://pauloqueiroz.net/casa-de-prostituicao-e-politica-criminal/. Acesso em 10/09/2011.

_____. *Curso de Direito Penal*: parte especial. Salvador: Jus Podivm, 2013. v. 2.

QUEIROZ, Paulo. COUTINHO, Lilian. *Crimes Contra a Honra e Contra a Dignidade Sexual*. 2. ed. São Paulo: Jus Podivum, 2020.

RAMÍREZ, Juan Bustos. *Principios Fundamentales de un Derecho Penal Democratico*. Artigo digital em: http://www.juareztavares.com/textos/bustos_penal_democratico.pdf. Acesso em 24/09/09.

RAMÍREZ, Juan Bustos. MALAREÉ, Hernán Hornazábal. *Lecciones de Derecho Penal*, 1997.

RIBEIRO, Bruno Salles Pereira. *Delineamentos sobre o crime de assédio sexual*. In Revista Liberdades nº 14, set.-dez. 2013.

RODRIGUES, Cristiano. *Temas Controvertidos de Direito Penal*. 2.ed. São Paulo: Método, 2010.

ROXIN, Claus. O Princípio da Proteção do Bem Jurídico e seu Significado para a Teoria do Injusto. In: *Desenvolvimentos Atuais das Ciências Criminais na Alemanha*. Coord. AMBOS, Kai; BÖHM, María Laura. Brasília: Gazeta Jurídica, 2013.

_____. *Estudos de Direito Penal*. Rio de Janeiro: Renovar, 2006.

_____. El Concepto de Bien Jurídico Como Instrumento de Crítica Legislativa Sometido a Examen. In: *Revista Electrónica de Ciencia Penal y Criminología*. Disponível em http://criminet.ugr.es/recpc. Publicado em: 2013. Acesso em 29.04.2020.

SCHÜNEMANN, Bernd. A Crítica ao Peternalismo Jurídico-Penal: um trabalho de Sísifo? In: *Estudos de Direito Penal, Direito Processual Penal e Filosofia do Direito*. São Paulo: Marcial Pons, 2013.

SILVA, José Afonso da. *Curso de Direito Constitucional ʻPositivo.* 17 ed. São Paulo: Malheiros, 1999.

SIQUEIRA, Galdino. *Tratado de Direito Penal.* Parte Especial. Rio de Janeiro: José Konfino, 1947. Tomo III.

SOLER, Sebastian. *Derecho Penal Argentino.* Buenos Aires: Tipografica Editora Argentina, 1992. v. III.

SZNICK, Valdir. *Crimes Sexuais Violentos*: violência e ameaça, pudor e obsceno, desvios sexuais, rapto e estupro, atentado ao pudor. São Paulo: Ícone, 1992.

TAVARES, Juarez. *Teoria do Injusto Penal.* 2.ed. Belo Horizonte: Del Rey, 2002.

_____. *Os Objetos Simbólicos da Proibição*: o que se desvenda a partir da presunção de evidência. Artigo digital em: http://www.anima-opet.com.br/pdf/anima5-Seleta-Externa/Juarez-Tavares.pdf. Acesso em 24/09/09.

URE, Ernesto J. *Los Delitos de Violacion y Estupro.* Buenos Aires: Editorial Ideas, 1952.

VASCONCELOS, Carlos Eduardo de Oliveira. Dos Crimes Contra a Paz Pública. In: *Curso de Direito Penal*: parte especial. Salvador: Jus Podivm, 2013. v. 2.

VENSON, Anamaria Marcon; PEDRO, Joana Maria. Tráfico de pessoas: uma história do conceito. São Paulo: Revista Brasileira de História, vol.33, n.65, 2013.

ZAFFARONI, Eugenio Raúl; PIERANGELI, José Henrique. *Da Tentativa:* doutrina e jurisprudência. 6 ed. São Paulo: Editora Revista dos Tribunais, 2000.